Giftschlangen

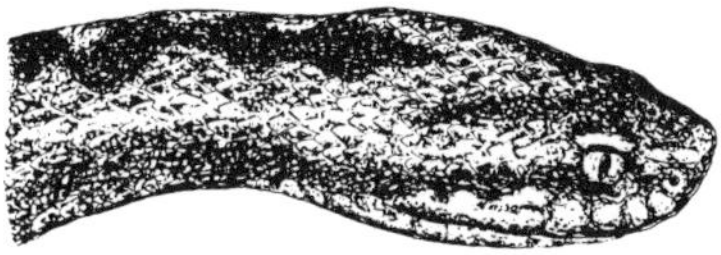

Kreuzotter
(Vipera berus)

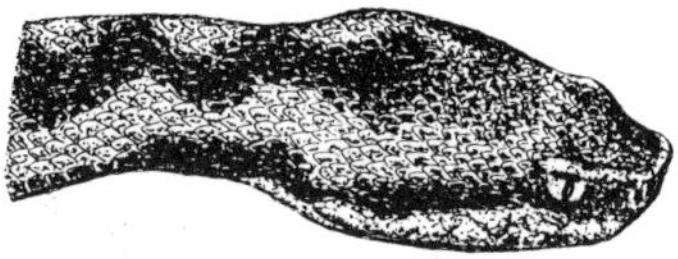

Aspisviper
(Vipera aspis)

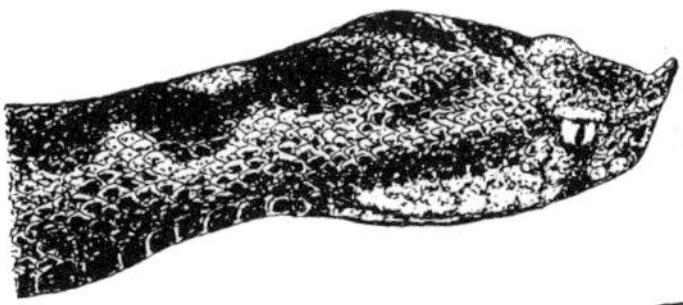

Sandviper
(Vipera ammodytes)

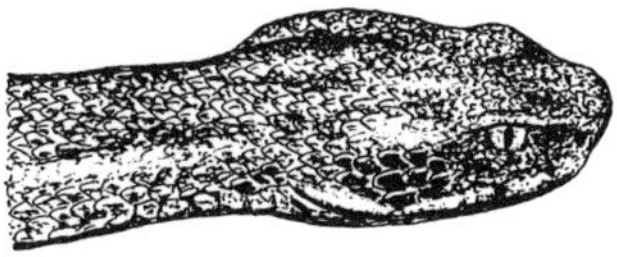

Levanteotter
(Vipera lebetina)

Hornviper
(Cerastes cerastes)

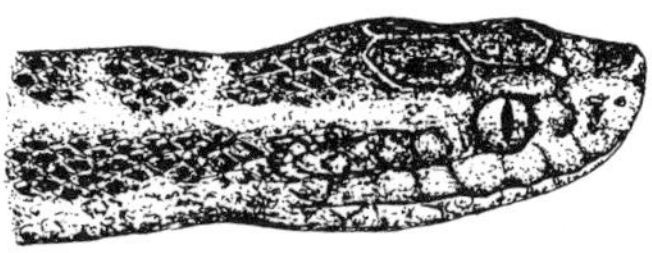

Halysotter
(Agkistrodon halys)

kosmos Naturführer

Die Schlangen Europas

Ulrich Gruber

Die Schlangen Europas

und rund ums Mittelmeer

Kosmos
Gesellschaft der Naturfreunde
Franckh'sche Verlagshandlung
Stuttgart

Mit 199 Farbfotos von Baumgart, G. (5), Blauscheck, R. (1), Cramm, R. (6), Diesener, G. (1), Fuchs, D. (37), Gruber, H.J. (4), Gruber, U. (11), Heckes, U. (16), Hoegmoed, M.S. (1), Jacobi, K.H. (1), Joger, U. (7), Kahl, B. (2), König, R. (10), Krimmer (2), Layer, W. (2), Limbrunner, A. (4), Mägdefrau, H. (11), Popp, J. (1), Reinhard, H. (12), Reptilienzoo Regensburg (1), Rohdich, W. (4), Sauer, F. (5), Schleich, H. (1), Schmidtler, J.F. (7), Schrempp, H. (3), Synatzschke, G. (3), Trutnau, L. (30), Werner (5), Zeininger, P. (6) und 36 Schwarzweißzeichnungen von Ulrich Heckes (12), Max Kühbandner (12, Vorsätze) und Helmut Mägdefrau (12).

Umschlag Kaselow Design, München, unter Verwendung einer Aufnahme von Reinhard-Tierfoto. Das Bild zeigt eine Schlingnatter (*Coronella austriaca*).

Franckh'sche Verlagshandlung, W. Keller & Co., Stuttgart/1989

L 14 P1 ISBN 3-440-05753-4
Printed in Germany / Imprimé en Allemagne
Satz: G. Müller, Heilbronn
Reproduktion: G. Schmid, Stuttgart
Herstellung: Richterdruck, Würzburg

CIP-Titelaufnahme
der Deutschen Bibliothek

Gruber, Ulrich:
Die Schlangen Europas und rund ums Mittelmeer / Gruber. [Mit 199 Farbfotos von Baumgart, G. ...]. – Stuttgart : Franckh, 1989
(Kosmos-Naturführer)
ISBN 3-440-05753-4

Die Schmuckfotos zeigen auf den Seiten: 1 Vierstreifennatter (*Elaphe quatuorlineata*); 2/3 Ringelnatter (*Natrix natrix*); 5 Äskulapnatter (*Elaphe longissima*); 51 Würfelnatter (*Natrix tessalata*); 64 Ringelnatter (*Natrix natrix*).

Die Schlangen Europas

Zu diesem Buch

Das vorliegende Buch wendet sich in erster Linie an den natur- und tierinteressierten Laien, es soll jedoch auch der zoologische Fachmann aus der Fülle der zusammengetragenen Informationen einen Nutzen ziehen können. Dabei stellt sich als eine besondere Aufgabe der Anspruch, über die sachliche Information das Interesse und die Sympathie für die faszinierende Welt der Schlangen zu wecken.

Als Problem erwies sich im Anfangsstadium der Buchplanung die Abgrenzung des vorgesehenen geographischen Raumes. Sie ist sicherlich willkürlich, enthält allerdings auch eine gewisse Logik:
Europa bezieht in unserem Fall Osteuropa und vor allem den europäischen Teil Rußlands mit ein. Die Idee, die Schlangenfauna rund um das Mittelmeer an den europäischen Faunenteil anzuschließen, ergibt sich nun aus dem Übergang vom wärmebegünstigten Südost- bzw. Südwesteuropa in den subtropischen Bereich Kleinasiens und Nordafrikas.
Die Grenze zum Hinterland wird dabei unterschiedlich gezogen: In Nordafrika ist sie durch den Wüstengürtel der Sahara vorgegeben und überschreitet diesen nicht.
Am östlichen Mittelmeerrand von Israel, Libanon, Jordanien und Syrien beschränkt sich der dargestellte Bereich auf die klimatisch vom Mittelmeer beeinflußte Region, reicht aber auch etwas in das anschließende, trockene Hinterland hinein.
Am schwierigsten ist die Grenzziehung im Bereich der Türkei und Südrußlands zwischen Schwarzem Meer und Kaspisee. Hier wird die Abgrenzung durch die weite Entfernung vom Mittelmeer ein wenig inkonsequent, ist jedoch für die Gesamtübersicht der türkischen Schlangenfauna notwendig und rechtfertigt sich schließlich dadurch, daß sie im Kaukasusgebiet wieder an die europäische Region stößt. Überdies bedeuten die vorderasiatischen Faunenelemente, denen man im Raum der Nordosttürkei, Russisch-Armeniens und letztlich Nordwestirans bereits begegnet, ohne Zweifel eine Bereicherung des hier vorgestellten Arteninventars.

Wie ist der Stoff dieses Buches angeordnet?

Nach einem allgemeinen Einführungstext, der in kurze Kapitel zum Bauplan, zur Biologie und Ökologie, zum Verhalten, zum Schlangengift, zur Pflege von Schlangen in menschlicher Obhut, zum Schutz der Schlangen und zur systematischen Einteilung dieser Tiergruppe aufgeteilt ist, folgen im ausführlichen und speziellen Teil des Buches zuerst die Bestimmungsschlüssel für die Familien und Gattungen, dann die Vorstellung der einzelnen Arten in Wort und Bild.

Der besseren Übersicht wegen wird jede Schlangenart nach dem gleichen Schema in folgenden Abschnitten dargestellt:

- ▲ Merkmale (Größe, Beschuppung, Färbung, Zeichnung)
- ▲ Lebensraum
- ▲ Lebensweise (Aktivität, Verhal-

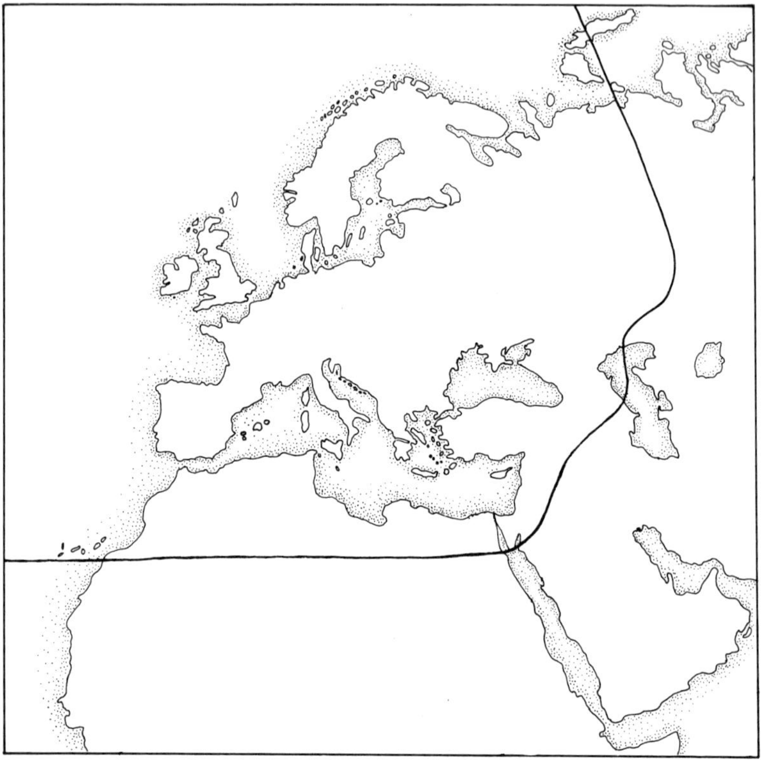

Karte des im vorliegenden Buch besprochenen geographischen Gebietes. Die Abgrenzung der durchgehenden Linie ist nicht starr aufzufassen, sondern läßt eine variable Abweichung für die eine oder andere Schlangengruppe zu.

ten, Nahrung, Fortpflanzung, ggf. Überwinterung)

- ▲ Besonderheiten (das Typische jeder Art auf den ersten Blick, Gefährlichkeit der giftigen Vertreter)
- ▲ Verbreitung (mit Angaben über Unterartendifferenzierung)

Bis zur Familie folgt die Einteilung der einzelnen Arten dem natürlichen System

Blindschlangen
Schlankblindschlangen
Riesenschlangen
Nattern mit Trugnattern
Giftnattern
Vipern mit Grubenottern

Innerhalb der Familien sind die Gattungen und Arten in alphabetischer Reihenfolge ihrer lateinischen (wissenschaftlichen) Gattungs- und Artnamen angeordnet.

Im Anschluß an den Bestimmungsteil sind die hier besprochenen Schlangenarten nach ihrem Vorkommen in den verschiedenen Ländern bzw. Ländergruppen eingeteilt, so daß man auf einen Blick sehen kann, welche Schlangenarten z.B. in Griechenland vorkommen.

Ein ausführliches Schriftenverzeichnis soll schließlich dem Interessierten Hinweise auf weiterführende Literatur geben.

Wie kommt man am besten zur gesuchten Schlangenart?

Zunächst kann man mit den Bestimmungsschlüsseln über die Familie die fragliche Gattung ermitteln. Dann legt man über die Artenliste der Länder und Ländergruppen den gewünschten geographischen Standort fest. Damit wird die Artenzahl der in Frage kommenden Schlangen auf das zutreffende Maß eingeschränkt.
Jetzt prüft man im Bestimmungsteil anhand von Bild und Text die Merkmale der fraglichen Schlange und bestimmt sie. Außer den beschriebenen Merkmalen liefert der Text noch ergänzende und für die Bestimmung oft sehr hilfreiche Informationen über Lebensraum und Biologie.
Diese Form des Zugangs zur Bestimmung einer gefundenen Schlange ist für den Laien relativ einfach, und man kann deshalb auf die Erstellung eines Bestimmungsschlüssels für die Arten mit all seinen Schwächen der Verallgemeinerung verzichten.

Es ist mir bewußt, daß auch das hier vorliegende Buch Unrichtigkeiten und Ungenauigkeiten enthalten wird, denn ich konnte nur zu einem gewissen Teil auf eigene Forschungen zurückgreifen und mußte bei der Mehrzahl der dargestellten Arten auf die Informationen im wissenschaftlichen und populären Schrifttum zurückgreifen.
Ich habe mich aber immer um größtmögliche Aktualität und Genauigkeit bemüht und bin überzeugt, daß diese Bemühungen meinen Lesern zu einem praktischen und der natürlichen Wirklichkeit entsprechenden Werk über Schlangen verholfen haben.
Was es dennoch an der Darstellung auszusetzen gibt – und ich hoffe auf rege Zuschriften –, wird sicherlich in einer zukünftigen Auflage richtiggestellt und auf den neuesten Stand gebracht werden.
Wenn jedoch das Interesse und das Verständnis für die so oft verkannte Welt der Schlangen durch das vorliegende Buch vermehrt werden, ist dies der befriedigendste Lohn für meine Arbeit!
München, 1989

Schlangen vorgestellt

Schlangen gehören zu den am meisten mit Vorurteilen belegten Tiergruppen der Erde.
Vielleicht ist es die lautlose und versteckte Lebensweise in Verbindung mit der Giftigkeit vieler Arten, die dazu geführt hat, daß der Mensch den Schlangen mit Furcht, aber auch mit Ehrfurcht und Verehrung begegnet.
In den Mythen, Sagen und Legenden der Völker spielen die Schlangen oft eine Rolle, nicht immer als Symbol des Bösen oder der Falschheit, sondern auch als Sinnbild der beschützenden Kraft oder als Zeichen des Herrschens.

In Verbindung mit dem antiken Heilsgott ASKLEPIOS galt die Schlange, wegen ihrer regelmäßigen Häutung, als Sinnbild der Verjüngung. Von hier nahm sie, als Symbol der Heilkunst im Äskulapstab, ihren Weg über die Römer bis in unsere Tage. Die Äskulapnatter erinnert mit ihrem Namen an diese symbolische Bedeutung.

Die Schlangen stellen systematisch eine Unterordnung in der Tierklasse der Reptilien dar, die als „Saurier" im Erdmittelalter vor rund 180 Millionen Jahren die Erde beherrschten.
Da von dem empfindlichen Schlangenskelett fossil meist nur die Wirbel erhalten bleiben, weiß man wenig über die Abstammung der Schlangen. Man nimmt aber an, daß die Vorfahren der Schlangen echsenähnliche Kriechtiere waren. Vielleicht kann man im Taubwaran (*Lanthanotus borneensis*), einer sumpfbewohnenden Echse in Indonesien, eine Art lebendes Bindeglied zu den Schlangen sehen.
Im langen Lauf ihrer Stammesgeschichte haben dann die Schlangenvorfahren ihre Beine verloren. Auf diesen Verlust deuten Restknochen im Beckenskelett heutiger, ursprünglicher Arten wie Rollschlangen, Blindschlangen oder Riesenschlangen. Solche Hinterbeinreste liegen bei manchen Arten als sogenannte Aftersporne oder Afterklauen rechts und links des Afters und werden bisweilen sichtbar.

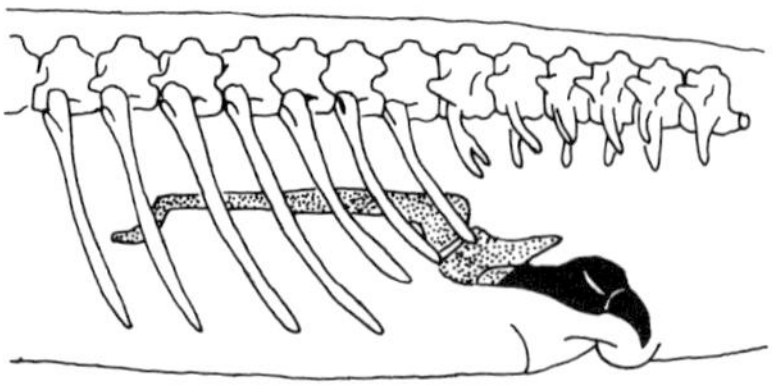

Restknochen im Beckenskelett von Riesenschlangen deuten darauf hin, daß die Schlangen im Laufe ihrer Stammesgeschichte die Beine verloren haben.

Auch die Tatsache, daß die Wissenschaft heute Echsen und Schlangen jeweils lediglich als Unterordnung der Ordnung Schuppenkriechtiere in der Klasse der Reptilien führt, verdeutlicht ihre nahe Verwandtschaft zueinander.

Der Körperbau einer Schlange

Alle Schlangen sind durch die langgestreckte Gestalt und den Verlust der Gliedmaßen gekennzeichnet. Mit den Gliedmaßen sind auch Schulter-

Trotz ihrer langgestreckten Gestalt ohne Beine gehören weder die Blindschleiche (*Anguis fragilis*), Bild oben, noch der Scheltopuski (*Ophisaurus apodus*), Bild unten, zu den Schlangen. Beides sind fußlose Echsen, die sich sowohl in der Beschuppung als auch im Körperbau und sogar in der Art ihrer schlängelnden Fortbewegung deutlich von den Schlangen unterscheiden.

gürtel und Beckengürtel verlorengegangen.

Der Schlangenkörper ist mit einer verhornten Schuppenhaut bedeckt, deren Schuppen wie Dachziegel überlappen.

Die Augen besitzen keine beweglichen Augenlider, sondern werden von einer durchsichtigen Schuppe überzogen und wirken daher starr. Bei der Häutung wird diese durchsichtige Schuppe ebenfalls abgestreift.

Der Schlangenschädel ist sehr beweglich konstruiert, die beiden Unterkieferbögen sind lediglich mit elastischen Bändern verbunden, und das eigentliche Kiefergelenk fehlt.
Wegen der großen Beweglichkeit der verschiedenen Schädelteile können deshalb die Schlangen ihre Mundöffnung beim Verschlingen großer Beutestücke mächtig dehnen.
Die Zähne sind nicht in Alveolengruben verankert, sondern sitzen dem Kieferknochen lose auf. Sie dienen nur dem Festhalten der Beute. Da das Brustbein fehlt, kann sich auch die Speiseröhre stark ausdehnen. Reichlicher Speichelfluß macht die Nahrung gleitfähig, und ein scharfer Magensaft unterstützt die Verdauung.

Hinter dem Schädel besteht das Skelett der Schlangen lediglich aus Wirbeln und Rippen (im Durchschnitt 200–400, im Extremfall über 500).
An den Rumpf- und den meisten Schwanzwirbeln setzen Rippen an, die über ein Gelenk mit den Wirbeln verbunden sind und frei enden.

Die inneren Organe sind, der Körperform entsprechend, langgestreckt.
An der Lunge ist bei der Mehrzahl der Schlangenarten der linke Lungenflügel zurückgebildet, während die voll ausgebildete rechte Lungenhälfte im hinteren Teil in einen glattwandigen Luftsack übergeht, aus dem das Tier seinen Sauerstoffbedarf deckt, wenn beim Verschlingen der Beute die Luftröhre zugedrückt wird.
Auch die Verdauungs- und Fortpflanzungsorgane besitzen eine langgestreckte Form.
Die männlichen Begattungsorgane sind als paarige, „Hemipenis" genannte Ausstülpstrukturen gestaltet und meist mit Dornen oder Stacheln versehen.
Der Darm endet in einer Kloake, aus der sowohl Kot als auch Urin ausgeschieden wird.

Fortbewegung

Da Schlangen keine Beine besitzen, bewegen sie sich kriechend vorwärts, wobei sie die vielen beweglichen Rippen als Fortbewegungshilfen benutzen.
Es gibt 4 Haupttypen der Fortbewegung bei Schlangen:

▲ Das „Schlängeln" oder die horizontale Wellenbewegung ist die häufigste Fortbewegungsart.
Hierbei werden Unebenheiten des Bodens oder der Pflanzen als Widerlager benutzt.
Auch wenn sie schwimmen, bewegen sich die Schlangen mit schlängelnder Wellenbewegung voran.

▲ Das Ziehharmonika-Kriechen wird vor allem von unterirdisch lebenden Schlangen angewendet. Hierbei verkeilt die Schlange ihren Leib mit mehreren Windungen in einer engen

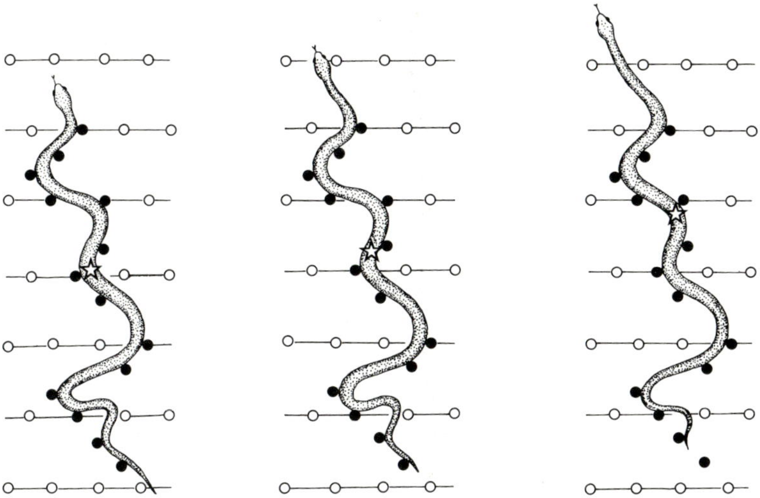

Beim „Schlängeln“, der häufigsten Fortbewegungsart der Schlangen, werden Unebenheiten des Untergrundes (schwarze Punkte) als Widerlager benutzt. Der Stern dokumentiert die Fortbewegung eines Körperpunktes.

Zu den Fortbewegungsarten der Schlangen gehört auch das Schwimmen, das in schlängelnder Bewegung vor sich geht. Besonders gute Schwimmer sind die Ringelnattern.

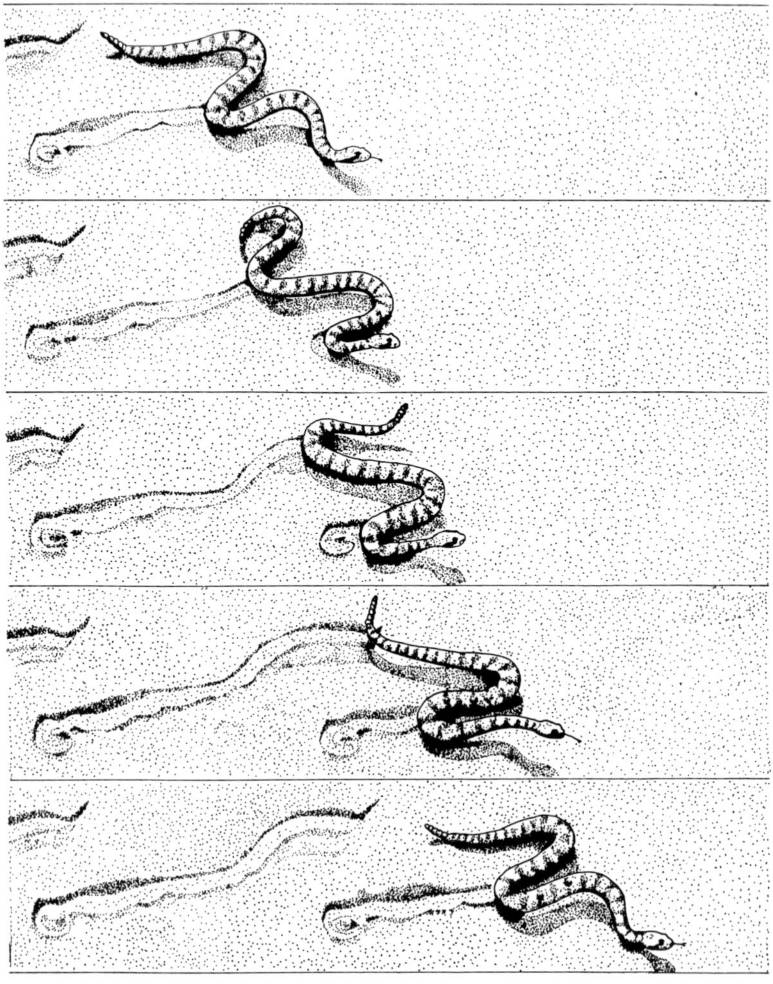

Röhre und schiebt und zieht ihren Vorder- oder Hinterkörper in der Kriechrichtung voran.

▲ Die Raupenbewegung wird vor allem von kurzen, dicken Giftschlangen der Viperngruppe benutzt. Die Wirbelsäule bleibt dabei gerade aus-

Seitenwinderschlangen schnellen ihren Körper seitlich über den Wüstenboden, wobei sie eine charakteristische Schleifspur hinterlassen.

gestreckt, und die mit kräftiger Muskulatur versehenen Rippen stemmen ihr freies Ende fest in die Bauchschienen. Wie beim „Sackgehen“ laufen die Schlangen auf ihren Rippen, und die Wellenbewegung, die dann über die Rippenreihen zieht, sieht aus wie die Beinwellenbewegung eines Tausendfüßlers oder das Wellenkriechen einer Schmetterlingsraupe.

▲ Beim Seitenwinden, zu dem einige Wüstenschlangen befähigt sind, schnellt der Schlangenkörper seitwärts über den Sandboden, wobei er nur mit wenigen Punkten der Bauchseite dem Boden aufliegt. Wechselseitig wird immer ein Körperstück hinter dem Kopf und vor dem Schwanz angehoben und wieder abgesetzt, wodurch eine Art Schreitbewegung entsteht. Die seitenwindenden Schlangen können eine erstaunliche Geschwindigkeit erreichen.

Sinnesleistungen

Schlangen werden als wechselwarme Tiere bezeichnet, d.h. ihre Körpertemperatur und damit ihre Aktivität hängen von der Wärme der Umgebung ab. Diese Abhängigkeit von der Umgebungstemperatur steht in engem Zusammenhang mit ihren Sinnesleistungen.

Der wichtigste Sinn der Schlangen ist der Geruchssinn, der sie oft allein zu ihrer Beute führt. Wesentlich wichtiger als die Nase ist hierbei das sogenannte „Jacobsonsche Organ“, das als Sinnesgrube am Gaumendach sitzt. Beim Züngeln mit der tiefgespaltenen, zweizipfeligen Zunge, die ohne Öffnen des Mundes durch eine

Einige Wüstenschlangen, wie hier die Hornviper, bewegen sich als „Seitenwinder“ seitwärts über den Wüstensand, wobei sie eine ganz charakteristische Spur hinterlassen.

Schlangen riechen vornehmlich mit ihrer zweizipfeligen Zunge, wobei sie die Geruchsstoffe aus der Luft mit der Zungenoberfläche aufnehmen und an das „Jacobsonsche Organ“ am Gaumendach führen.

Lücke unter dem Schnauzenschild herausgestreckt wird, nehmen die Tiere Geruchsstoffe aus der Luft auf und führen sie beim Zurückziehen in das Geruchsorgan.
Schlangen riechen so vornehmlich mit ihrer Zunge.

Der Gesichtssinn ist bei den Schlangen unterschiedlich entwickelt – besonders schlecht bei den grabenden, unterirdisch lebenden Arten. Reagiert wird vor allem auf Objekte, die sich bewegen.

Schlangen besitzen kein Außenohr, keine Gehörgänge und kein Trommelfell – hören infolgedessen auch schlecht.
Deshalb führt der Schlangenbeschwörer in Kairo, Tunis oder Marrakesch auch keine „tanzenden“ Schlangen zu seinem Flötenspiel vor, sondern er versetzt seine Schützlinge lediglich in Erregung: Gewohnt, einen bedrohlichen Gegner vor dem Zustoßen ins Auge zu fassen, versuchen die Tiere, die vor ihnen hin- und herschwingende Flötenspitze zu fixieren und pendeln mit den aufgerichteten Vorderkörpern. Hören können sie die Flötentöne nicht!
Das Innenohr ist jedoch gut ausgebildet und reagiert sehr empfindlich auf Erschütterungen, wie z.B. die

Die „tanzenden Schlangen“ des Schlangenbeschwörers können die Flötentöne nicht hören – sie richten sich auf, um den vermeintlichen Feind zu fixieren und zu bedrohen.

Zwischen Nasenloch und Auge liegt bei den Grubenottern eine Wärme-Sinnesgrube (Grubenorgan), mit der feinste Temperaturunterschiede wahrgenommen werden können.

Zu den Grubenottern gehören vor allem subtropische und tropische Schlangenarten.

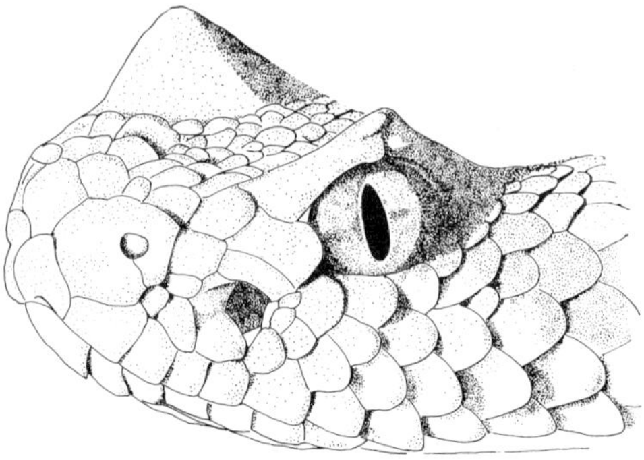

Bei den Grubenottern liegt zwischen dem Nasenloch und dem Augenvorderrand eine Sinnesgrube, das sogenannte Grubenorgan, mit dem auch bei völliger Dunkelheit warmblütige Beute geortet und verfolgt werden kann.

Schritte eines Menschen oder eines großen Säugetieres.

Die Giftschlangen der in einer eigenen Unterfamilie zusammengefaßten Grubenottern haben eine zusätzliche Sinnesleistung entwickelt: das Wärmeorten.
Mit Hilfe einer zwischen Auge und Nasenloch gelegenen Sinnesgrube, dem Gruben- oder Wärmeorgan, können diese Tiere auch bei völliger Dunkelheit die Wärmestrahlung warmblütiger Beute wie Mäuse oder Vögel aufnehmen und verfolgen.
Dabei werden noch Temperaturunterschiede von $^1/_{10}$ Grad wahrgenommen.

Was fressen Schlangen?

Schlangen ernähren sich von lebenden Beutetieren.
Sie töten ihre Beute durch Erdrosseln oder durch einen Giftbiß und schlingen sie anschließend als Ganzes hinunter. Manchmal werden kleinere Beutetiere aber auch sofort und noch lebend verschlungen. Der Schlingakt ist langwierig und erfordert viel Mühe: Wenn die Beute gepackt ist, wird sie langsam und ruckartig in den Schlund gezogen, wobei sich Kopf und Unterkiefer um das Nahrungsstück schließen.
Bei vielen Vipern schieben die auf beweglichen Knochen sitzenden Giftzähne wie Greifzangen beim Hinunterschlingen nach.

Manche Schlangenarten haben sich auf eine besondere Nahrung spezialisiert, wie z.B. die Schlingnattern (*Coronella austriaca*) auf Echsen und kleine Schlangen oder die Ringelnatter (*Natrix natrix*) auf Frösche und Fische.
Die meisten Nahrungsspezialisten gibt es jedoch in den Tropen, wo sich ausgesprochene Eier-, Schnecken- und Schlangenfresser finden.

Da die Zähne der Schlangen lediglich zum Festhalten und nicht zum Zerkleinern der Nahrung dienen, müssen außerordentlich wirksame Verdauungssekrete die Beute einschließlich Knochen, Horn, Sehnen und Haaren vollständig verdauen.

Schlangen verschlingen ihre Beute im Ganzen. Diese Äskulapnatter verschluckt eine Maus, die größer ist als ihr Kopf (Bild oben). Anschließend kann man beobachten, wie die Muskulatur des Halses den dicken Beutebrocken langsam zum Magen hin drückt (Bild unten).

Der Zeitpunkt der Häutung kündigt sich – wie hier bei einer Leopardnatter – durch milchige Trübung der Augen an.

Diese Hornviper kriecht bei der Häutung aus ihrer alten Haut wie aus einem engansitzenden Handschuhfinger heraus (unten).

Abgestreifte Häutungen nennt man „Natternhemden". Oft kann man an diesen Hautabstreifungen sogar noch die Art bestimmen: oben Häutung einer Ringelnatter, unten Häutung einer Kreuzotter.

Schlangen sind große Hungerkünstler: Manche Arten können bis zu einem oder sogar zwei Jahren fasten, ohne Schaden zu nehmen!

Zum Aus-der-Haut-Fahren!

Schlangen „fahren aus der Haut", wenn sie wachsen. Dieses Abstreifen der verhornten Oberhaut, das auch die Augen erfaßt, nennt man „Häutung".
Der Zeitpunkt der Häutung kündigt sich vor allem durch die milchige Trübung der ansonsten klaren Augen an.
Die Haut platzt zunächst an der Schnauzenspitze auf, und dann kriecht die Schlange vom Kopf bis zur Schwanzspitze wie aus einem engansitzenden Handschuhfinger von innen nach außen heraus, wobei sie die alte Haut umdreht.
Die durchsichtigen, abgestreiften Häutungen findet man manchmal als sogenannte „Natternhemden" in den von Schlangen besiedelten Lebensräumen.

Wie sich Schlangen vermehren

Die unterschiedlichen Geschlechter finden bei den Schlangen über den Geruchssinn zueinander.
Vor der Begattung erfolgt ein umfangreiches und lang andauerndes Paarungsspiel.
Wenn sich mehrere Männchen um ein Weibchen bewerben, können sie bei manchen Arten durch Scheinkämpfe – sogenannte Kommentkämpfe – entscheiden, wer als Stärkerer zum Zuge kommt.
Kreuzottern (*Vipera berus*) oder Sandvipern (*Vipera ammodytes*) führen z. B. solche Kommentkämpfe durch.

Der eigentliche Begattungsakt dauert in der Regel sehr lange und kann sich

Zwei Kreuzotternmännchen im „Kommentkampf", bei dem völlig unblutig durch Umschlingen, Aufrichten und Niederdrücken des Gegners entschieden wird, wer der Stärkere ist.

Beim sogenannten Kommentkampf vieler Vipernarten umschlingen sich die Gegner und versuchen, einander niederzudrücken. Diese Scheinkämpfe verlaufen völlig ohne Verletzung.

über Stunden hinziehen. Die männlichen Begattungsorgane (Hemipenes, Einzahl Hemipenis) sind paarig und liegen eingestülpt in den Hemipenistaschen hinter der Kloake rechts und links der Schwanzwurzel.
Bei der Erektion wird ein Hemipenis ausgestülpt und in die Kloake des Weibchens eingeführt, in der er sich mit stacheligen oder dornigen Fortsätzen verankert.
Diese stacheligen Hemipenisstrukturen sind derart speziell gestaltet und angeordnet, daß sie zur systematischen Charakterisierung der einzelnen Schlangengruppen und -arten herangezogen werden.
Beim Begattungsakt wird immer derjenige Hemipenis erigiert und benutzt, der der weiblichen Kloake am nächsten liegt.
Die meisten Schlangen legen Eier, einige Arten bringen allerdings lebende Junge zur Welt, z.B. die Schlingnatter (*Coronella austriaca*) oder die Mehrzahl der Vipern und Grubenottern.
Bei der Lebendgeburt verlassen die Jungen ihre Eihülle entweder noch im mütterlichen Körper, kurz bevor die Eier abgelegt werden sollten, oder unmittelbar nach der Geburt. Die Lebendgeburt aus der Eihülle nennt man ovovivipare Geburt.
Die Vorteile dieser Geburt liegen auf der Hand, denn die Jungschlangen können sich sofort bewegen und verstecken – Eigelege dagegen sind immer durch Eiräuber gefährdet.
Ein weiterer Vorteil der Ovoviviparie liegt in der Tatsache, daß Schlangen in kaltem Klima (z.B. die Kreuzottern) den Zeitpunkt der Geburt über den Winter hinweg in das klimatisch günstigere, folgende Frühjahr verzögern können.

Bisweilen kommen Weibchen einer Schlangenart, z.B. der Ringelnatter (*Natrix natrix*), an günstigen Eiablageplätzen in großer Zahl zusammen und legen ihre Eier in Gemeinschaftsgelegen ab.
In der Nähe von Sägewerken wurden in einem einzigen Sägespanhaufen schon mehrere hundert bis über tausend Eier gefunden.

Die Paarung läuft bei allen Schlangenarten nach einem ähnlichen Schema ab, ob es sich nun um ein Kreuzotternpaar (oben) oder um ein Aspisvipernpaar (unten) handelt:
Das Männchen kriecht auf den Körper des Weibchens, umschlingt mit seinem Schwanz den Schwanz des Weibchens und führt einen Hemipenis in die weibliche Kloake ein.
Die Kopulation kann sehr lange – manchmal stundenlang – dauern.

Das männliche Begattungsorgan besteht aus zwei – „Hemipenis“ genannten – Ausstülpungen, die mit dornartigen Fortsätzen besetzt sind (oben).
Diese Organe spielen eine Rolle bei der systematischen Bewertung, deshalb werden sie bei konservierten Museumstieren oft künstlich „ausgestülpt“ (siehe Bild).

Die meisten Schlangenarten legen Eier. Hier eine Vierstreifennatter, die in einem Terrarium ein Gelege mit relativ großen Eiern abgelegt hat (unten).

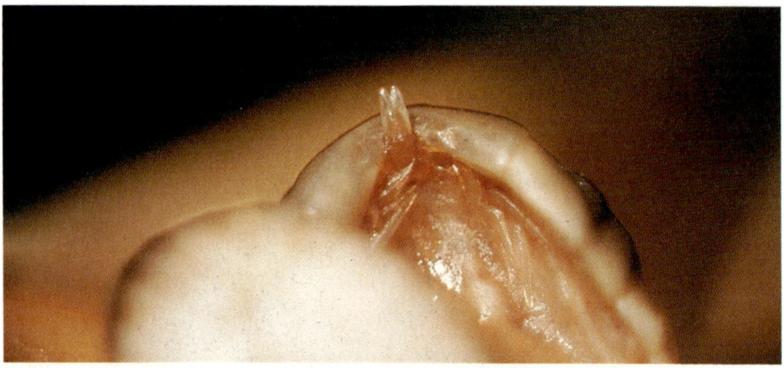

Schlupfvorgang bei einer Ringelnatter. Die ledrige Eischale wird zunächst aufgeritzt (links oben).
Dies geschieht mit dem nach vorne gerichteten, sofort wieder abfallenden Eizahn (links Mitte).
Vorsichtig züngelnd und mit dem Geruchssinn die Umgebung erkundend, erscheint der Kopf der jungen Ringelnatter aus der schützenden Eihülle, in die sich das Tier bei der geringsten Störung sofort wieder zurückzieht (links unten und rechts oben). Schließlich hat das Jungtier das Ei verlassen und beginnt sein eigenständiges Leben (rechts unten).

Die Schlingnatter gehört – ebenso wie die Kreuzotter – zu den lebendgebärenden Schlangenarten.
Die Jungen werden in einer durchsichtigen Eihülle geboren (links oben), aus der sie sich unmittelbar nach der Geburt durch windende Bewegungen befreien (links unten).
Die winzigen Jungschlangen (rechts) sind vom Geburtstermin an auf sich selbst gestellt.

Die Jungschlangen ritzen vor dem Verlassen des Eies die Eihülle mit einem nach vorne gerichteten Eizahn auf und kriechen dann in mehreren Anläufen aus der schützenden Hülle heraus. Unmittelbar nach dem Aufritzen fällt der Eizahn dann ab.

Sobald die Jungen das Licht der Welt erblickt haben, kümmern sich die Schlangeneltern nicht mehr um sie. Die Jungschlangen sind sofort nach dem Schlüpfen auf sich allein gestellt und müssen sich oft sogar vor ihren eigenen Artgenossen hüten!

Wie alt werden Schlangen und wie wachsen sie?

Lebenserwartung, Geschlechtsreife und Wachstum verlaufen bei den verschiedenen Familien, Gattungen und Arten von Schlangen recht unterschiedlich:
Das Durchschnittsalter von Kreuzottern (*Vipera berus*) z.B. dürfte 5–8 Jahre betragen; man nimmt an, daß sie bis zu 15 Jahre alt werden.
Ringelnattern (*Natrix natrix*) werden 12–15, vielleicht sogar 20 Jahre alt.
Bei Sandvipern (*Vipera ammodytes*) nimmt man aufgrund jahrzehntelanger Beobachtungen im Terrarium an, daß sie ein Alter von 25–30 Jahren erreichen können.
Ähnliche Altersspannen kann man für viele andere Schlangengruppen wie Zornnattern, Kletternattern, verschiedenste Vipern oder Grubenottern voraussetzen.
Generell dürfte gelten, daß kleine Schlangenarten weniger alt werden als großwüchsige.

Schlangen wachsen ihr ganzes Leben über. In der Jugend verläuft das Wachstum am raschesten, mit zunehmendem Alter verlangsamt es sich dann. Jede Häutung bedeutet weiteres Wachstum.

Man kann deshalb behaupten, daß der jeweiligen Art entsprechend große Exemplare auch immer verhältnismäßig alt sind.

Wie leben Schlangen und wie verhalten sie sich?

Das Verhalten der Schlangen wird durch die verschiedensten Faktoren wie Lebensraum, Verhältnis zur Beute, Fortpflanzung oder Feinde bestimmt.
Da die Tiere sich meist heimlich und lautlos bewegen, wird man im natürlichen Lebensraum nur selten Schlangen zu Gesicht bekommen. Sie verlegen ihren Aufenthaltsort ungern und nur, wenn sie dazu gezwungen sind. Beuteerwerb, der Fortpflanzungstrieb oder die Flucht bringen sie in Bewegung – sonst liegen sie am liebsten still an einer Stelle.

Alle Schlangen sind Jäger:
Die einen pirschen, die andern lauern unbewegt, bis die Beute in erreichbare Nähe kommt. Vielfach sind die Schlangen durch ihre Färbung und Zeichnungsmuster derart gut getarnt, daß sie fast völlig mit ihrer Umgebung verschmelzen.
Da sie sehr scheu sind, entziehen sie sich lieber einer Gefahr oder einem Feind durch die Flucht, als daß sie sich zu Angriff und Abwehr stellen.

Wenn eine Schlange auf der Suche nach einem Geschlechtspartner einen Rivalen trifft oder unversehens einem Feind begegnet, so wird sie drohen und imponieren, um den Rivalen zu vertreiben oder den Gegner zu warnen.
Die rituellen Verhaltensweisen, die dabei ablaufen, liegen in einem speziellen Muster fest und sind im Laufe der Stammesgeschichte entstanden.
Das Zischen als Warn- oder Drohreaktion ist besonders charakteristisch für Schlangen. Es kommt in Namen wie Zischnatter oder Sandrasselotter zum Ausdruck.
Allerdings erzeugt die Sandrasselotter (*Echis carinatus*) das zischende Geräusch nicht mit der Atemluft, sondern mit ihren stark gekielten Flankenschuppen, die sie mit schlängelnder Bewegung aneinanderreibt. Auf diese Weise wird allzuviel Feuchtigkeitsverlust durch Luftausstoß vermieden.
Manche Schlangen, wie z. B. die Vipernatter (*Natrix maura*) oder gelegentlich die Ringelnatter (*Natrix natrix*), platten ihren Nackenbereich bei Gefahr ab, richten sich etwas auf und zischen heftig.
Andere, giftige Arten zittern und schlagen ganz heftig mit dem Schwanz, wodurch sie am Boden oder in trockenem Laub ein raschelndes Geräusch erzeugen. Bei Giftschlangen bedeuten diese Warn- und Drohgeräusche in der Schlangensprache: Vorsicht, komm mir nicht zu nahe, sonst muß ich beißen!
Das Sprichwort sagt: Hunde, die bellen, beißen nicht! Auch Schlangen, die ein ausgeprägtes Warn- und Drohverhalten zeigen, sind in der Regel faule Beißer. Man kann sie meist schwer und erst nach lang andauernder, wiederholter Reizung zum Zuschlagen veranlassen.
Ein merkwürdiges Phänomen ist das „Totstellen“, das man vor allem bei Ringelnattern (*Natrix natrix*) beobachten kann:
Die Tiere werden völlig schlaff, liegen ganz oder teilweise auf dem Rücken und lassen die Zunge aus dem offenen Maul hängen. Dieser Zustand kann bis zu einer halben Stunde andauern, ehe Leben in den scheintoten Körper zurückkehrt.

Totstell-Reflex einer Ringelnatter. Das scheintote Verhalten soll vermutlich Feinde von einem Angriff abhalten – seine Effektivität ist jedoch umstritten.

Wirft man die sich totstellende Schlange allerdings ins Wasser, wird sie sofort wieder „lebendig“.
Der Sinn des Totstell-Verhaltens liegt wohl in einem Schutz vor Feinden, die schon aus der Entfernung von einem Angriff abgehalten werden sollen. Die Wirksamkeit dieses Schutzverhaltens bleibt allerdings zweifelhaft.

Vorsicht, Giftschlange!

Schlangen erscheinen vielen Menschen deshalb so unheimlich, weil manche Arten Giftdrüsen und Giftzähne besitzen.
Nur etwa ein Fünftel der ungefähr 2700 Schlangenarten ist jedoch wirklich giftig, aber das Gift dieser „echten Giftschlangen“ ist hochwirksam und kann sogar beim Menschen den Tod herbeiführen.

Das Gift wird in den Giftdrüsen produziert, die im Kopf hinter den Augen liegen und über je einen giftleitenden Kanal mit den Giftzähnen im Oberkiefer in Verbindung stehen.
Bau und Stellung der Giftzähne spielen bei der systematischen Einordnung der Schlangen eine Rolle. Man unterscheidet neben den glatt und gleichmäßig geformten Zähnen (aglyphe Zähne) der ungiftigen Echten Nattern drei Typen von Giftzähnen:

▲ Hinterständige Furchenzähne (opisthoglyphe Zähne)
Die in der hinteren Hälfte des Oberkiefers stehenden Zähne sind stark vergrößert und gefurcht. Diese Zähne stehen mit Giftdrüsen in Verbindung und wirken bereits als „Giftzähne“. Wegen der weit nach hinten ge-

Bei den Schlangen werden 4 Zahntypen unterschieden:

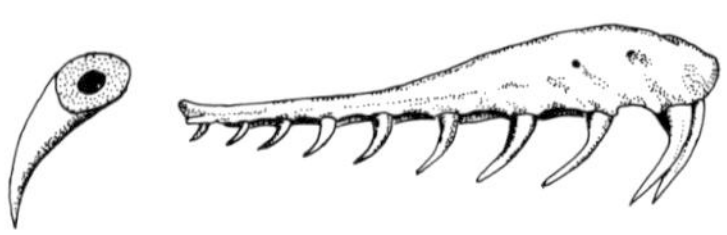

glatt und gleichmäßig geformte Zähne (aglyph; Blind-, Schlankblindschlangen, Riesenschlangen, Echte Nattern);

vergrößerte, vorderständige Furchengiftzähne (proteroglyph; Giftnattern, Seeschlangen);

vergrößerte, hinterständige Furchenzähne (opistoglyph; Trugnattern);

vergrößerte, vorderständige Röhrengiftzähne (solenoglyph; Echte Vipern, Grubenottern).

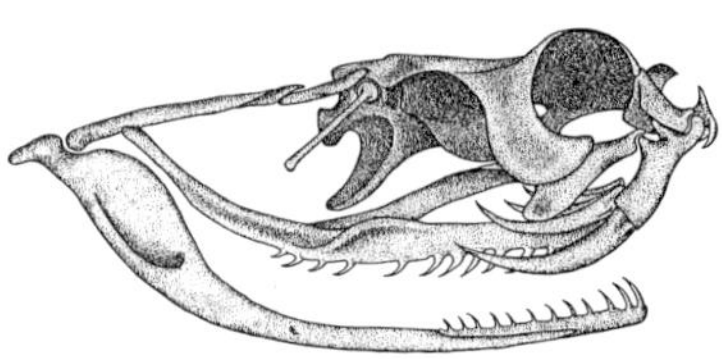

Schädel einer Viper, bei der in Ruhestellung (links) der Giftzahnapparat nach hinten eingeklappt liegt, während bei zum Biß aufgerissenem Rachen (rechts) der Giftzahn im rechten bis stumpfen Winkel einstichbereit nach vorne weist.

rückten Giftzahnstellung sind Bißunfälle selten. Das Gift ist – mit wenigen Ausnahmen – relativ schwach wirksam.
Hinterständige Furchenzähne besitzen: alle Trugnattern (z. B. Eidechsennatter, Katzennatter).

▲ Vorderständige Furchengiftzähne (proteroglyphe Zähne)
Vorne im Oberkiefer sitzen zwei feststehende, vergrößerte Fangzähne, die mit einer teilweise oder fast vollständig geschlossenen Längsfurche versehen sind, durch die das Gift beim Biß läuft.
Vorderständige Furchengiftzähne besitzen: Seeschlangen und Giftnattern (z. B. Kobras).

▲ Vorderständige Röhrengiftzähne (solenoglyphe Zähne)
Auf den beiden vorderen Oberkieferhälften stehen zwei oder mehrere große Fangzähne auf je einem einklappbaren Knochen (Maxillarknochen), der zum Beißen recht- bis stumpfwinklig nach vorn aufgestellt wird. Die Fangzähne sind als geschlossene Röhren ausgebildet und wirken beim Biß wie Injektionskanülen.
Die Ausflußöffnung für das Gift befindet sich außen über der Zahnspitze, wodurch eine bessere Injektionswirkung erzielt wird. In der Ruhestellung liegt der Maxillarknochen mit dem Giftzahn nach hinten eingeklappt in einer Schleimhautfalte. Hinter den funktionsfähigen Giftzähnen befinden sich immer mehrere Reservezähne in unterschiedlichen Entwicklungsstadien. Wenn ein funktionierender Giftzahn abbricht oder ausfällt, tritt ein Reservezahn an seine Stelle und wird dann erst an den Giftkanal „angeschlossen“.
Vorderständige Röhrengiftzähne besitzen: Vipern und Grubenottern (z. B. Kreuzotter, Sandviper, Halysotter).

Schlangengift

Das Gift dient den Schlangen auf recht mannigfache Weise:

- zum Töten der Beute,
- zum Vorbereiten der Verdauung durch einen Anteil von Verdauungsfermenten,
- zur Verteidigung gegen Feinde.

Die Zusammensetzung des Giftsekretes kann sehr unterschiedlich sein, besteht aber zumeist aus einem komplizierten Gemisch von Eiweißstoffen.

In der Regel kann man zwei Hauptwirkungen unterscheiden:

- eine neurotoxische, das Nervensystem schädigende Wirkung (vor allem bei Seeschlangen und Giftnattern) und
- eine cytotoxische, das Gewebe und Blut zerstörende Wirkung (vor allem bei Vipern und Grubenottern).

Allerdings können oft beide Giftanteile gemischt und mit weiteren Enzymen vergesellschaftet vorkommen, so daß Schlangengifte ein äußerst komplexes Gefüge verschiedener hochmolekularer und niedrigmolekularer Eiweißstoffe mit teils sauren und teils basischen Eigenschaften darstellen.
Die Neurotoxine lähmen die Herz- und Augenmuskulatur, indem sie die Übergangsstelle zwischen dem Nervenende und dem Muskel blockieren und so die Weitergabe des Nervenreizes verhindern.
Die cytotoxischen Gifte bewirken, daß die Gefäßwände zerstört werden und die roten Blutkörperchen zerfallen.

Entsprechend der komplexen Zusammensetzung der Schlangengifte kann folgendes Muster der Wirkungsweisen bei Schlangengiften beobachtet werden:

- Schädigung des Nervensystems
- Atemlähmung
- Schädigung des Herzmuskels
- Zerstörung der Gefäßwände (Hämorrhagien)
- Zerfall der roten Blutkörperchen (Hämolyse)
- Muskel- und Nierennekrosen
- Gewebezerstörungen
- Auslösung der Blutgerinnung (Thrombosen)
- Hemmung der Gerinnungsfähigkeit des Blutes.

Die Wirkung des Giftbisses ist abhängig von der Bißstelle, von der Konzentration und der Menge des Giftes, von der Größe und der Konstitution des Opfers. Ein wesentlicher Faktor ist auch die Stärke des jeweiligen Giftes.

Ein gesunder erwachsener Mensch kann den Biß einer Kreuzotter (*Vipera berus*) auch ohne ärztliche Hilfe in 6–8 Wochen überstehen. Der Giftbiß einer Sandrasselotter (*Echis carinatus*) oder einer Uräusschlange (*Naja haje*) dagegen verläuft ohne das Eingreifen eines Arztes und die Anwendung von Antivenin-Serum fast immer tödlich! Allerdings kann es auch vorkommen, daß ein Angstschock die Wirkung des Giftbisses überlagert, die Allgemeinsymptome verschlimmert oder gar den Tod herbeiführt.

Die Feinstruktur der Schlangengifte und ihre Detailzusammensetzung ist wissenschaftlich immer noch ungenügend geklärt. Ihr entwicklungsgeschichtlicher Ursprung dürfte jedoch sicherlich auf Verdauungssekrete zurückzuführen sein.

Serumgewinnung

Die wirksamste Behandlung von Giftschlangenbissen geschieht durch die Verabreichung sogenannter Antivenin-Seren. Es ist heute möglich, die weitaus meisten Schlangengifte einer bestimmten Gegend durch Antiseren zu neutralisieren. Solche Seren stehen prinzipiell in zwei Serumtypen zur Verfügung:
- als monovalente Seren, die sich gegen das Gift einer einzigen Art richten, und
- als polyvalente Seren, die in Form einer Serenmischung gegen die Gifte mehrerer Arten in einem bestimmten geographischen Gebiet wirksam sind.

Um Antiseren zu gewinnen, muß man zunächst den lebenden Schlangen das Gift entnehmen. Dieses „Melken" von Giftschlangen geschieht vorwiegend in sogenannten Schlangenfarmen. Die Giftabnahme muß äußerst sorgfältig und vorsichtig durchgeführt werden, um Verletzungen der Schlangen, Bißunfälle und Verunreinigungen des Giftes zu vermeiden. Heute erfolgt diese Prozedur oft schon halb- oder vollautomatisch. Nach der Abnahme muß das Gift haltbar gemacht und schließlich die Toxinstärke und die Menge des erhaltenen Giftes bestimmt werden. Danach kann man an die eigentliche Serumgewinnung gehen. Hierzu werden Pferde (gelegentlich auch Kühe) mit geringen Dosen von Schlangengift in allmählich ansteigender Menge gespritzt. Die gespritzten Tiere bilden daraufhin Antikörper gegen das Gift, die sie bis zur Immunität anreichern. Sodann wird aus dem Blut der immunisierten Tiere das Antitoxin gewonnen, das die Basis für das Schlangenserum darstellt.

Schlangengifte zur Herstellung von Medikamenten

Neben der Gewinnung von Antiserum finden Schlangengifte auch bei der Herstellung bestimmter Medikamente und in der wissenschaftlichen Forschung eine steigende Bedeutung. So werden auf der Schlangengiftbasis einiger Vipern Präparate zur medikamentösen Förderung der Blutgerinnung bei Operationen, in der Gynäkologie oder der Zahnmedizin, andererseits aber auch Medikamente zur Verhinderung der Blutgerinnung hergestellt.
Schlangengifte als Basissubstanz in Medikamenten finden außerdem Verwendung bei der Behandlung von epileptischen und rheumatischen Erkrankungen, bei der Bekämpfung der Lepra und sogar bei der Therapie von allergischen Krankheiten.
Das Feld der Anwendung von Schlangengiften in der biologischen Forschung wächst ständig, vor allem bei der Erforschung der Nervensysteme und ihrer Funktionen.
Deshalb darf man die Giftschlangen nicht nur als eine gefährliche und bedrohliche Tiergruppe ansehen, sondern sollte sich auch ihre segensreiche Wirksamkeit für den Menschen auf medizinischem Gebiet klarmachen.

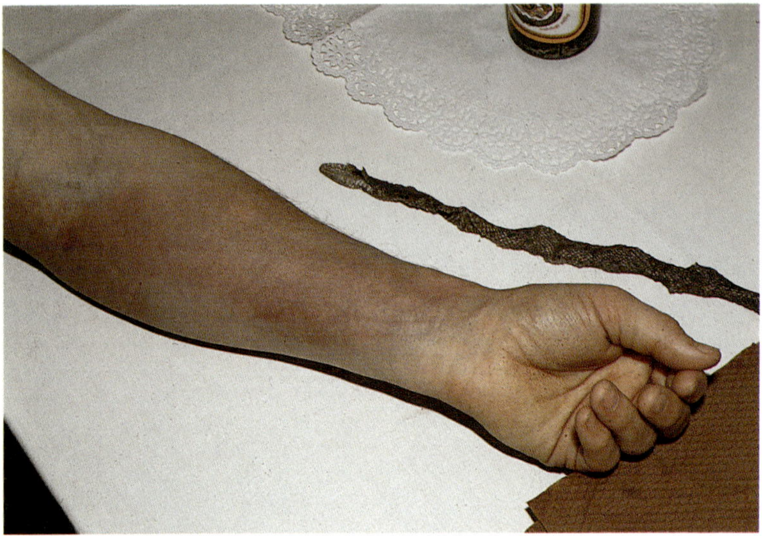

Verfärbter und geschwollener Arm nach einem Kreuzotternbiß.

Was tun bei einem Giftschlangenbiß?

Wird ein Mensch von einer Giftschlange gebissen, so gilt es, rasch und überlegt zu handeln. Dabei konzentriere man sich auf drei Hauptziele:

Möglichst viel Gift aus der Wunde wieder herausschaffen.
Die Ausbreitung des Giftes im Körper verzögern.
Das im Körper verbliebene Gift neutralisieren.

Die beiden ersten Punkte umfassen Maßnahmen der Ersten Hilfe, der dritte Punkt muß durch den Arzt erfüllt werden.

Zunächst muß man allerdings feststellen, ob der Biß tatsächlich von einer Giftschlange stammt.
Als sicherstes Erkennungszeichen dient hierbei das sogenannte „Bißmal“:

Ungiftige Schlangen hinterlassen auf der Haut einen halbkreisförmigen Abdruck ihres Zahnkranzes im Oberkiefer.
Bei Giftschlangen sind lediglich ein oder zwei Einstichpunkte der Giftzähne zu erkennen.

Für die ersten Hilfsmaßnahmen nach dem Biß einer Giftschlange hat das Schweizerische Tropeninstitut in Basel in Zusammenarbeit mit Fachärzten ein Merkblatt herausgegeben, dem hier im wesentlichen gefolgt werden soll:

Hilfsmaßnahmen

1. Ruhe bewahren, keine Angst aufkommen lassen.
Den Patienten beruhigen und nach Möglichkeit in den Schatten setzen oder legen.
Schock- und Angstzustände wirken manchmal gefährlicher als die Vergiftung selbst!

2. Stauung der Bißstelle, die schnellstens zum Herzen hin abgebunden werden sollte. Dafür kann man elastische Binden, zusammengedrehte Taschentücher, Kleidungsteile, Hosenträger oder Gürtel verwenden. Die Stauung darf nicht vollständig abgeschnürt sein, sondern der Puls muß fühlbar bleiben – das abgebundene Glied darf blau, aber nicht weiß werden.
Die Stauung soll eine allzu rasche Ausbreitung des Giftes im Körper des Gebissenen verhindern.

3. Die Bißstelle mit Merfen, Jod oder ähnlichen Mitteln desinfizieren.
Dies erschwert eine Wundinfektion und dient überdies dazu, eventuell auf der Haut verbliebene Giftreste zu entfernen.

4. Das betroffene Glied mit einer Schiene oder Tuchschlinge ruhigstellen, damit eine stärkere Durchblutung bei unnötigen Bewegungen verhindert wird.

5. Den Gebissenen möglichst rasch zum nächsten Arzt oder Krankenhaus transportieren.
Dabei muß der Patient jede Anstrengung vermeiden (tragen oder fahren!), allenfalls darf er langsam zur nächsten Transportmöglichkeit gehen – niemals schnell laufen!
Auf dem Weg zum Arzt muß die Stauung alle 15 Minuten für etwa 2 Minuten gelockert werden, denn bei einer unsachgemäßen Stauung von mehr als $1^1/_2$ Stunden besteht die Gefahr des Verlustes der verletzten Extremität!

6. Schnelle und genaue Information des Arztes:
- Ort und Zeit des Bißunfalles,
- möglichst exakte Beschreibung der Schlange (Größe, Färbung, Zeichnungsmuster),
- Maßnahmen mitteilen, die als Erste Hilfe ergriffen wurden,
- angeben, ob schon zu früheren Zeitpunkten Serumbehandlungen durchgeführt wurden,
- besteht eventuell eine Allergiebereitschaft?

Die meisten hier nicht erwähnten Maßnahmen für die ersten Hilfeleistungen bei einem Giftschlangenbiß schaden mehr, als daß sie nützen. So werden das Einschneiden, Aussaugen oder Ausbrennen der Bißwunde, das Unterkühlen mit Eis und die Anwendung von Kaliumpermanganat in ihrer Wirksamkeit stark bezweifelt, können unter Umständen sogar die ärztliche Behandlung erschweren.
Auf keinen Fall sollte der Patient Alkohol zu sich nehmen!
In jüngster Zeit ist ein in Basel in der Schweiz entwickelter, sogenannter „Rasterschießapparat“ zum Aufreißen und Absaugen der Bißwunde im Gespräch, aber die konkreten Erfolge dieser mechanischen Erste-Hilfe-Leistung muß man noch abwarten.

Die weitere Behandlung des gebissenen Patienten mit Antivenin-Serum, die Verabfolgung von begleitenden Medikamenten zur Kreislaufbelebung oder zur Infektionsbekämpfung und die Versorgung der Wunde sind dann die Aufgaben des Arztes.
Er wird das Serum in der vorgeschriebenen Menge intramuskulär oder intravenös injizieren.
Er wird über die notwendigen medizinischen Maßnahmen entscheiden und die Behandlung beaufsichtigen.
Wenn all dies in der richtigen Weise durchgeführt wird, verläuft der Biß einer Giftschlange in aller Regel ohne allzu große Komplikationen und nur sehr selten tödlich.

Institute zur Gewinnung von Schlangenserum

Ägypten
Al Algousa Sharea, Alvezara, Kairo

Algerien
Institut Pasteur d'Algèrie, Rue Docteur Laveran, Alger

BRD
Behringwerke AG, Marburg/Lahn

Frankreich
Institut Pasteur, 36 Rue de Docteur Roux, Paris 15

Großbritannien
L. Light & Co., Poyle Estate Colnbrook, Bucks

Israel
Ministry of Health, Department of Laboratories, P. O. Box 6115, Jerusalem 91060

Italien
Istituto Sieroterapico e Vaccinogeno, 1 Via Fiorentina, Siena

Jugoslawien
Institute of Immunology, Rockefellerova 2, Zagreb

Marokko
Institut Pasteur, Place Charle Nicolle, Casablanca

Österreich
Serotherapeutisches Institut, Triester Str. 50, A-1100 Wien

Schweiz
Schweizerisches Serum- und Impfinstitut, Rehagstr. 79, Bern

Sowjetunion
Taskind Institute, Ministry of Health, Moskau

Tunesien
Institut Pasteur, 13 Place Pasteur, Tunis

Giftnotrufe

In der Bundesrepublik Deutschland, Österreich und der Schweiz können bei Giftschlangen-Bißunfällen folgende Notrufe angewählt werden:

BRD
Tel.: (089) 41402211
Toxikologische Abteilung der 2. Medizinischen Klinik rechts der Isar, 8000 München 80

Österreich
Tel.: (0222) 22243 4343
1. Medizinische Klinik, Vergiftungsinformationszentrale,
Lazarettgasse 14,
A-1090 Wien

Schweiz
Tel.: (051) 326666
Centre Suisse d'information toxicologique, Institut de Médecine Légale de l'Université de Zürich,
Zürichbergstr. 8,
CH-8028 Zürich

Wo leben Schlangen?

Schlangen besiedeln eine Fülle unterschiedlichster Biotope und sind in ihren Lebensräumen hervorragend an die dort herrschenden Lebensbedingungen angepaßt.
Die meisten Schlangenarten, die in dem in diesem Buch besprochenen Gebiet vorkommen, sind Bodenbewohner. Ihr Lebensraum muß allerdings so beschaffen sein, daß ihre Ansprüche mit Sonnenplätzen, schattigen Aufenthaltsorten, schützender Pflanzendeckung und ausreichenden Zufluchts- und Versteckmöglichkeiten zufriedenstellend gedeckt sind.
Dies bedeutet, daß der Lebensraum für Schlangen die unterschiedlichsten Strukturen aufweisen muß:
Sträucher, Pflanzenbüschel, freie Plätze, Baumstümpfe, Steinhaufen oder Steinmauern und vielleicht schutzbietende Löcher im Boden.

Einige Arten, wie z.B. die Sandboas (*Eryx* sp.), die Wurmschlangen (*Typhlops* sp.) oder die Zwergnattern (*Eirenis* sp.), leben sogar unterirdisch und haben eine teilweise grabende Lebensweise entwickelt.

Wieder andere Arten lieben die Nähe des Wassers und schwimmen gerne. Hierzu gehören in dem hier beschriebenen geographischen Gebiet vor allem die Ringelnatter (*Natrix natrix*), die Würfelnatter (*Natrix tessellata*) und die Vipernatter (*Natrix maura*).

An eine kletternde Lebensweise im Gebüsch und in niedrigen, buschartigen Bäumen haben sich eine ganze Reihe anderer Arten angepaßt, z.B. Arten der Gattung *Elaphe*, die deshalb auch Kletternattern genannt werden. Allerdings kann man Zornnattern der Gattung *Coluber* und oft sogar Vipern kletternd antreffen.
Für diese Arten sind lichte Laubwälder mit Büschen und steinigem Boden der rechte Lebensraum.

Extreme Lebensumstände bietet schließlich der Lebensbereich der Wüsten an. Aber auch hier haben sich viele Schlangenarten auf die trockenen und heißen Bedingungen eingestellt, zum Teil mit ganz speziellen und verblüffenden Anpassungen:
Die pfeilschnellen Sandrennattern (*Psammophis* sp.) scheinen über den heißen Wüstenboden zu fliegen.
Die Seitenwinderschlangen, wie die nordafrikanische Hornviper (*Cerastes cerastes*), bewegen sich wie „hüpfend“ über den Sand.
Die Avicennaviper (*Cerastes vipera*) gräbt sich im Sand ein, bis nur noch ihre Augen über die Erdoberfläche ragen.
Die Ägyptische Sandboa (*Eryx colubrinus*) bewegt sich fast nur unterirdisch voran.
Die Sandrasselottern (*Echis carinatus*) vermeiden zusätzlichen Wasserverlust über die Atemluft, indem sie durch Aneinanderreiben der Flankenschuppen warnend zischen.
Vor allem aber müssen die Bewohner der deckungslosen Wüste in der Nacht aktiv sein, damit sie nicht allzuleicht ihren Feinden zum Opfer fallen.

Viele Schlangen suchen ihren Lebensraum gerne in der Nähe des Menschen, der ihnen mit seiner

Kulturlandschaft oft erst die notwendigen strukturreichen Lebensbereiche schafft. So sind beispielsweise Komposthaufen gerne aufgesuchte Eiablageplätze der Ringelnatter (*Natrix natrix*), die sogar in großen Gemeinschaftsgelegen hier ihre Eier unterbringt. Die Blindschlangen, Zornnattern, Zwergnattern, Katzennattern und viele Vipernarten nutzen mit Vorliebe die Versteckangebote in Legesteinmauern, Gebüschen und Steinhaufen am Rande von Feldern oder im Bereich verlassener Ruinen. So schafft oft der Mensch erst die idealen Lebensbedingungen für die Tiergruppe, der er ansonsten so gerne aus dem Wege geht.

Auch Schlangen haben Feinde!

Schlangen, ob ungiftig oder giftig, besitzen eine beträchtliche Anzahl von Feinden:
Greifvögel, große Stelzvögel und verschiedene Raubsäugetiere stellen ihnen nach. Jedermann weiß, daß der Storch Schlangen frißt. Der Igel überwältigt sogar Kreuzottern und verspeist sie. Marder, Wiesel und Iltis erbeuten und verzehren ebenfalls gerne eine Schlange.

Zu den bedrohlichsten Feinden gehören schließlich die Parasiten: Viele freilebende Schlangen sind von Würmern, Amöben, Milben und Zecken befallen. Und für den Schlangenpfleger bedeutet es eine schmerzliche Erfahrung, wenn einmal eine Parasitenkrankheit bei seinen Pfleglingen zum Ausbruch kommt und die Tiere schnell dahingerafft werden.

Der schlimmste Feind der Schlangen ist jedoch der Mensch! Aus Vorurteil, Aberglauben und Unwissenheit werden viele der schönen Kriechtiere einfach erschlagen. Vor allem in den Mittelmeerländern fallen durch aktive Verfolgung, aber auch durch Überfahren auf den Straßen Schlangen in großen Mengen dem Menschen zum Opfer.
Die größte Bedrohung geht allerdings von der Zerstörung der Lebensräume und damit dem Entzug der Nahrungsgrundlage aus. In erschreckendem Maße verschwinden die ursprünglichen Naturlandschaften und naturnahen Landschaftsteile! Durch technische und zivilisatorische Eingriffe in die Umwelt verändern sich die Lebensräume und die Lebensbedingungen vieler Schlangenarten derart, daß ihr Bestand spürbar zurückgeht und vielerorts nachdrücklich bedroht ist.

So zeigt sich selbst am Beispiel der Schlangen, wie dringend notwendig eine behutsame und verantwortungsbewußte Nutzung, Bewahrung und Pflege der Naturräume unserer Erde geworden ist.

Schutzmaßnahmen

Der drastische Bestandsrückgang der meisten Schlangenarten hat dazu geführt, daß auch diese Reptiliengruppe breiten Eingang in die Liste der schützenswerten Tierarten gefunden hat. Zwar enthält das große internationale Artenschutzwerk, das Washingtoner Artenschutzübereinkommen, nur wenige Schlangenarten aus dem Gebiet, das in diesem Buch abgedeckt wird, aber die daran anschließende Artenschutzgesetzgebung in den EG-Verordnungen und im Bundesartenschutzgesetz – wie kritisch man auch immer diesen Gesetzeswerken gegenüberstehen mag – berücksichtigt die Schlangen in hohem Maße.

So genießen heute alle europäischen Schlangen den Schutz der Gesetze und dürfen nur mit besonderen Genehmigungen der Natur entnommen oder im Terrarium gehalten werden.

Die nationale Gesetzgebung schließlich, die Naturschutzgesetze und -verordnungen des Bundes und der Länder in der Bundesrepublik Deutschland, betont noch einmal nachdrücklich den Schutz der freilebenden Reptilien unter Einschluß der Tiergruppe der Schlangen.

Demnach umfaßt das Recht auf Schutz und Schonung heutzutage alle europäischen Schlangenarten, auch die giftigen wie Kreuzotter (*Vipera berus*), Aspisviper (*Vipera aspis*) oder Sandviper (*Vipera ammodytes*).
Allerdings ist jedes Gesetz nur so gut, wie es ausgeführt und beachtet wird. Außerdem kann die Artenschutzgesetzgebung lediglich Handhaben für weitergehende Schutzmaßnahmen, insbesondere beim Schutz der Lebensräume, liefern – vor dem Aussterben kann das Gesetz eine Tierart nicht bewahren!

Erst wenn die Menschen aufhören, die Lebensräume der Schlangen ständig zu verkleinern und zu zerstören, und wenn sie – die Schönheit dieser Tiere erkennend – die Daseinsberechtigung der eleganten Schuppentiere anerkennen und respektieren, wird die dramatische Abnahme der Schlangenbestände aufhören!

Es ist ein Wunschziel für jeden Schlangenfreund, daß eines Tages der überwiegende Teil unserer Mitmenschen eine ihm begegnende Schlange nicht kurzerhand erschlägt oder überfährt, sondern das Tier mit Interesse beobachtet und rücksichtsvoll verschont. In einem derartigen Verhalten würde sich der Respekt vor den Geschöpfen der freien Natur ausdrücken, und vielleicht würde damit auch der Weg zu einem verständnisvolleren Umgang mit den Lebensräumen beschritten.

Gegenwärtig sind in Europa und der Bundesrepublik Deutschland folgende Gesetze zum Schutz freilebender Tierarten – und damit auch Schlangenarten – in Kraft:

- ▲ Gesetz zu dem Übereinkommen vom 3. März 1973 über den internationalen Handel mit gefährdeten Arten freilebender Tiere und Pflanzen (Washingtoner Artenschutzübereinkommen)
- ▲ Erstes Gesetz zur Änderung des

Bundesnaturschutzgesetzes vom 10. Dezember 1986
▲ Verordnung zum Schutz wildlebender Tier- und Pflanzenarten (Bundesartenschutzverordnung) vom 19. Dezember 1986
▲ Verordnung (EWG) Nr. 3626/82 des Rates vom 3. Dezember 1982 zur Anwendung des Übereinkommens über den internationalen Handel mit gefährdeten Arten freilebender Tiere und Pflanzen in der Europäischen Gemeinschaft (mit einigen Ergänzungsverordnungen).

Schlangen in menschlicher Obhut

Schlangen sind keine Streicheltiere – sie sind aber äußerst interessant zu beobachten!
Ein geräumiges, gut beheiztes Terrarium, ausreichende Luftfeuchtigkeit, eine sinnvolle Einrichtung mit Pflanzen und Baumästen zum Klettern, ein Wasserbecken zum Baden und Trinken sowie die richtige Nahrung sind allerdings Grundvoraussetzungen zur tiergerechten Haltung!

Neben den wenigen Fachzoologen, die sich mit der Reptilienhaltung beschäftigen, gibt es eine steigende Zahl von Reptilienliebhabern (Terrarianer), die ihre Terrarien mit großer Liebe einrichten und ihr Leben mit der Beobachtung von eigenartigen und interessanten Tieren bereichern. Die Pflege der Schlangen nimmt bei ihnen einen ganz besonderen Platz ein; Sorgfalt, Verläßlichkeit und Verantwortungsbewußtsein gegenüber den Pfleglingen sind eine Selbstverständlichkeit.
Und wenn die Anforderungen an Unterbringung und Pflege erfüllt sind, wird sich jede gesunde Schlange in der menschlichen Umgebung eingewöhnen.
Durch geduldige und ruhige Beobachtung wird der Terrarianer bald mit seinen Schützlingen vertraut. Bei guter Versorgung und ruhiger, besonnener Behandlung verlieren viele Schlangen in menschlicher Obhut ihre anfängliche Aggressivität oder Scheu. Die ererbten und geprägten Verhaltensweisen dieser Tiergruppe sind derart verläßlich, daß ein sachkundiger Terrarianer die Reaktion seiner Pfleglinge mit großer Sicherheit berechnen kann.
Die Beschäftigung mit Schlangen im Terrarium ist lehrreich und bereitet viel Freude. Als Anfänger sollte man allerdings einen Fachmann zu Rate ziehen, ehe man sich diesen interessanten Tieren zuwendet.

Es gibt viele Terrarienvereine, wie z. B.:
den Wasserstern in Augsburg,
die ISIS in München,
den Verein für Herpetologie in Regensburg-Burgweinting,
die Reptilien- und Amphibienfreunde Allgäu in Altusried,
den Verein der Aquarien- und Terrarienfreunde in Karlsruhe,
um nur einige zu nennen, die gerne

Auskunft geben und in denen man Kontakt zu gleichgesinnten Terrarienfreunden findet.
Der größte terraristische Dachverband im deutschsprachigen Raum ist jedoch die Deutsche Gesellschaft für Herpetologie und Terrarienkunde mit gegenwärtigem Sitz in Bonn. Die Adresse lautet:
**Deutsche Gesellschaft
für Herpetologie
und Terrarienkunde e.V.,
Adenauerallee 150–164,
D-5300 Bonn 1**

Das System der Schlangen

Das im folgenden dargestellte System der Schlangen wird lediglich bis zur Familie bzw. Unterfamilie ausgeführt.

Blindschlangen und Schlankblindschlangen sind im allgemeinen an ihrer kleinwüchsigen, „regenwurmartigen“ Gestalt zu erkennen.

Riesenschlangen haben als gemeinsames Merkmal ihren teilweise sehr großen Körperwuchs und Reste eines Beckenskeletts im hinteren Körperbereich.

Die übrigen Schlangengruppen der Nattern, Trugnattern, Seeschlangen, Giftnattern, Vipern und Grubenottern werden aufgrund ihres Zahnbaus (glatte Zähne, hinterständige Furchenzähne, vorderständige Furchengiftzähne, vorderständige Röhrengiftzähne mit Giftzahnapparat) voneinander unterschieden.
Die äußere Gestalt und der Bau des Kopfes sind keine zuverlässigen Erkennungsmerkmale. So sehen z.B. die Giftnattern im Kopfbau den Echten Nattern oft sehr ähnlich, wenngleich viele Vipern schon durch den deutlich und kantig vom Rumpf abgesetzten Kopf als solche zu erkennen sind.

Für ausführlichere systematisch-taxonomische Informationen muß auf das spezielle Schrifttum über Schlangen verwiesen werden.

Unterordnung Schlangen (Serpentes)

Familie Blindschlangen (Typhlopidae)
z. B. Europäische Wurmschlange (*Typhlops vermicularis*)
Familie Schlankblindschlangen (Leptotyphlopidae)
z. B. Nordafrikanische Schlankblindschlange (*Leptotyphlops macrorhynchus*)
Familie Amerikanische Schlankblindschlangen (Anomalepidae)
Familie Rollschlangen (Aniliidae)
Familie Schildschwänze (Uropeltidae)
Familie Erdschlangen (Xenopeltidae)
Familie Warzenschlangen (Acrochordidae)
Familie Riesenschlangen (Boidae)
Unterfamilie Spitzkopfpythons (Loxoceminae)
Unterfamilie Pythonschlangen (Pythoninae)
Unterfamilie Boa-Schlangen (Boinae)
Unterfamilie Bolyer-Schlangen (Bolyeriinae)
Unterfamilie Sandboas (Erycinae)
z. B. Westliche Sandboa (*Eryx jaculus*)
Familie Nattern (Colubridae)
Unterfamilie Höckernattern (Xenoderminae)
Unterfamilie Vielzahnnattern (Sibynophinae)
Unterfamilie Ungleichzähnige Nattern (Xenodontinae)
Unterfamilie Wassernattern (Natricinae)
z. B. Ringelnatter (*Natrix natrix*)
Unterfamilie Land- und Baumnattern (Colubrinae)
z. B. Äskulapschlange (*Elaphe longissima*)
Unterfamilie Zwergschlangen (Calamarinae)
Unterfamilie Wolfszahnnattern (Lycodontinae)
Unterfamilie Schneckennattern (Dipsadinae)
Unterfamilie Asiatische Schneckennattern (Pareinae)
Unterfamilie Eierschlangen (Dasypeltinae)
Unterfamilie Indische Eierschlangen (Elachistodontinae)
Unterfamilie Erdvipern (Aparallactinae)
z. B. Muellers Erdviper (*Micrelaps muelleri*)
Unterfamilie Wassertrugnattern (Homalopsinae)
Unterfamilie Trugnattern (Boiginae)
z. B. Eidechsennatter (*Malpolon monspessulanus*)
Familie Giftnattern (Elapidae)
z. B. Uräusschlange (*Naja haje*)
Familie Seeschlangen (Hydrophiidae)
Unterfamilie Plattschwanz-Seeschlangen (Laticaudinae)
Unterfamilie Ruderschwanz-Seeschlangen (Hydrophiinae)
Familie Vipern (Viperidae)
Unterfamilie Echte Vipern (Viperinae)
z. B. Kreuzotter (*Vipera berus*)
Unterfamilie Grubenottern (Crotalinae)
z. B. Halysotter (*Agkistrodon halys*)

Bestimmungsschlüssel

Die Bestimmungsschlüssel sind im vorliegenden Werk lediglich bis zur Familie beziehungsweise bis zur Gattung ausgeführt worden. Dies, zusammen mit den einzelnen Artenbeschreibungen und den Länder-Artenlisten, genügt für die Zwecke eines praktisch anwendbaren Feldführers. Dabei wurde die Beschreibung der verwendeten Merkmale immer so gewählt, daß auch der Laie ohne aufwendige wissenschaftliche Hilfsmittel seine Bestimmung durchführen kann. Die Auswahl der Merkmalsgruppierungen geschah, neben der Berücksichtigung systematisch-verwandtschaftlicher Verhältnisse, vor allem nach Gesichtspunkten der leichteren Bestimmbarkeit. Bei einigen im Schlüssel schwer zu charakterisierenden Gattungen wurde versucht, über eine Kombination von Merkmalen und unter Erwähnung der Ausnahmen zu einer befriedigenden Definition zu kommen.

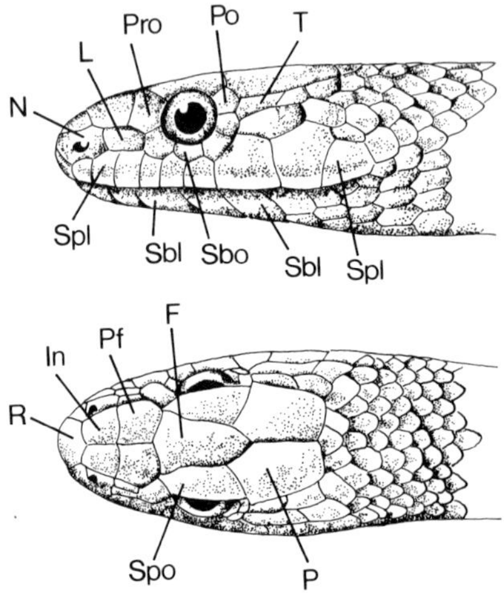

Kopfbeschilderung von Schlangen:
Oben: *N* Nasenschild (Nasale); *L* Zügelschild (Loreale); *Pro* Voraugenschild (Praeoculare); *Po* Hinteraugenschild (Postoculare); *T* Schläfenschild (Temporale); *Spl* Oberlippenschild (Supralabiale); *Sbl* Unterlippenschild (Sublabiale); *Sbo* Unteraugenschild (Suboculare).
Unten: Schnauzenschild (Rostrale); *In* Zwischennasenschild (Internasale); *Pf* Vorderstirnschild (Praefrontale); *F* Stirnschild (Frontale); *Spo* Überaugenschild (Supraoculare); *P* Scheitelschild (Parietale).

Bestimmungsschlüssel für die Familien

1a Körper wurmförmig, sehr klein und dünn; rundum mit etwa gleichförmigen, glatten und glänzenden Schuppen bedeckt; 3–4 Schuppen direkt vor dem After; winziges, rückgebildetes Auge unter einer durchscheinenden Kopfschuppe liegend; Maul sehr klein; entweder Oberkiefer oder Unterkiefer zahnlos 2

1b Rücken- und Flankenschuppen kleiner als die seitlich vergrößerten Bauchschilder; 1 oder höchstens 2 Schilder direkt vor dem After; gut entwickeltes Auge, von einer durchsichtigen Schuppe wie ein Brillenglas bedeckt; Ober- und Unterkiefer mit Zähnen 3

2a Augenschilder (Ocularia) nicht direkt an die Mundspalte stoßend, durch kleine Schuppen davon getrennt; Zähne nur im Oberkiefer; 20 oder mehr Schuppenreihen um die Körpermitte; Schwanz so lang wie oder nur wenig länger als breit .... **Blindschlangen** (Typhlopidae), S. 52

2b Augenschilder (Ocularia) direkt an die Mundspalte stoßend; Zähne nur im Unterkiefer; 14 Schuppenreihen um die Körpermitte; Schwanz mindestens dreimal so lang wie breit .... **Schlankblindschlangen** (Leptotyphlopidae), S. 52

3a Bauchschilder nur etwa ein Drittel so breit wie die Körperbreite; Überaugenschilder (Supraocularia) in 2 oder mehrere Schilder unterteilt; Schwanz kurz, dick und abgerundet; viele Arten sehr groß (im hier behandelten Gebiet allerdings nur kleine Formen) .... **Riesenschlangen** (Boidae), S. 59

3b Bauchschilder so breit oder fast so breit wie die Körperbreite; Überaugenschilder groß und ungeteilt (mit Ausnahme einiger weniger Vipernarten, siehe dort); Schwanz länger und schlank, in eine Spitze auslaufend 4

4a Keine vergrößerten Giftzähne im vorderen Oberkiefer (aber manchmal vergrößerte Giftzähne im hinteren Oberkiefer, zumeist unterhalb des Auges: **Trugnattern** – Boiginae und Aparallactinae, S. 149); ein großes Zügelschild (Loreale) ist in der Regel vorhanden .... **Nattern** (Colubridae), S. 65

4b Ein oder mehrere Paare von vergrößerten Giftzähnen im vorderen Oberkiefer; in der Regel kein stark vergrößertes Zügel schild 5

5a Mittelgroße Giftzähne fest im vorderen Oberkiefer stehend, nicht in eine Schleimhautfalte nach hinten umklappbar; Kopfoberseite mit großen, oft paarig ausgebildeten Schildern bedeckt; kein Zügelschild ... **Giftnattern** (Elapidae), S. 166

5b Sehr große Giftzähne vorne im Oberkiefer auf einem beweglichen Knochen, in Ruhestellung nach hinten in einer Schleimhautfalte eingeklappt liegend; Kopfoberseite mit vielen kleinen, unregelmäßig ausgebildeten Schuppenreihen bedeckt ...... **Vipern und Ottern** (Viperidae), S. 171

Bestimmungsschlüssel für die Gattungen

Familie Blindschlangen (Typhlopidae)
Im hier behandelten Gebiet nur 1 Gattung: **Blindschlangen** (*Typhlops*)

Familie Schlankblindschlangen (Leptotyphlopidae)
Im hier behandelten Gebiet nur 1 Gattung: **Schlankblindschlangen** (*Leptotyphlops*)

Familie Riesenschlangen (Boidae)
Im hier behandelten Gebiet nur 1 Gattung: **Sandboas** (*Eryx*)

Familie Nattern (Colubridae)

1a Alle Zähne im Oberkiefer gleich gestaltet, keine verlängerten Fangzähne hinten im Oberkiefer; Kopf meist länglich, abgerundet .... **Land-, Baum- und Wassernattern** (Unterfamilien Colubrinae und Natricinae)

1b Verlängerte, meist gefurchte Fangzähne hinten im Oberkiefer;

Kopf bisweilen etwas vom Körper abgesetzt ...... **Trugnattern** und **Erdvipern** (Unterfamilien Boiginae und Aparallactinae)

Land-, Baum- und Wassernattern (Unterfamilien Colubrinae und Natricinae)

1a Kleine und dünne Schlangen, erwachsene in der Regel nicht größer als 30–40 cm (selten bis 50 cm); 14–17 Rückenschuppenreihen um die Körpermitte (nur *Lytorhynchus* 19 Rückenschuppenreihen) **2**

1b Größere, teilweise recht große Schlangen, erwachsene in der Regel über 50 cm; 19–33 Rückenschuppenreihen um die Körpermitte (nur gelegentlich, z.B. bei Andersons Pfeilnatter *Coluber rogersi* oder der Großkopfringelnatter *Natrix megalocephala* 18 Rückenschuppenreihen) .. **4**

2a Auge klein; 15–17 Rückenschuppenreihen um die Körpermitte; Kopf in der Regel deutlich gezeichnet, meist mit Querbändern versehen ... **Zwergnattern** (*Eirenis*), S. 104

2b Auge groß; 14–15 oder 19 Rückenschuppenreihen um die Körpermitte; ein kräftig ausgebildetes Schnauzenschild (Rostrale) **3**

3a Schnauze durch vergrößertes Schnauzenschild (Rostrale) wulstartig aufgewölbt, dadurch Maul unterständig; 19 Rückenschuppenreihen um die Körpermitte .... **Schnauzennattern** (*Lytorhynchus*), S. 131

3b Kräftiges und weit auf die Oberschnauze gezogenes Schnauzenschild (Rostrale), aber Schnauze nicht wulstartig aufgewölbt; 14–15 Rückenschuppenreihen ..... **Schwarzkopfzwergnatter** (*Rhynchocalamus*), S. 146

4a Körperschuppen gekielt (nur bei der Großkopfringelnatter *Natrix megalocephala* glatt) **5**

4b Körperschuppen glatt (nur bei der Münzennatter *Coluber nummifer*, Ravergiers Zornnatter *Coluber ravergieri* und der Vierstreifennatter *Elaphe quatuorlineata* schwach gekielt); höchstens 10 Oberlippenschilder (Supralabialia) **6**

5a Körperschuppen deutlich gekielt (mit Ausnahme der Großkopfringelnatter *Natrix megalocephala*); 18–23 Rückenschuppenreihen um die Körpermitte; 6–9 Oberlippenschilder (Supralabialia); keine Unteraugenschildchen (Subocularia); Grundfarbe mit abgestuften Grautönen (blaugrau, olivgrau, grüngrau), bisweilen ganz schwarz (Großkopfringelnatter) .... **Wassernattern** (*Natrix*), S. 132

5b Körperschuppen gekielt, manchmal nur leicht; 25–33 Rückenschuppenreihen um die Körpermitte; 10–13 Oberlippenschilder (Supralabialia); Unteraugenschildchen (Subocularia) vorhanden; Rückenzeichnung mit rotbraunen Flecken .... **Diademnatter** (*Spalerosophis*), S. 147

6a Klein, meist unter 60 cm (nur selten etwas darüber); dunkler U-förmiger Nackenfleck, nach hinten oder vorne geöffnet .... **Schlingnattern** (*Coronella*), S. 99

6b Größere, oft recht große Schlangen; kein dunkler, U-förmiger Nackenfleck **7**

7a Meist recht große, robust wirkende Schlangen, erwachsene in der Regel etwa 100 cm oder mehr (lediglich die Transkaukasische

Kletternatter *Elaphe hohenackeri* und die Leopardnatter *E. situla* kleiner, 60–90 cm); 23–25 Rükkenschuppenreihen um die Körpermitte; Augenunterrand stößt direkt an die Oberlippenschilder (bei der Steppennatter *Elaphe dione* und der Vierstreifennatter *E. quatuorlineata* ein Unteraugenschildchen [Suboculare] am Vorderrand des Auges); 1 großes Voraugenschild (Praeoculare) .....
Kletternattern (*Elaphe*), S. 117

7b Mittelgroße, meist schlank wirkende Schlangen (die Pfeilnatter *Coluber jugularis* kann allerdings 200 cm überschreiten; die Prachtzornnatter *C. elegantissimus* und Jans Pfeilnatter *C. rhodorachis* bleiben klein, etwa 50–80 cm); in der Regel 17–19 Rückenschuppenreihen um die Körpermitte (allerdings bei der Algerischen Zornnatter *Coluber algirus,* der Ägyptischen Zornnatter *C. florulentus,* der Münzennatter *C. nummifer* und Ravergiers Zornnatter *C. ravergieri* 21–25 Rückenschuppenreihen; bei der Hufeisennatter *C. hippocrepis* sogar 25–29 Rükkenschuppenreihen, dafür diese Art mit einer Reihe Unteraugenschildchen, Subocularia, zwischen Auge und Oberlippenschildern); 1 (selten 2) Unteraugenschildchen (Suboculare) am Vorderrand des Auges ....
Zornnattern (*Coluber*), S. 66

Trugnattern und Erdvipern (Unterfamilien Boiginae und Aparallactinae)

1a Mittelgroße bis große Schlangen; Auge groß, mit runder Pupille; 17–19 Rückenschuppenreihen um die Körpermitte **2**

1b Meist kleinere Schlangen (nur bei den Katzennattern Exemplare bis 100 cm); Auge klein, mit ovaler oder senkrecht geschlitzter Pupille **3**

2a Mittelgroß bis groß und robust wirkend (bis 200 cm); Kopf wenig vom Körper abgesetzt; Überaugenschilder mit einer deutlichen Kante über dem Auge ....
Eidechsennattern (*Malpolon*), S. 151

2b Mittelgroß (bis 150 cm) und sehr schlank; Kopf lang und schmal, deutlich vom Körper abgesetzt; helle und dunkle Längsstreifen auf dem Rücken ....
Sandrennattern (*Psammophis*), S. 156

3a Sehr kleine Schlangen (35–50 cm); Auge klein, mit rund-ovaler Pupille; 15 Rückenschuppenreihen um die Körpermitte; kein Zügelschild (Loreale); Zeichnung schwarz-weiß geringelt ....
Erdvipern (*Micrelaps*), S. 165

3b Etwas größere Schlangen (40–100 cm); 17–25 Rückenschuppenreihen um die Körpermitte; Zügelschild (Loreale) vorhanden **4**

4a Klein, in der Regel 40–50 cm; Kopf wenig vom Körper abgesetzt; Auge klein, verhältnismäßig weit vorne am Kopf gelegen, mit vertikal-elliptischer Pupille; Scheitelschild (Parietale) meist direkt an das 6. sehr große Oberlippenschild (Supralabiale) stoßend; dunkler „Kapuzenfleck" im Nacken ....
Kapuzennatter (*Macrorpotodon*), S. 149

4b Etwas größer, erwachsene 60–100 cm; Kopf eiförmig und flach, deutlich vom Körper abgesetzt; Augen mit senkrecht geschlitzter Pupille „katzenaugenähnlich" ..
Katzennattern (*Telescopus*), S. 160

Familie Giftnattern (Elapidae)

1a Große Schlangen, 150 bis über 200 cm; Fähigkeit zum Spreizen eines Nackenschildes; Körperschuppen glatt; 19–21 Rückenschuppenreihen um die Körpermitte; eine Reihe Unteraugenschildchen (Subocularia) zwischen Augenunterrand und Oberlippenschildern; Analschild ungeteilt . **Kobras** (*Naja*), S. 167

1b Mittelgroße Schlangen, 90–120 cm; keine Fähigkeit zur Bildung eines Nackenschildes; Schuppen auf der vorderen Körperhälfte und dem Schwanz gekielt, auf der hinteren Körperhälfte glatt; 23 Rückenschuppenreihen um die Körpermitte (selten 21); 1 Unteraugenschildchen (Suboculare) zwischen Hinteraugenschildern und Oberlippenschildern am hinteren, unteren Augenrand; Analschild zweigeteilt; weitgehend unterirdisch lebend .. **Schwarze Wüstenkobra** (*Walterinnesia*), S. 168

Familie Vipern (Viperidae)

1a Ohne Sinnesgrube zwischen Auge und Nasenloch .... Echte Vipern (Unterfamilie Viperinae)

1b Mit deutlicher Sinnesgrube (Wärmeorgan) zwischen Auge und Nasenloch .. Grubenottern (Unterfamilie Crotalinae)

Unterfamilie Echte Vipern (Viperinae)

1a Flankenschuppen sägezahnähnlich gekielt **2**

1b Flankenschuppen ungekielt (manchmal schwach ausgebildeter, knötchenartiger Vorsprung an der Schuppenspitze) **3**

2a Bauchschilder mit je einem seitlichen Kiel; Unterschwanzschilder (Subcaudalia) zweigeteilt; Augenhorn, wenn vorhanden, aus einer einzigen Schuppe gebildet ....
Hornviper und **Avicennaviper** (*Cerastes*), S. 173

2b Bauchschilder ohne seitlichen Kiel; Unterschwanzschilder (Subcaudalia) ungeteilt; niemals ein Augenhorn ....
Sandrasselottern (*Echis*), S. 178

3a Ein Augenhorn vorhanden, aus mehreren Schuppen gebildet; 13 Oberlippenschilder (Supralabialia); Rückenzeichnung aus dunklen, oft verblaßten Querflecken oder Querbändern ....
Trughornviper (*Pseudocerastes*) S. 182

3b Niemals ein Augenhorn, dafür manchmal ein Schnauzenhorn oder zumindest eine aufgebogene Schnauzenspitze; 7-11 Oberlippenschilder; meist ein dunkles Zickzack-, Wellen- oder Fleckenband auf dem Rücken ....
Vipern (*Vipera*), S. 183

Beschreibung der Arten

Blindschlangen (Typhlopidae) und Schlankblindschlangen (Leptotyphlopidae)

Die Blindschlangen (Typhlopidae) und die Schlankblindschlangen (Leptotyphlopidae) gehören zwar 2 verschiedenen Familien an, sind aber äußerlich sehr ähnlich und relativ nahe verwandt:
Sie führen ein vorwiegend unterirdisches Leben und besitzen winzige Augen, mit denen sie vermutlich nur Helligkeitsunterschiede wahrnehmen können.
Sie sind meist klein (gewöhnlich weniger als 30 cm lang, nur in Ausnahmefällen 50 cm und mehr) und ähneln in der äußeren Gestalt einem Regenwurm.
Der Schädel ist wegen der Wühltätigkeit im Boden verhältnismäßig massiv und kapselartig verfestigt. Daß es sich hier um recht altertümliche Schlangenformen handelt, erkennt man an den wenig differenzierten, kleinen Schuppen, die keine Unterschiede zwischen Ober- und Unterseite aufweisen (keine vergrößerten Bauchschilder), sowie an Resten von rückgebildeten Oberschenkel- und Beckenknochen im Körperskelett.

Das Hauptverbreitungsgebiet der Blindschlangen und Schlankblindschlangen liegt in den Tropen und Subtropen.

Israelische Wurmschlange *Typhlops simoni* (Boettger, 1879)
Familie Blindschlangen (Typhlopidae)
E Israelian Worm Snake F Thyphlops d'Israël

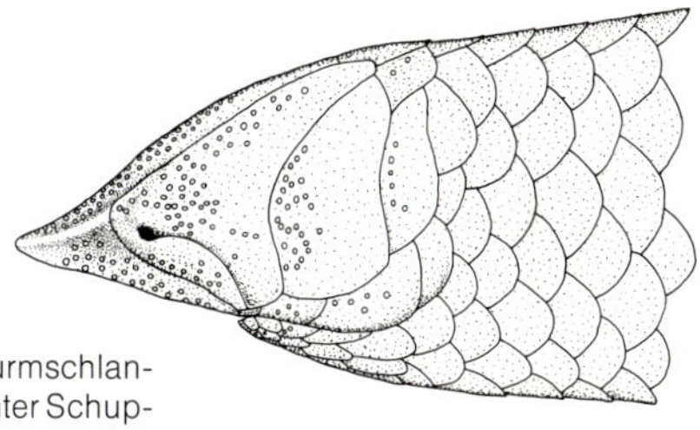

Die wurmförmige Israelische Wurmschlange (*Typhlops simoni*) mit ihren unter Schuppen verborgenen Augen und ihrer scharfen Schnauzenvorderkante lebt vorwiegend unterirdisch. Die Nasenöffnungen werden leicht mit den Augen verwechselt.

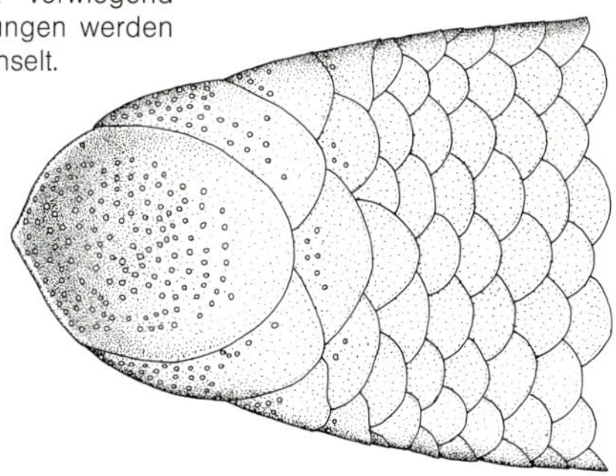

▲ Merkmale: Länge 15–22 cm. Wurmartige Gestalt. Schwanz nur wenig länger als breit (ca. 4 mm), ohne Endnagel. Augen winzig, unter einem großen Augenschild (Oculare) verborgen. Schnauze nach vorne ragend, zugespitzt, am Vorderrand eine scharfe Kante bildend. 20–22 Schuppenreihen rund um die Körpermitte. Kopfschilder klein. Schnauzenschild (Rostrale) sehr groß. Ein Spalt im Nasenschild vom ersten Oberlippenschild bis zum Nasenloch reichend. Nasenloch nahe am Schnauzenschild liegend. Ein großes Voraugenschild (Praeoculare), allerdings kleiner als das Nasenschild, an das 2. und 3. Oberlippenschild stoßend. Das Vorderstirnschild (Praefrontale) und die Überaugenschilder (Supraocularia) größer als die Körperschuppen. 4 Oberlippenschilder (Supralabialia). Farbe hell fleischfarben bis blaßrosa. **Ungiftig, harmlos.**

▲ Lebensraum: Lockerer und feuchter Boden in Wadis und in der Nähe von Siedlungen.

▲ Lebensweise: So gut wie unbekannt. Lebt unterirdisch im lockeren Boden, im Wurzelwerk von Büschen und unter Steinen.

▲ Nahrung: Vermutlich kleine Insekten, wie Ameisen, einschließlich deren Eier und Puppen, kleinere Würmer.

▲ Fortpflanzung: Eierlegend.

▲ Besonderheiten: Wurmförmige, kleine Schlange mit winzigen, von einer Schuppe überdeckten Augen. Schnauze nach vorne ragend und mit scharfer Vorderkante. Kein Schwanzdorn. Unterirdische Lebensweise.

Verbreitung

Israel, Syrien, Jordanien.

Wurmschlange *Typhlops vermicularis* MERREM, 1820
Familie Blindschlangen (Typhlopidae)
E Worm Snake F Typhlops vermiculaire

▲ Merkmale: Länge 18–30 cm. Gestalt wurmähnlich, an einen Regenwurm erinnernd. Kopf stumpf, nicht vom Körper abgesetzt, mit winzigen, dunklen Punktaugen, die zur Kopfoberseite hin liegen. Rund um den

Die Wurmschlange (*Typhlops vermicularis*) erinnert in ihrer wurmähnlichen Gestalt an einen Regenwurm – ist aber eine völlig harmlose Schlange.

Körper kleine, abgerundete, glatte Schuppen – im Gegensatz zu den meisten anderen Schlangenarten keine Bauchschienen. Schwanz endet in einer dornartigen Schwanzschuppe. Farbe gelbbraun bis rötlich-fleischfarben, glänzend. Bauch heller, läßt die inneren Organe, Eier oder Futterreste durchscheinen.

Ungiftig, harmlos.

▲ Lebensraum: Im Hügelland und in tieferen Gebirgslagen. Trockenhänge, die mit Buschwerk und Steinen durchsetzt und von schütterer Krautvegetation bestanden sind.

▲ Lebensweise: Lebt in unterirdischen Gangsystemen und kann oft beim Umdrehen flacher Steine entdeckt werden. Kommt selten und nur in der Dämmerung oder nachts an die Oberfläche. Winterruhe 2–6 Monate, je nach Höhenlage des Lebensraumes.

▲ Nahrung: Ameisen, einschließlich Eiern und Puppen, kleine Insekten und Würmer.

▲ Fortpflanzung: Legt 4–6 langgestreckte Eier.

▲ Besonderheiten: Der Schwanzdorn dient bei der Fortbewegung zum Abstemmen des Körpers. Regenwurmartige Gestalt.

Verbreitung

Südlicher Balkan von Südjugoslawien, Albanien, Südbulgarien bis Griechenland; östliches Nordafrika (Ägypten); Transkaukasien und südwestliches Asien.

Ägyptische Schlankblindschlange

Leptotyphlops cairi (DUMERIL et BIBRON, 1844)
Familie Schlankblindschlangen (Leptotyphlopidae)
E Cairo Earthsnake F Serpent aveugle du Cairo

▲ Merkmale: Länge 15–25 cm. Klein, wurmförmige Gestalt. Kurzer Schwanz (1,2–2,0 cm) mit scharfer Spitze (Endschuppe). Schnauze abgerundet. Augen winzig, von einem großen Augenschild (Oculare) überdeckt.

Körperschuppen glatt und um den Körper herum im wesentlichen gleich geformt (keine vergrößerten Bauchschilder). 14 Schuppenreihen rund um die Körpermitte. Ein Überaugenschild (Supraoculare) ist vorhanden. Augenschild (Oculare) reicht bis an den Mundspalt; es liegt zwischen zwei Oberlippenschildern (Supralabialia), von denen das vordere sehr klein ist (weniger als $1/4$ des hinteren Oberlippenschildes).

Färbung der Oberseite blaßrosa oder hell purpurbraun. Bauch weißlich.

Ungiftig, harmlos.

▲ Lebensraum: Gelände mit Pflanzenwuchs, Buschwerk, Steinen und etwas Bodenfeuchtigkeit. Oft in der Nähe menschlicher Siedlungen, Gärten, Feldränder. Lebt unter Steinen, im Wurzelwerk von Büschen, in

lockerer Erde und in Kleinsäugetierbauen.

▲ Lebensweise: Wenig bekannt. Nachtaktiv. Am ehesten kann man diese Schlankblindschlange in den Frühlingsmonaten Februar, März und April während der Nacht nahe der Bodenoberfläche oder sogar auf dem Boden antreffen. Meidet das direkte Sonnenlicht. Gräbt und wühlt aktiv im Erdreich. Geht gern ins Wasser und schwimmt gut.

▲ Nahrung: Kleine Insekten.

▲ Fortpflanzung: Eierlegend.

▲ Besonderheiten: Wurmartiges, bleistiftdünnes Schlänglein. Allerdings unterscheidet die ständig hervorzüngelnde, zweizipflige Zunge diese Schlange schon auf den ersten Blick von einem Regenwurm. Winzige Augen. Nachtaktive, unterirdische Lebensweise.

Die wurmförmig gebaute Ägyptische Schlankblindschlange (*Leptotyphlops cairi*) lebt vorwiegend unterirdisch. Nur selten trifft man sie auf der Erdoberfläche an.

Verbreitung

Im hier besprochenen Gebiet Ägypten; außerdem Sudan, Äthiopien, Somalia und Uganda.

Hakenschnabel-Schlankblindschlange

Leptotyphlops macrorhynchus (JAN, 1861)
Familie Schlankblindschlangen (Leptotyphlopidae)
E Hookbilled Blindsnake F Serpent aveugle du bec crochu

▲ Merkmale: Länge 17–28 cm. Wurmförmige und kurzschwänzige, kleine Schlange. Schwanz nur 9–10 % der Gesamtlänge. Körper abgeplattet. Stark unterständiger Mund; Oberschnauze vorgewölbt, wodurch der vordere Kopf „hakenförmig" wirkt.
Körperschuppen glatt und um den Körper herum im wesentlichen gleich geformt (keine vergrößerten Bauchschilder). 14 Schuppenreihen um die Körpermitte. 300–490 Schuppenringe vom Kopf bis zum Analschild, 43–53 Schwanzschuppenringe. Schnauzenschild (Rostrale) groß, im unteren Teil konkav gebogen. Nasenschild (Nasale) groß, zweigeteilt, das winzige Nasenloch im unteren Teil gelegen. Augenschild (Oculare) erheblich vergrößert, am unteren Rand zwischen 2 Oberlippenschildern (Supralabialia) liegend, von denen das vordere sehr klein ist. Alle drei vergrößerten Schilder (Rostrale, Nasale, Oculare) stoßen unten direkt an den Mundspalt.
Körper einfarbig hell-rötlichbraun bis gelblichbraun.
Ungiftig, harmlos.
▲ Lebensraum: Tiefland mit Pflanzenwuchs, Steinen und mit einer ge-

Die sehr schlanke, wurmförmige Hakenschnabel-Schlankblindschlange (*Leptotyphlops macrorhynchus*) trägt ihren Namen nach der hakenförmig gebogenen Schnauze.

wissen Feuchtigkeit im Biotop. Oft im Umfeld menschlicher Siedlungen, in Oasen und in verwilderten Gärten.

▲ Lebensweise: Kaum bekannt. Nachtaktiv. Lebt unter Steinen, unter Vegetationsbüscheln oder im Wurzelwerk von Bäumen und Büschen. Meidet das direkte Sonnenlicht.

▲ Nahrung: Kleine Insekten, z. B. Ameisen und Termiten.

▲ Fortpflanzung: Eierlegend.

▲ Besonderheiten: Wurmartige, sehr schlanke Schlange. Winzige Punktaugen unter dem sehr großen Augenschild verborgen. Schnauze hakenschnabelförmig. Unterirdische Lebensweise.

Verbreitung

West- und Nordafrika bis Südwestasien und West-Pakistan; im hier besprochenen Gebiet von Marokko über ganz Nordafrika ostwärts bis Israel und Libanon, Syrien und südlichste Türkei.

In dieser Region lebt die Nominatform *L. m. macrorhynchus.* Eine weitere Unterart, *L. m. bilmaensis,* kommt in Nigeria vor.

Eine weitere Schlankblindschlange wurde aus Süd-Israel und Süd-Jordanien als **Israelische Schlankblindschlange** *Leptotyphlops phillipsi* BARBOUR, 1914 beschrieben. Sie sieht in der äußeren Gestalt der Hakenschnabel-Schlankblindschlange sehr ähnlich und gleicht ihr auch in der Größe, der Färbung, der Beschuppung und der Lebensweise.

In neuerer Zeit vertreten viele Zoologen (z. B. D. E. HAHN 1978) die Auffassung, daß diese Schlankblindschlange lediglich als Unterart der Hakenschnabel-Schlankblindschlange anzusehen ist.

Riesenschlangen (Boidae)

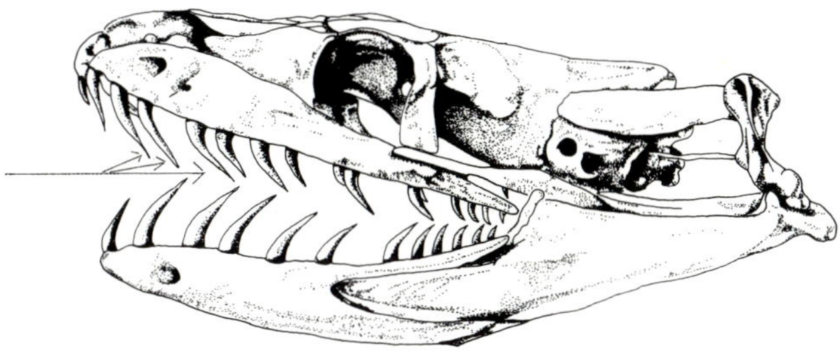

Schädel einer ungiftigen Riesenschlange mit glatten und gleichmäßigen Zähnen.

Auch die Riesenschlangen stellen eine recht urtümliche Schlangengruppe dar und besitzen noch Reste von Hinterbeinen und Beckenknochen im Körperskelett. Bisweilen werden diese Rudimente als sogenannte „Aftersporne“ an beiden Seiten der Kloake sichtbar.

Zwar gehören zu dieser Schlangengruppe die größten Schlangen der Erde, aber nicht alle Gattungen und Arten sind besonders großwüchsig. Viele Formen, wie z. B. die Sandboas, bleiben sogar ausgesprochen klein und sind bereits mit 40–50 cm Länge ausgewachsen.

Riesenschlangen töten ihre Beute durch Umschlingen und Erdrosseln. Sie haben mannigfache Anpassungen an eine Fülle von Lebensräumen entwickelt, die von der Besiedlung der Baumkronen im Urwald über den Aufenthalt in Gewässern und Sümpfen bis zu einer unterirdischen Lebensweise im Boden reichen.

Das Hauptverbreitungsgebiet der Riesenschlangen sind die Subtropen und Tropen.

Ägyptische Sandboa *Eryx colubrinus* (Linnaeus, 1758)
Familie Riesenschlangen (Boidae)
Unterfamilie Sandboas (Erycinae)
E Egyptian Sandboa F Boa des sables d'Egypte

▲ Merkmale: Länge 50–70 cm. Gedrungene, kurze Gestalt. Schwanz kurz und „rübenförmig". Kopf nicht vom Körper abgesetzt. Auge klein mit senkrecht geschlitzter Pupille.
Körperschuppen klein, glatt bis leicht gekielt und glänzend; im hinteren Körperteil Kielung stärker. 47–53 (selten 55) Rückenschuppen um die Körpermitte. Bauchschilder schmal. Kopfoberseite mit kleinen, glatten Schuppen bedeckt, 2–3 Reihen kleiner Schildchen (Subocularia) zwischen Augenunterrand und Oberlippenschildern. 12–14 Oberlippenschilder (Supralabialia).
Grundfarbe gelblich oder gelblichgrau. Rücken- und Flankenzeichnung aus dunkelbraunen und orangefarbenen Flecken, die auf der Rükkenmitte ein Zickzackmuster bilden; zwischen den Flecken grünliche Sprenkel. Dunkle Schläfenbinden vom Auge zum Mundwinkel. Bauch gelblichgrau oder grau.
Ungiftig, harmlos.
▲ Lebensraum: Trockene Steppen- und Halbwüstenlandschaft mit Stei-

Die vorwiegend dämmerungs- und nachtaktive Ägyptische Sandboa (*Eryx colubrinus*) ist ein Bewohner trockener Steppen- und Halbwüstenlandschaften im östlichen Afrika von Ägypten bis Nordkenya und zur Arabischen Halbinsel.

nen und spärlichem Buschwerk. Gerne im Randbereich menschlicher Siedlungen (z. B. Oasen).

▲ Lebensweise: Bodenbewohner. Dämmerungs- und nachtaktiv. Tagsüber unter Steinen, im Wurzelwerk von Büschen und in den Bausystemen von Kleinsäugetieren. Wühlt im Sand und im lockeren Erdreich.

▲ Nahrung: Kleinsäugetiere (Mäuse) und Echsen. Packt ihre Beutetiere blitzschnell und tötet sie durch Erdrosseln mit ihren Körperschlingen.

▲ Fortpflanzung: Paarung im Sommer. Lebendgebärend (ovovivipar); im Herbst werden bis zu 15 Jungschlangen geboren. Erste Häutung etwa 8–10 Tage nach der Geburt; danach wird die erste Nahrung (z. B. junge Mäuse) aufgenommen.

▲ Besonderheiten: Gedrungene, kurzschwänzige Erdboa mit zickzackförmiger Fleckenzeichnung auf der Rückenmitte. Wühlt im Erdreich.

Verbreitung

Im hier besprochenen Gebiet in Ägypten; außerdem vom Sudan über Äthiopien und Somalia bis Nordkenya, Arabische Halbinsel.

Westliche Sandboa *Eryx jaculus* (LINNAEUS, 1758)
Familie Riesenschlangen (Boidae)
Unterfamilie Sandboas (Erycinae)
E Western Sandboa F Boa des sables occidentale

▲ Merkmale: Länge durchschnittlich 40–60 cm, maximal 80 cm.

Dicker, kurzer Körper (eine der kleinsten Riesenschlangen). Schwanz kurz und abgerundet, wie gestutzt wirkend. Kopf in Seitenaufsicht keilförmig, nicht vom Körper abgesetzt, mit einem kräftig entwickelten Schnauzenschild (Rostrale). Augen klein mit senkrecht geschlitzter Pupille.

Rückenschuppen klein, glänzend und glatt, im hinteren Körperteil leicht gekielt. Bauchschilder sehr schmal. 40–50 Rückenschuppen um die Körpermitte. 1–2 Reihen kleiner Schildchen (Subocularia) zwischen Augenunterrand und Oberlippenschildern. 10–14 Oberlippenschilder (Supralabialia).

Grundfarbe lehmgelb, gelbbraun bis rötlich. Dunkler Streifen vom Auge bis zum Mundwinkel. Rücken mit dunklen Flecken und Querbarren, die zu einem Netzwerk zusammenfließen können. An den Flanken dunkle, unregelmäßige Flecken. Unterseite heller, oft mit dunkler Sprenkelung.

Ungiftig, harmlos.

▲ Lebensraum: In der Ebene und im Hügelland, gern in trockenen Flußtälern. Trockenlandschaft mit lockerem Boden oder Sand und wenig Vegetation; auch im Ödland zwischen kultiviertem Ackerland; unter Steinen, in Felslöchern oder in den

Gangsystemen von kleinen Säugetieren.

▲ Lebensweise: Man findet die Westliche Sandboa oft unter flachen Steinen oder altem Holz. Vorwiegend in der Dämmerung und nachts aktiv, dann an der Oberfläche anzutreffen. Winterruhe 3–5 Monate.

▲ Nahrung: Kleine Nagetiere, Eidechsen, nestjunge Vögel, Schnekken.

▲ Fortpflanzung: Paarung im April–Mai. Lebendgebärend (ovovivipar).

Die Westliche Sandboa (*Eryx jaculus*) gehört mit 40–60 cm Durchschnittslänge zu den kleinsten Riesenschlangen der Erde. Wie ihre größeren Verwandten umschlingt und erdrosselt sie ihre Beute vor dem Verschlingen.

Bringt im August–September 3–12 Junge zur Welt.

▲ Besonderheiten: Kleine, gedrungene Erdschlange. Der keilförmige Kopf mit dem starken Schnauzenschild dient als Grabwerkzeug.

Verbreitung

Südliche Balkanhalbinsel von Südjugoslawien und Südbulgarien über die Türkei und Kleinasien bis Nordafrika.

3 Unterarten:
E. j. jaculus (Nordafrika bis Israel und Syrien),
E. j. familiaris (Transkaukasien und Kleinasien),
E. j. turcicus (Balkanhalbinsel und Türkei)

Wüsten-Sandboa *Eryx miliaris* (PALLAS, 1773)
Familie Riesenschlangen (Boidae)
Unterfamilie Sandboas (Erycinae)
E Desert Sandboa F Boa des sables orientale

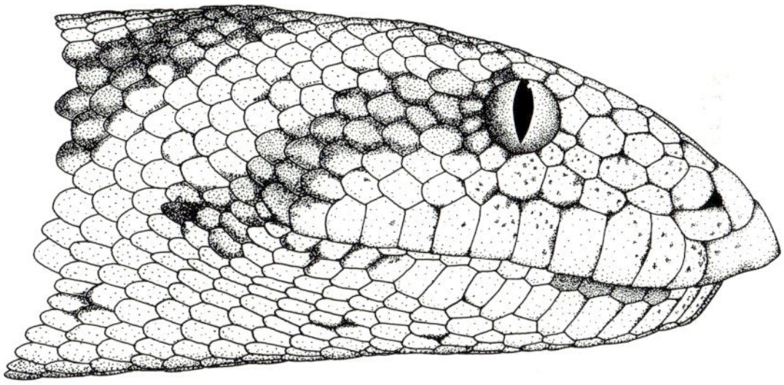

Die Wüsten-Sandboa (*Eryx miliaris*) ist vom Nordwestufer des Kaspisees bis nach Mittelasien verbreitet.

▲ Merkmale: Länge 35–55 cm. Kleinste Art dieser Unterfamilie. Augen klein und deutlich nach oben gerichtet (Artkennzeichen), senkrechte Schlitzpupille. Körper- und Schwanzform ähnlich wie bei der Westlichen Sandboa, desgleichen die Beschuppung.
Grundfarbe hell-sandgelb bis dunkelbraun. Am Kopf dunkler Schläfenstreifen vom Auge bis zum Mundwinkel. Rückenzeichnung aus dunklen Flecken, die lose zu einer aufgelockerten Netzzeichnung zusammenfließen können. Am Schwanz rechts und links je ein dunkler, seitlicher Längsstreifen.
Ungiftig, harmlos.

▲ Lebensraum: Wüsten und Halbwüsten mit wenigen Büschen. Reine Sandgebiete, aber auch gelegentlich Areale mit steinigem Untergrund.

▲ Lebensweise: Mit ihren nach oben gerichteten Augen besonders gut an ein Leben im Wüstensand angepaßt. Kann sich bei Gefahr blitzschnell in den Sand eingraben. Hält sich gern in unterirdischen Nagetierbauen auf. In der Dämmerung und nachts aktiv.

▲ Nahrung: Mäuse, kleine Echsen, Insekten, Vogelnestlinge.

▲ Fortpflanzung: Ähnlich wie bei der Westlichen Sandboa.

▲ Besonderheiten: Kleinste Sandboa-Art. Augen deutlich nach oben gerichtet.

Verbreitung

Vom Nordwestufer des Kaspisees bis nach Mittelasien.

Nattern (Colubridae)

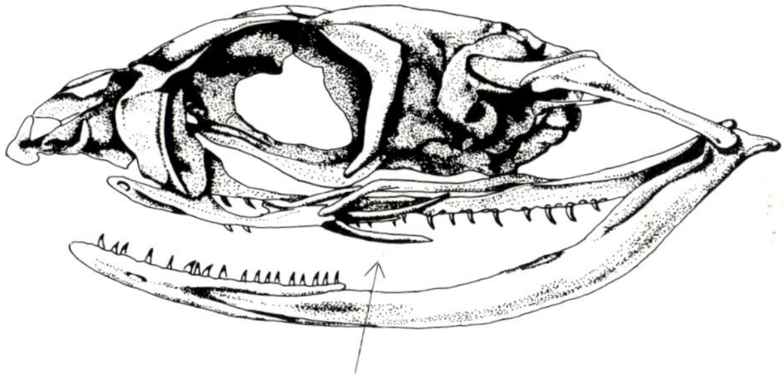

Schädel einer Trugnatter mit hinterständigen Furchenzähnen, die auf einem leicht beweglichen Knochen sitzen und stark nach hinten weisen.

In dieser Familie ist der größte Teil (etwa $^2/_3$) aller Schlangengattungen und -arten zusammengefaßt – was nicht immer die Zustimmung moderner, systematisch arbeitender Zoologen findet, zumal es sich hier wohl kaum um eine wirklich natürliche Einheit handelt.

Grundsätzlich besitzen alle Nattern einen schlanken Körper, große und gleichmäßig angeordnete Schilder auf der Kopfoberseite und große Bauchschilder.
Die Augen der meisten Nattern weisen runde Pupillen auf (Ausnahme z. B. Kapuzennatter oder Katzennatter).
Zwar ist die überwiegende Zahl der Natternarten ungiftig, aber an der Bezahnung kann man eine harmlose und eine bereits giftige Gruppe unterscheiden:

1. Echte Nattern (z. B. Land- und Baumnattern oder Wassernattern im hier besprochenen Gebiet) mit glatten, gleichmäßig geformten Zähnen (aglyphe Zähne).
Ungiftig und harmlos.

2. Trugnattern mit im Oberkiefer hinten stehenden, verlängerten und gefurchten Zähnen (opistoglyphe Zähne), die bereits als giftleitende Fangzähne funktionieren.
Das Gift dieser Arten ist meist schwach und dient dem Töten der Beute – Menschen werden selten gefährdet. Die hinten stehenden Giftzähne können überdies nur eingesetzt werden, wenn die Schlange sich festbeißt und kauende Kieferbewegungen ausführt.

Unter den Nattern mit ihren mannigfachen Entwicklungsformen gibt es eine große Vielfalt von Anpassungen an die unterschiedlichsten Lebensbedingungen:
Neben hochspezialisierten Arten begegnet man äußerst flexiblen Gruppen, die eine Fülle von verschiedenen Lebensräumen besiedeln können. In dieser erstaunlichen Variabilität dürfte sich eine progressive Entwicklungsfähigkeit der gesamten Familie der Nattern zeigen.

Algerische Zornnatter *Coluber algirus* (JAN, 1863)
Familie Nattern (Colubridae)
Unterfamilie Land- und Baumnattern (Colubrinae)
E Algerian Whip Snake F Couleuvre algérien

▲ Merkmale: Länge bis etwa 100 cm, meist jedoch kürzer.
Schlanke, nicht allzugroße Schlange. Der schmale Kopf ist etwas vom Rumpf abgesetzt. Große Augen mit runder Pupille.
Körperschuppen glatt. 25 Rückenschuppenreihen um die Körpermitte (die meisten anderen Zornnattern besitzen nur 19 Schuppenreihen). 1 (selten 2) Unteraugenschildchen (Suboculare) am Vorderrand des Auges. Rückenzeichnung aus dunklen, querstehenden Barrenflecken, die weit auseinander liegen. An den Flanken 2 Reihen runder, abwechselnd stehender Seitenflecken. Kopf dunkel, im Nacken ein dunkler, hinten abgerundeter Diademfleck. Bauchfärbung einfarbig hellgrau. Jungtiere sind kräftiger gefärbt und deutlicher gezeichnet als die Alttiere. **Ungiftig.**
▲ Lebensraum: Trockene und steinige, oft mit Dornbüschen bestandene Steppenlandschaft, Ödlandflecken zwischen kultiviertem Land mit Büschen und Steinen, Geröllhalden, Ruinen, verwilderte Gärten.
▲ Lebensweise: Ausgeprägter Tages-Aktivitätsrhythmus: Am Morgen

Die Algerische Zornnatter (*Coluber algirus*) im nordwestlichen Afrika ist scheu und blitzschnell – auch beim Fang ihrer Beutetiere.

nimmt die Schlange ein ausgiebiges Sonnenbad, mittags zieht sie sich in ein schattiges Versteck zurück, am Spätnachmittag bis zur Dämmerung ist sie wieder aktiv und sucht nach Beute.

▲ Nahrung: Mäuse, Eidechsen, junge Vögel, große Insekten, wie z. B. Heuschrecken.

▲ Fortpflanzung: Eierlegend.

▲ Besonderheiten: Sehr schnell und scheu. Blitzschnell beim Fang der Beute. 25 Rückenschuppenreihen um die Körpermitte.

Verbreitung

Nordwestliches Nordafrika, Insel Malta (hier vermutlich eingeschleppt).
2 Unterarten:
C. a. algirus (östliches Verbreitungsgebiet),
C. a. intermedius (westliches Verbreitungsgebiet)

Kaspische Spring- oder Pfeilnatter

Coluber (Hierophis) caspius GMELIN, 1789
Familie Nattern (Colubridae)
Unterfamilie Land- und Baumnattern (Colubrinae)
E Caspian Whip Snake F Serpent fouet du Caspe

▲ Merkmale: Länge im Durchschnitt 140–170 cm, kann aber auch 200 cm überschreiten.
Eine der größten Schlangen Europas. Trotzt der beträchtlichen Größe wirkt die Schlange mit ihrem verhältnismäßig langen Schwanz schlank. Kopf relativ klein und wenig vom Körper abgesetzt. Augen groß, mit runder Pupille.
Körperschuppen glatt. 19 (ganz selten 17) Rückenschuppenreihen um die Körpermitte. 1 Zügelschild (Loreale), 2 Voraugenschilder (Praeocularia), das obere erheblich größer als das schuppenförmige untere Schildchen, 2 (manchmal 3) Hinteraugenschilder (Postocularia). 1 Unteraugenschildchen (Suboculare) am Vorderrand des Auges. In der Regel 8 (selten 7 oder 9) Oberlippenschilder (Supralabialia), das 4. und 5. an den Augenunterrand stoßend. Kopfoberseite mit sehr großen Schildern.
Grundfarbe grau, graubraun bis olivbraun. Keine auffällige Fleckenzeichnung auf dem Rücken. Die dunkleren Körperschuppen in der Mitte mit einem hellen, länglichen Kern versehen, wodurch der Körper fein längsgestrichelt wirkt. Kopf gelegentlich rötlich bis orangefarben (Südosten der Balkanhalbinsel). Bauch einfarbig, gelb oder olivgelb bis gelborange. Jungtiere auffällig gekennzeichnet, mit dunklen Barrenflecken auf dem Rücken und dunkler Flankenfleckung auf hellem Grund.
Ungiftig, aber bissig, wenn man sie ergreift.

▲ Lebensraum: Offene Landschaften mit Steppencharakter, felsiges Hü-

gelland, Geröllhänge, freie Plätze in lichten Laubwäldern, Weinberge, verwilderte Gärten, gelegentlich in Wassernähe.

▲ Lebensweise: Tagaktive Bodenschlange. Sonnt sich ausgiebig am Morgen und am Spätnachmittag. Stets fluchtbereit. Erzeugt beim Fliehen ein lautes Rauschen. Beißt heftig um sich, wenn sie in die Enge getrieben wird.

Der Name „Springnatter" kommt von ihrer Fähigkeit, beim Angriff bis zur halben Körperlänge emporzuschnellen. Die Kasachen erzählen, daß sie durch ihr jähes Hochspringen Pferde zum Durchgehen veranlassen könne.

Winterruhe je nach Gegend und Höhenlage 4–6 Monate.

Die Kaspische Pfeilnatter (*Coluber caspius*) gehört zu den größten Schlangen Europas. Die mächtige, einfarbig wirkende Schlange flieht mit auffallendem Fluchtgeräusch.

Die Jungtiere der Kaspischen Pfeilnatter (*Coluber caspius*) zeigen eine deutliche Fleckenzeichnung, die sich beim Heranwachsen dann verliert.

▲ Nahrung: Kleinsäugetiere (Mäuse, Ratten, Hamster), Vögel, Echsen, kleinere Schlangen, Frösche. Jungtiere fressen kleine Eidechsen und große Insekten.

Verbreitung

Balkanhalbinsel, im Norden bis Rumänien und mit inselartigem Vorkommen in Ungarn, Griechenland mit einigen Ägäisinseln (aber nicht Attika, Peloponnes und Kreta), Türkei, Umrandung des Schwarzen Meeres und weiter nach Osten bis zum Kaspisee.

▲ Fortpflanzung: Paarung direkt nach der Winterruhe im Mai. Eierlegend. 6–12 Eier werden in Erdhöhlen, in Laubhaufen oder unter Steinen abgelegt. Anfang bis Mitte September schlüpfen die Jungschlangen.
▲ Besonderheiten: Große, einfarbig wirkende Schlange mit auffallend lautem Fluchtgeräusch. Fein längsgestrichelt erscheinend. Bauch einfarbig gelb bis orangefarben. Angriffslustig und bissig, wenn man sie ergreift.

Zypern-Schlanknatter *Coluber cypriensis* SCHÄTTI, 1985
Familie Nattern (Colubridae)
Unterfamilie Land- und Baumnattern (Colubrinae)
E Cyprus Whip Snake F Couleuvre de Cypre

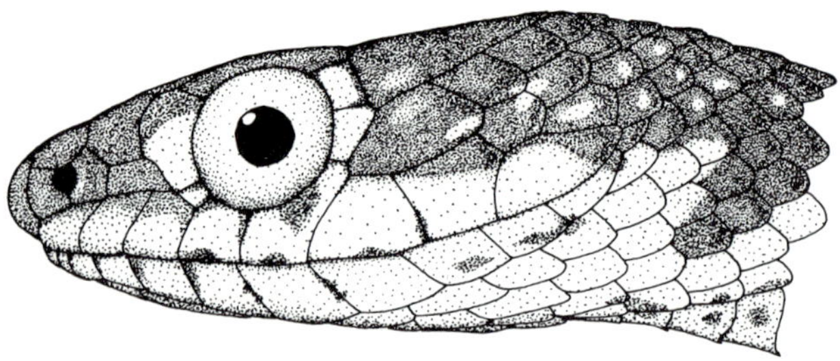

Die auf die Insel Zypern beschränkte Zypern-Schlanknatter (*Coluber cypriensis*) wurde erst vor wenigen Jahren als eigenständige Art beschrieben.

▲ Merkmale: Länge 70–90 cm. Schlanke, elegante Schlange. Kopf deutlich vom Rumpf abgesetzt. Große Augen mit runder Pupille. Körperschuppen glatt. Nur 17 Rükkenschuppenreihen um die Körpermitte. 1 Unteraugenschildchen (Suboculare) am Vorderrand des Auges. 8 Oberlippenschilder (Supralabialia), das 4. und 5. in Kontakt mit dem Auge.
Grundfarbe olivgrün. Kopfoberseite dunkel mit undeutlichen, etwas helleren Punkten und Streifen, Kopfseiten mit helleren Flecken. Vordere Körperhälfte auf dem Rücken mit schwach ausgebildeter Querstreifung, die sich gegen die Körpermitte hin auflöst. Hinteres Körperdrittel und Schwanz einfarbig grau-oliv. Bauch blaßgelb bis cremefarben. Bauchschilder im vorderen Körperteil mit seitlichen Flecken, die nach hinten zu einem durchlaufenden, dunklen Band verschmelzen.
Ungiftig.
▲ Lebensraum: Trockenes, steiniges Gelände, das mit Buschwerk und Grasvegetation durchsetzt ist. Gerne in der Nähe von Bächen.

▲ Lebensweise: Über die Lebensweise dieser Art ist bisher wenig bekannt. Tagaktive Bodenschlange, die aber auch im Gestrüpp klettert. Sehr schnell und scheu.
▲ Nahrung: Kaum Angaben in der Literatur, aber vermutlich kleinere Eidechsen und große Insekten (Heuschrecken, Grillen), Skolopender.
▲ Fortpflanzung: Eierlegend.
▲ Besonderheiten: Erst 1985 von BEAT SCHÄTTI als eigenständige Art für Zypern – wo sie zusammen mit der Schlanknatter (*Coluber najadum*) vorkommt – erkannt und beschrieben.

Verbreitung

Insel Zypern, endemisch (Vorkommen eng begrenzt).

Pracht-Zornnatter *Coluber elegantissimus* (GÜNTHER, 1878)
Familie Nattern (Colubridae)
Unterfamilie Land- und Baumnattern (Colubrinae)
E Most Beautiful Whip Snake F Serpent fouet magnifique

▲ Merkmale: Länge im Durchschnitt 60–80 cm, selten etwas länger.
Kopf wenig vom Körper abgesetzt. Auge relativ klein, mit runder Pupille. Körperschuppen glatt. 19 Körperschuppenreihen um die Körpermitte. Ein annähernd quadratisches Zügelschild (Loreale), 2 Voraugenschilder (Praeocularia), oft noch 1 oder 2 Unteraugenschildchen (Subocularia) zwischen diesen und den Oberlippenschildern, 2 Hinteraugenschilder (Postocularia), 8 Oberlippenschilder (Supralabialia), das 5. oder das 4. und 5. an den Augenunterrand stoßend. Bauchschilder mit jeweils einer schwach ausgebildeten Kante an den Seitenenden.
Grundfarbe grauweiß bis hell-oliv. Rückenzeichnung aus 19–26 dunklen, ringförmigen Querbänder (vom Nacken bis zum Beginn der Schwanzwurzel gezählt) und mit einem hellen, meist orangefarbenen Längsstreifen auf der Rückenmitte. Diese „Ringelzeichnung" setzt sich auf dem Schwanz fort. Die Breite der Ringbänder bedeckt $2\frac{1}{2}$ bis 5 Schuppen, der helle dazwischenliegende Bereich ist $4\frac{1}{2}$ bis 9 Schuppen breit. Zwei ebenfalls ringförmige Querbinden auf dem Kopf, die vordere zwischen den Augen über das Stirnschild (Frontale), die hintere und breitere über die Scheitelschilder (Parietalia) verlaufend. Dunkler, senkrechter Fleck unter dem Auge. Bauch gelblichweiß.
Ungiftig, harmlos.
▲ Lebensraum: Trockenbereich der Wüste, Randbereich von Oasen.
▲ Lebensweise: Kaum bekannt. Bodenbewohner. Überwiegend dämmerungs- und nachtaktiv.
▲ Nahrung: Kleinsäugetiere (Mäuse), Echsen.

▲ Fortpflanzung: Eierlegend.
▲ Besonderheiten: Hübsche, schlanke Schlange mit auffallend „ringelförmiger“ Rückenzeichnung, dazu ein orangefarbener Längsstreifen entlang der Rückenmitte. Selten.

Mit ihrer hell-dunklen Ringelzeichnung und dem rötlichen Längsstreifen auf der Rükkenmitte führt die Pracht-Zornnatter (*Coluber elegantissimus*) ihren Namen zu Recht.

Diese Großaufnahme zeigt die Schönheit der Pracht-Zornnatter (*Coluber elegantissimus*) besonders deutlich.

Verbreitung

In Israel nur vom Wadi'Arava bekannt; außerdem Arabische Halbinsel, vielleicht auch auf der Sinai-Halbinsel.

Eine in der äußeren Gestalt der Pracht-Zornnatter auffallend ähnliche Schlange lebt auf der Sinai-Halbinsel. Es handelt sich um die

Sinai-Zornnatter *(Coluber sinai)* (SCHMIDT & MARX, 1956)

Auch diese Schlangenart ist mit einer charakteristischen, dunklen „Ringelzeichnung" auf Rücken, Schwanz und Kopf versehen. Allerdings gibt es einige deutliche Unterschiede zur Pracht-Zornnatter: Die Sinai-Zornnatter trägt keinen hellen Längsstreifen auf der Rückenmitte. Die Ringbänder sind auf dem vorderen Körper nur 2 Schuppen und auf dem hinteren nur 1 Schuppe breit. Sie besitzt lediglich 17 Rückenschuppenreihen um die Körpermitte (gegenüber 19 bei der Pracht-Zornnatter). Sie ist etwas länger (70–100 cm im Durchschnitt) und weist mehr Unterschwanzschilder (Subcaudalia) auf als die Pracht-Zornnatter:

Sinai-Zornnatter, Männchen 93, Weibchen 94,

Pracht-Zornnatter, Männchen 79-84, Weibchen 78-81.

Die Sinai-Zornnatter ist sehr selten, und man kennt sie bislang nur vom mittelmeerabgewandten Teil der Sinai-Halbinsel.

Wegen ihrer Ähnlichkeit in der Gestalt und vermutlich auch in der Lebensweise mit der Pracht-Zornnatter wird sie zusammen mit dieser vorgestellt.

Ägyptische Zornnatter *Coluber florulentus* GEOFFROY, 1827

Familie Nattern (Colubridae)

Unterfamilie Land- und Baumnattern (Colubrinae)

E Egyptian Whip Snake F Couleuvre d'Egypte

▲ Merkmale: Länge 80–110 cm. Kopf schmal und vom Körper abgesetzt. Auge für eine Zornnatter relativ klein, mit runder Pupille. Körperschuppen glatt. 21 (selten 19 oder 23) Rückenschuppenreihen um die Körpermitte. 1 Zügelschild (Loreale), 1 Voraugenschild (Praeoculare), 2 Hinteraugenschilder (Postocularia), 1 oder 2 kleine Unteraugenschildchen (Subocularia) über dem 4. verkleinerten Oberlippenschild. 9 Oberlippenschilder (Supralabialia), das 5. und 6. an den Augenunterrand stoßend (selten 1 oder 2 zusätzliche Oberlippenschilder). Bauchschilder an den seitlichen Enden abgewinkelt, beiderseits entlang des Bauches eine Kante bildend. Grundfarbe grau bis braun-oliv. Rückenzeichnung aus dunklen, quergestellten Flecken im vorderen Teil oft paarweise angeordnet. Die Rückenzeichnung verwischt und verschwindet im hinteren Rückenteil und auf dem Schwanz. Flanken mit kleineren, dunklen Flecken. Kopfzeichnung aus dunklen symmetrischen Flecken auf den Scheitelschildern (Parietalia) und den Überaugenschildern (Supraocularia), manchmal auch auf dem Stirnschild (Frontale). Bauch cremefarben

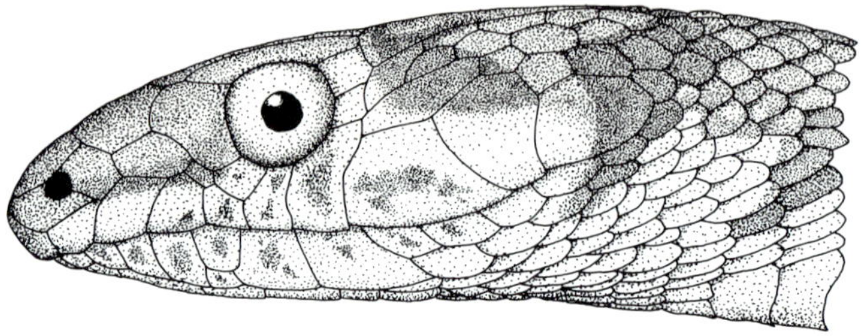

bis weißlich grau, Bauchschilder an den seitlichen Enden dunkel gefleckt. Jungtiere besonders scharf und deutlich gezeichnet.
Ungiftig, harmlos.
▲ Lebensraum: Im hier besprochenen Gebiet vorzugsweise Oasen und landwirtschaftliches Siedlungsgebiet mit ausreichend hoher Luftfeuchtigkeit am Boden.
▲ Lebensweise: Wenig bekannt. Bodenbewohner. Tag- und dämmerungsaktiv. Sehr scheu und schnell.
▲ Nahrung: Kleinsäugetiere, Echsen, bodenbrütende Vögel. Tötet ihre Beute durch Erdrosseln.
▲ Fortpflanzung: Eierlegend.
▲ Besonderheiten: Bodenbewohnende Zornnatter mit typischer Fleckenzeichnung. Augen relativ klein. Benötigt einen einigermaßen vegetationsreichen Lebensraum (Luftfeuchtigkeit).

Die Ägyptische Zornnatter (*Coluber florulentus*) ist eine bodenbewohnende Schlange mit charakteristischer Fleckenzeichnung auf dem Rücken.

Verbreitung

Im hier besprochenen Gebiet in Ost-Libyen, Ägypten; außerdem Äthiopien, Somalia, Kenya und Uganda.

Hufeisennatter *Coluber hippocrepis* LINNAEUS, 1758
Familie Nattern (Colubridae)
Unterfamilie Land- und Baumnattern (Colubrinae)
E Horseshoe Whip Snake F Couleuvre fer-à-cheval

▲ Merkmale: Länge bis 150 cm, selten etwas länger.
Kräftige, stark gemusterte Schlange mit langausgezogenem Schwanz. Kopf schmal, wenig vom Rumpf abgesetzt. Augen groß mit runder Pupille.
Körperschuppen glatt. 25–29 Rükkenschuppenreihen um die Körpermitte. Eine Reihe Unteraugenschild-

chen (Subocularia) zwischen Unterrand des Auges und Oberlippenschildern (Supralabialia). Grundfarbe gelblich, weißgrau oder orange, manchmal von dunklem Pigment überdeckt, so daß die Schlange schwärzlich erscheint. Auf dem Hinterkopf eine dunkle, hufeisenförmige Zeichnung. Quer über den Kopf verläuft eine dunkle, am Vorder- und Hinterrand hell gesäumte Binde von einem Auge zum anderen. Auf der Rückenmitte eine Längsreihe von runden, dunklen Flecken, die schwarz gesäumt sind. An den Flanken ebenfalls eine oder mehrere Reihen dunkler, kleinerer Flecken, die am Schwanz als unregelmäßige Streifenbänder zusammenlaufen können. Bauch gelb, orange oder rot, an den Seiten dunkel gefleckt.

Ungiftig.

▲ Lebensraum: Trockenhänge in steppen- und halbwüstenartigen Gebieten, immer mit Geröll und Gestrüpp durchsetzt. Auch in der Umgebung menschlicher Siedlungen und in verwilderten Gärten.

▲ Lebensweise: Bodenschlange, kann jedoch gut in niedrigem Gebüsch und in Felsgelände klettern. Tagaktiv. Sehr scheu, flieht schnell. Winterruhe 4–5 Monate.

▲ Nahrung: Vögel, Kleinsäugetiere. Jungtiere verschlingen Eidechsen, Grillen und große Heuschrecken.

▲ Fortpflanzung: Paarung im April–Mai. Legt 5–9 Eier, aus denen im August–September die Jungen schlüpfen.

Die Hufeisennatter (*Coluber hippocrepis*) ist durch ihre dunklen, runden Flecken auf hellerem, meist gelblichem oder orangefarbenem Grund gekennzeichnet.

▲ Besonderheiten: Mit den runden Rückenflecken auffällig gemusterte Schlange, oft bunt wirkend. Eine Reihe kleiner Schuppen am Unterrand des Auges.

Verbreitung

Iberische Halbinsel, Sardinien, Pantelleria, Nordwestafrika.

Pfeilnatter *Coluber* (*Hierophis*) *jugularis* LINNAEUS, 1758
Familie Nattern (Colubridae)
Unterfamlie Land- und Baumnattern (Colubrinae)
E Large Whip Snake F Serpent fouet grand

▲ Merkmale: Länge durchschnittlich 160–200 cm, kann aber auch bis 250 cm lang werden.
Sehr große Schlange. Schwanz lang und fein ausgezogen, dadurch trotz der Größe schlank wirkend. Kopf im Verhältnis zum Körper relativ klein. Markante Augen mit runder Pupille. Körperschuppen glatt. 19 Rückenschuppenreihen um die Körpermitte. 1 Zügelschild (Loreale), 2 Voraugenschilder (Praeocularia), das untere sehr klein und schuppenförmig, 2 (selten 3) Hinteraugenschilder (Postocularia). 1 Unteraugenschildchen (Suboculare) am Vorderrand des Auges. 8 (gelegentlich 7) Oberlippenschilder (Supralabialia), das 4. und 5. an den Augenunterrand stoßend. Die Schilder der Kopfoberseite sind besonders groß.
Grundfarbe sehr dunkel, braunschwarz. Oft treten gänzlich schwarz gefärbte Tiere auf (Melanismus). Körperschuppen meist in der Mitte mit hellem Längsstrich, wodurch der Körper wie bei der Kaspischen Pfeilnatter (*Coluber caspius*) fein längsge-

Die Pfeilnatter (*Coluber jugularis*) unterscheidet sich von der Kaspischen Pfeilnatter (*Coluber caspius*) durch ihre sehr dunkle Färbung und die auffallend rote Unterseite. Sie ist eine tagaktive Bodenschlange, die aber auch recht gut klettern kann.

strichelt wirken kann. Bauch und Kehle lachs- bis dunkelrot, an den Seiten mit schwarzer Fleckung. Jungtiere mit lebhafter Fleckenzeichnung, die sich im Lauf der ersten 3–4 Lebensjahre verliert.

Ungiftig; angriffslustig, wenn man sie in die Enge treibt.

▲ Lebensraum: Offene Steppenlandschaft, trockenes, gut besonntes Hügelland mit Buschwerk und etwas Bodenvegetation, Geröllhänge, dornbuschreiche Viehweiden, Weinberge und verwilderte Gärten, Ruinengelände und alte Gebäude. Im Bergland bis etwa 1000 m hinauf.

▲ Lebensweise: Tagaktive Bodenschlange, die aber auch gut in Büschen klettert. Nimmt morgens und am Spätnachmittag ausgiebige Sonnenbäder; dabei ist sie immer fluchtbereit und flieht ebenso geräuschvoll wie die Kaspische Pfeilnatter (*Coluber caspius*). Wenn sie ergriffen wird, beißt sie heftig. Verliert im Terrarium meist ihre Scheu und kann recht vertraut werden. Schwimmt gern und verfolgt Amphibienbeute sogar im Wasser.

Hält eine mehrmonatige Winterruhe.

▲ Nahrung: Kleinsäugetiere (Mäuse, Ratten, Hamster etc.), Vögel, Echsen, auch kleinere Schlangen, Froschlurche und Molche. Tötet ihre Beute durch Umschlingen und Erdrosseln.

▲ Fortpflanzung: Eierlegend. Gelege aus 5–15 Eiern, ähnlich wie bei der Kaspischen Pfeilnatter (*Coluber caspius*).

▲ Besonderheiten: Sehr große, ausgesprochen dunkel wirkende Schlange. Kehle und Bauch auffallend rot. Im Freiland scheu und stets fluchtbereit. Kann diese Scheu in menschlicher Obhut verlieren.

Verbreitung

Südliche und östliche Türkei, südlichste UdSSR (?), Nordiran, Nordirak, Syrien, Jordanien, Libanon, Israel.

2 Unterarten:
C. j. jugularis (Türkei, südlichste UdSSR [?], Nordiran, Nordirak, mittleres und nördliches Syrien),
C. j. asianus (südliches Syrien, Jordanien, Libanon, Israel)

Balkan-Zornnatter

Coluber (Hierophis) laurenti (BEDRIAGA, 1882)
(früher *Coluber gemonensis*)
Familie Nattern (Colubridae)
Unterfamilie Land- und Baumnattern (Colubrinae)
E Balkan Whip Snake F Couleuvre des Balkans

▲ Merkmale: Länge in der Regel 70–100 cm, selten etwas länger.

Schlanke, mittelgroße Schlange. Schwanz verhältnismäßig lang. Kopf

Die Balkanzornnatter (*Coluber laurenti*) ist ein tagaktiver Bodenbewohner – kann aber auch geschickt klettern. Sie kann heller (oben) oder aber auch dunkler (unten) gefärbt sein.
Wenn die Schlange ergriffen wird, beißt sie heftig um sich!

recht hoch und deutlich vom Rumpf abgesetzt. Große Augen mit runder Pupille.
Körperschuppen glatt. 19 Rückenschuppenreihen um die Körpermitte. 1 Voraugenschild (Praeoculare). 1 Unteraugenschildchen (Suboculare) am Vorderrand des Auges. 8 Oberlippenschilder (Supralabialia).
Grundfarbe gelblichbraun bis oliv. Auf dem Vorderkörper kleine, dunkle Flecken, die unregelmäßig stehen und oft von einem hellen Längsstrich durchzogen werden. Der hintere Körper und der langgezogene Schwanz wirken meist durch engstehende, abwechselnd helle und dunkle Linien längsgestreift. Die gelblichen oder weißlichen Bauchschilder weisen – zumindest im vorderen Körperteil – an den Außenkanten oft eine dunkle Fleckung auf.
Ungiftig, aber angriffslustig.
▲ Lebensraum: Abwechslungsreiche Landschaft aus mit Gestrüpp und Steinhaufen durchsetzten Trockenhängen, Legesteinmauern, Ruinen, Weinbergen, Schutthalden und gelegentlich schütteren Waldbeständen.
▲ Lebensweise: Tagaktive Schlange. Vorwiegend Bodenbewohner, klettert aber auch geschickt im Gebüsch und in niedrigen Bäumen. Sehr schnell und scheu. Beißt wild um sich, wenn man sie fängt.
Hält in kühleren Gegenden eine Winterruhe von 1–4 Monaten.
▲ Nahrung: Eidechsen, Mäuse, junge Vögel, große Heuschrecken, manchmal sogar kleine Schlangen.
Verfolgt und ergreift ihre Beute mit großer Schnelligkeit.
▲ Fortpflanzung: Legt 4–10 Eier. Die frischgeschlüpften Jungschlangen ernähren sich zunächst von Insekten.
▲ Besonderheiten: Mit schmalen Längsstreifen versehener Hinterkörper. Sehr beißfreudig, wenn sie ergriffen wird.

Verbreitung

Jugoslawische Adriaküste, Albanien, griechisches Festland und einige Inseln im Ägäischen Meer, wie Euböa, Kreta, Kithyra oder Gioura.
Von der Insel Giaros in den griechischen Kykladen wurde eine Unterart – *Coluber laurenti gyarosensis* – beschrieben, die heute von manchen Zoologen als eigenständige Art angesehen wird.
Aufgrund genauer, wissenschaftlicher Untersuchungen in neuester Zeit wurde festgestellt, daß die aus der Umgebung der norditalienischen Stadt Gemona stammenden Typusexemplare, die zur Erstbeschreibung der Balkan-Zornnatter dienten, Vertreter der Gelbgrünen Zornnatter (*Coluber viridiflavus*) waren. Damit ergab sich die Notwendigkeit, den lange Zeit gültigen Artnamen der Balkan-Zornnatter von *C. gemonensis* in *C. laurenti* zu ändern (Schätti und Lanza, 1988, Schätti, 1988).

Schlanknatter *Coluber najadum* (EICHWALD, 1831)
Familie Nattern (Colubridae)
Unterfamilie Land- und Baumnattern (Colubrinae)
E Dahl's Whip Snake F Serpent fouet

▲ Merkmale: Länge durchschnittlich bis 100 cm, ausnahmsweise bis 140 cm.
Überaus schlanke und grazile Schlange. Der sehr lange, dünne Schwanz betont die Schlankheit der Schlange. Schmaler, länglicher Kopf, der deutlich von einem relativ dünnen Hals abgesetzt ist. Augen auffallend groß, mit runder Pupille.
Körperschuppen glatt. 19 Rückenschuppenreihen um die Körpermitte. 1 Voraugenschild (Praeoculare). 1 Unteraugenschildchen (Suboculare) am Vorderrand des Auges. Meist 8, seltener 7 oder 9 Oberlippenschilder (Supralabialia).
Grundfarbe auf Kopf und Hals grau-grün bis olivgrau, nach hinten allmählich in rotbraune bis gelbbraune Färbung übergehend. Am Hals zu beiden Seiten je eine Reihe dunkler, weiß eingesäumter Augenflecken, die nach hinten kleiner werden; das vorderste Fleckenpaar direkt hinter dem Kopf manchmal halsbandartig angenähert (keine ausgeprägte Nackenbinde). An den Kopfseiten dunkle Binde vom Nasenloch über das Auge zum Mundwinkel. Die Augenfleckenreihe

Das Porträt der Schlanknatter (*Coluber najadum*) zeigt deutlich die charakteristischen, hell umrandeten Augenflecken an den Halsseiten.

Die sehr schlanke und grazile Schlanknatter (*Coluber najadum*) bewegt sich blitzschnell und verfolgt ihre Beute wie ein Pfeil.

hat sicherlich Schutzfunktion. Bauch ungefleckt weiß oder gelblich.

Ungiftig; aggressives Abwehrverhalten.

▲ Lebensraum: Sehr unterschiedliche Aufenthaltsorte, vom Tiefland bis in Gebirgshöhen von 2000 m und mehr. Besonders gern in Flußtälern, aber auch an Hängen mit Buschwerk und Grasvegetation, in verwilderten Gärten, auf Waldlichtungen, in Weinbergen, im Ruinengelände, auf mit Büschen bestandenen Viehweiden, an Dämmen und Wegrändern. Reichlich Vegetation, Gestrüpp und Steinhaufen oder Legesteinmauern als Verstecke sind wichtige Bestandteile des Schlanknatternbiotops.

▲ Lebensweise: Tagaktive Bodenschlange, die aber auch im Buschwerk klettert. Sehr schnell und scheu. Beißt mit großer Heftigkeit zu, wenn man sie ergreift. Winterruhe 5–6 Monate.

▲ Nahrung: In erster Linie Eidechsen, nur in Notzeiten auch große Insekten oder nestjunge Mäuse. Jagt ihre Beute mit rasender Geschwindigkeit.

▲ Fortpflanzung: Legt nur 3–5 langgestreckte Eier in Erdgängen oder unter Steinen ab. Die Jungtiere schlüpfen Ende August–September und ernähren sich zunächst von jungen Eidechsen (z. B. Johannisechsen) und Heuschrecken.

▲ Besonderheiten: Sehr schlanke, oft bleistiftdünne Schlange mit einer Reihe dunkler Augenflecken am Hals. Bewegt sich blitzschnell und verfolgt ihre Beute wie ein Pfeil.

Verbreitung

Jugoslawien (Istrien und jugoslawische Küstengebiete), Griechenland, Südbulgarien, Transkaukasus bis südwestliches Vorderasien.
3 Unterarten:
C. n. najadum (Osttürkei bis UdSSR und Nordiran),
C. n. dahli (Balkan, Westtürkei bis Israel),
C. n. kalymnensis (Insel Kalymnos im Ägäischen Meer)

Münzennatter *Coluber nummifer* Reuss, 1834

Familie Nattern (Colubridae)
Unterfamilie Land- und Baumnattern (Colubrinae)
E Coin Snake F Couleuvre à monnaie

Die Münzennatter ist der nahe verwandten Ravergiers Zornnatter (*Coluber ravergieri*) sehr ähnlich, deshalb muß häufig auf diese verwiesen werden. Bis vor kurzem wurde die Münzennatter noch der Ravergiers Zornnatter als Unterart zugerechnet, aber der größere Teil der mit diesen Schlangen befaßten Zoologen hat heute den erst vor wenigen Jahren eindeutig erkannten Artstatus der Münzennatter akzeptiert, so daß sie auch an dieser Stelle als eigenständige Schlangenart vorgestellt werden kann.

▲ Merkmale: Länge im Durchschnitt 70–100 cm.

Kräftige, ein wenig gedrungen wirkende Natter. Kopf etwas vom Körper abgesetzt. Relativ kleine Augen mit runder Pupille.

Körperschuppen teils stärker, teils schwächer gekielt. Im allgemeinen 23 Rückenschuppenreihen um die Körpermitte. Auf den Dodekanesinseln, auf Zypern und im südlichen Verbreitungsgebiet (Ägypten, Israel, Libanon) auch Exemplare mit 25 Rückenschuppenreihen. Überaugenschilder (Supraocularia) sehr groß. 1 Zügelschild (Loreale), 2 Voraugenschilder (Praeocularia), 2 Hinteraugenschilder (Postocularia). 1 Unteraugenschildchen (Suboculare) am Vorderrand des Auges. 8–9 Oberlippenschilder (Supralabialia).

Erst vor kurzem wurde die Münzennatter (*Coluber nummifer*) als eigenständige Art anerkannt. Ihren Namen trägt sie auf Grund der „münzenförmigen“ Flecken auf dem Rücken.

Auch junge Münzennattern (*Coluber nummifer*) lassen schon die charakteristische Rückenfleckung erkennen.

Im Unterschied zu Ravergiers Zornnatter zeigt die Münzennatter charakteristisch höhere Zahlen der Rückenschuppenreihen (23–25 bei *C. nummifer,* 21 bei *C. ravergieri*), der Bauchschilder (Männchen 195–212, Weibchen 208–230 bei *C. nummifer,* Männchen 189–207, Weibchen 199–206 bei *C. ravergieri*) sowie der Unterschwanzschilder (Männchen 82–107, Weibchen 79–107 bei *C. nummifer,* Männchen 77–99, Weibchen 70–94 bei *C. ravergieri*). Für die wissenschaftlich-systematische Unterscheidung werden allerdings auch die Hemipenisstrukturen herangezogen (bei *C. nummifer* mehr Basalstacheln als bei *C. ravergieri*), die man im Freiland und am lebenden Tier jedoch nicht untersuchen kann.
Grundfarbe graubraun oder olivgrau. Die Zeichnungsmuster können sehr variabel sein, hier soll lediglich der häufigste Typ beschrieben werden: Über die Rückenmitte läuft eine Reihe dunkelbrauner, „münzenartiger" Flecken, die schwarz umsäumt sind und einzeln stehen (kein verfließendes Wellenband). Diese Rückenfleckenreihe setzt sich auf dem Schwanz in einem dunklen Längsstreifen fort. An den Flanken eine Reihe kleinerer, zu den Rückenflecken alternierend gesetzter Flecken. Kopfoberseite oft mit dunklem Querband zwischen den Augen und mit unregelmäßigen Fleckchen auf dem Hinterkopf. Schläfenband vom Auge zum Mundwinkel. Eine dunkle Binde vom Augenunterrand zum Mundspalt meist vorhanden, manchmal undeutlich ausgebildet. Bauch grauweiß, vielfach mit feiner, dunkler Sprenkelung. Ränder der Bauchschilder dunkel gefleckt.

Ungiftig, bei Bedrohung angriffslustig.

▲ Lebensraum: Trockene, sonnenexponierte Geröllhänge mit geringer Buschvegetation. Tiefländer, kaum über 900 m, gelegentlich etwas über 1000 m (zum Vergleich: *C. ravergieri* steigt im Gebirge bis über 2600 m hinauf).

▲ Lebensweise: Wenig bekannt, sehr ähnlich wie bei Ravergiers Zornnatter. Tagaktiv. Schnell und beweglich, immer fluchtbereit. Bei Gefahr flacht sie den Kopf ab und zischt laut (vipernähnliches Verhalten).
Hält vermutlich eine mehrmonatige Winterruhe.

▲ Nahrung: Kleinsäugetiere, Echsen, kleine Vögel. Tötet ihre Beute durch Erdrosseln.

▲ Fortpflanzung: Eiablage im Juni–Juli. 4–10 Eier, die unter Steinen im Erdreich abgelegt werden. Die Jungschlangen schlüpfen im September.

▲ Besonderheiten: Erst vor kurzem als eigenständige Art erkannt. Eine Reihe „münzenartiger", einzelnstehender Flecken auf dem Rücken. In Aussehen und Lebensweise Ravergiers Zornnatter (*C. ravergieri*) sehr ähnlich.
„Vipernartiges" Drohverhalten mit abgeflachtem Kopf und lautem Zischen. Tieflandform.

Verbreitung

Einige Dodekanesinseln, Zypern, Südostanatolien, Westsyrien, Libanon, Israel, Sinai-Halbinsel, Nordägypten bis zum Nil.

Ravergiers Zornnatter *Coluber ravergieri* MENTRIES, 1832
Familie Nattern (Colubridae)
Unterfamilie Land- und Baumnattern (Colubrinae)
E Ravergier's Whip Snake F Serpent fouet de Ravergier

▲ Merkmale: Länge im Durchschnitt bis 100 cm, im östlichen, vorderasiatischen Verbreitungsgebiet bis 150 cm. Kräftige, gedrungen wirkende Schlange. Kopf mittelgroß. Relativ kleine Augen mit runder Pupille. Körperschuppen ganz leicht gekielt. In der Regel 21 Rückenschuppenreihen um die Körpermitte. Überaugenschilder (Supraocularia) sehr groß. 1 Zügelschild (Loreale), 2 Voraugenschilder (Praeocularia), 2 Hinteraugenschilder (Postocularia). 1 Unteraugenschildchen (Suboculare) am Vorderrand des Auges.

Ravergiers Zornnatter (*Coluber ravergieri*) ist eine kräftige, schnelle Schlange, die bei Gefahr ihren Kopf vipernartig abflacht und laut zischt.

Grundfarbe grau, graubraun oder olivgrau. Rückenzeichnung aus dunklen, gelegentlich hell gesäumten Rautenflecken, die im hinteren Körperteil zu einem gewellten Band verfließen und auf dem Schwanz in einen dunklen Längsstreifen übergehen. Manchmal ist diese Rückenzeichnung nur schwach ausgebildet. An den Flanken eine dunkle Fleckenreihe, die im hinteren Körperdrittel und am Schwanz ebenfalls zu einem dunklen Längsstreifen wird. Auf dem Hinterkopf 2 dunkle, V-förmig geschwungene Bandflecken, zwischen den Augen 2 dunkle Punktflecken, an der Kopfseite ein dunkles Band vom Auge zum Mundwinkel und ein kürzeres Band vom Augenunterrand zum Mundspalt. Bauch grauweiß,

Charakteristisch für Ravergiers Zornnatter (*Coluber ravergieri*) ist die dunkle Rautenzeichnung auf dem Rücken, die auf dem hinteren Körperabschnitt und auf dem Schwanz in eine Längsstreifung übergeht.

dunkler gesprenkelt. Ränder der Bauchschilder mit dunklen Flecken, die im hinteren Körperdrittel bis zum Analschild ebenfalls zu einer Längslinie verschmelzen.

Ungiftig, beißt aber heftig zur Abwehr.

▲ Lebensraum: Halbwüsten, Steppengebiete und buschreiche, südexponierte Berghänge. Auch in steinigen Flußtälern. Steigt im Gebirge bis über 2600 m hinauf.

▲ Lebensweise: Trotz der kräftigen Gestalt recht schnell, vor allem auf der Flucht. Klettert gut. Tagaktiv. Am Morgen und am Spätnachmittag beim Sonnenbaden in der Nähe eines Busches oder Steinhaufens anzutreffen. Kann bei Gefahr den Kopf stark abflachen und so deutlich vom Körper absetzen (deshalb Verwechslung mit Vipern möglich). Zischt laut und beißt kräftig um sich, wenn sie bedroht wird.

Winterruhe je nach Lebensraum 2–6 Monate.

▲ Nahrung: Mäuse und andere Kleinnager. Echsen, nestjunge Vögel. Erdrosselt ihre Beute vor dem Verschlingen – kleine Beutetiere werden gleich lebend hinabgewürgt.

Verbreitung

Osttürkei bis südwestliche UdSSR und Zentralasien. Im hier besprochenen Gebiet die Nominatform *C. ravergieri ravergieri.*

▲ Fortpflanzung: Eiablage im Juni–Juli. 4–10 Eier, die unter Steinen im Erdreich abgelegt werden. Die Jungschlangen schlüpfen im September.
▲ Besonderheiten: Dunkle Rautenfleckenzeichnung auf dem Rücken, die im hinteren Körperdrittel und auf dem Schwanz in eine Längsstreifung übergeht. Zischt bei Gefahr laut und flacht den Kopf vipernartig ab.

Jans Pfeilnatter *Coluber rhodorachis* (JAN, 1865)
Familie Nattern (Colubridae)
Unterfamilie Land- und Baumnattern (Colubrinae)
E Jan's Whip Snake F Couleuvre du Jan

▲ Merkmale: Länge im westlichen Verbreitungsgebiet 50–70 cm, im östlichen 70–105 cm.
Sehr schlank gebaut. Kopf schmal, nur wenig vom Körper abgesetzt. Augen relativ groß, mit runder Pupille.

Jans Pfeilnatter (*Coluber rhodorachis*) ist eine sehr schlank gebaute Zornnatter, die sich auf Eidechsen als Nahrung spezialisiert hat.

Körperschuppen glatt. 19 Rückenschuppenreihen um die Körpermitte. 1 Zügelschild (Loreale). 1 selten 2 Voraugenschilder (Praeocularia), 2–3 Hinteraugenschilder (Postocularia), 1 Unteraugenschildchen (Suboculare) am Vorderrand des Auges. 9 Oberlippenschilder (Supralabialia), das 5. und 6. an den Augenunterrand stoßend.
Grundfarbe hellgrau, graubraun oder

grüngrau. Über die Rückenmitte eine Reihe dunkler, querstehender Barrenflecken oder Querbänder. Flanken mit einer Reihe zu den Rückenflecken alternierend stehender, kleinerer Flecken. Die Fleckung wird von der Körpermitte an schwächer und verschwindet schließlich im hinteren Körperbereich und auf dem Schwanz ganz. Manchmal treten einfarbig graue Tiere auf, die lediglich einen schmalen, rötlichen Längsstreifen auf der Körpermitte besitzen, der im hinteren Körperbereich ebenfalls verschwunden ist. Kopfoberseite grau und ungefleckt. An der Kopfseite je ein gelbliches oder weißliches, senkrechtes Band direkt vor und hinter dem Auge, ein kurzes, dunkles Band vom Augenunterrand zum Mundspalt. Bauch elfenbeinfarben, mit dunklen Punkten am hinteren Rand der Bauchschilderenden, die manchmal nur schwach und vereinzelt ausgebildet sind.

Ungiftig, harmlos.

▲ Lebensraum: Felsige und steinige Landschaften, oft mit Schluchten und tiefeingeschnittenen Tälern; manchmal im Bereich menschlicher Siedlungen in verwilderten Gärten und am Rande von Feldern. Im Gebirge bis etwa 2000 m hinauf.

▲ Lebensweise: Wenig bekannt. Tagaktiv mit Aktivitätsschwerpunkten am Morgen und abends kurz vor Sonnenuntergang. Sehr scheu und schnell, verbirgt sich gern in tiefen Felsspalten.

▲ Nahrung: Bevorzugt Echsen.

▲ Fortpflanzung: Eierlegend.

▲ Besonderheiten: Sehr schlanke, elegante Zornnatter. Je ein senkrechtes, gelbliches Band vor und hinter dem Auge; unter dem Auge ein dunkler Vertikalfleck. Scheu und schnell. Echsenfressender Nahrungsspezialist.

Verbreitung

Im hier besprochenen Gebiet Ägypten (bis Sudan), Israel, Libanon und Syrien; außerdem Jordanien, Irak, Iran, Transkaspien, Afghanistan, West-Pakistan.

Andersons Pfeilnatter *Coluber rogersi* (ANDERSON, 1893)

Familie Nattern (Colubridae)
Unterfamilie Land- und Baumnattern (Colubrinae)
E Anderson's Whip Snake F Couleuvre d'Anderson

▲ Merkmale: Länge 80–100 cm. Kopf schmal, vom Körper abgesetzt. Auge mittelgroß, mit runder Pupille. Körperschuppen glatt. 17–19 Rückenschuppenreihen um die Körpermitte. 1 Zügelschild (Loreale), 1 Voraugenschild (Praeoculare), 2 Hinteraugenschilder (Postocularia). 9 (manchmal 10) Oberlippenschilder (Supralabialia), das 5. und 6. an den Augenunterrand stoßend. Ein kleines Unteraugenschildchen (Suboculare)

Andersons Pfeilnatter (*Coluber rogersi*) ist äußerst scheu und blitzschnell – vor allem, wenn sie auf Echsen als bevorzugte Beute jagt.

Andersons Pfeilnatter (*Coluber rogersi*) kommt in halbwüsten- und steppenhaftem Gelände in Nordafrika von Libyen bis zur Arabischen Halbinsel vor.

über dem 4. verkleinerten Oberlippenschild. Bauchschilder an den seitlichen Enden abgewinkelt, jeweils eine Längskante an den Bauchseiten bildend.
Grundfarbe gelblich-braun bis olivbraun. Rückenzeichnung aus dunklen, quergestellten Flecken, die meist hell gesäumt sind – es entsteht der Eindruck von gelben Querstreifen. An den Flanken kleinere, zu der Rükkenzeichnung alternierend angeordnete Rhombenflecken. Kopf- und Nackenseiten oft orangefarben. Ein dunkler, schräger Streifen vom Augenunterrand zum Mundspalt und ein nach hinten geschwungenes Schläfenband an jeder Kopfseite. Bauch weiß-cremefarben. Viele Bauchschilder (meist jedes 2.–3.) an den seitlichen Enden dunkel gefleckt. **Ungiftig, harmlos.**

▲ Lebensraum: Trockenes, halbwüsten- und steppenhaftes Gelände mit Steinen und Buschwerk; gelegentlich in der Nähe von Gewässern.

▲ Lebensweise: Tag- und nachtaktiv; in der heißen Jahreszeit ausschließlich nachts rege. Sehr scheu und blitzschnell.

▲ Nahrung: Vorwiegend Echsen, selten Frösche oder Kröten.

▲ Fortpflanzung: Legt auffallend große, längliche Eier, bis zu 5 in einem Gelege.

▲ Besonderheiten: Schlanke, sehr schnelle Schlange mit schmalem Kopf. Dunkle Rückenflecken mit hellem Saum. Nahrung vor allem Echsen. Kleine Gelege mit großen, länglichen Eiern.

Verbreitung

Libyen, Ägypten, Israel, Libanon, Syrien, Jordanien, Irak und Arabische Halbinsel.

Rötliche Zornnatter *Coluber rubriceps* (VENZMER, 1919)

Familie Nattern (Colubridae)
Unterfamilie Land- und Baumnattern (Colubrinae)
E Red Whip Snake F Serpent fouet rouge

▲ Merkmale: Länge höchstens 100 cm, meist erheblich darunter. Ziemlich dünne Schlange mit langem, schmalem Schwanz. Kopf relativ klein und flach, nur wenig vom Rumpf abgesetzt. Augen klein, mit runder Pupille.
Körperschuppen glatt. 19 Rückenschuppenreihen um die Körpermitte. 1–2 Voraugenschilder (Praeocularia). 1–2 Unteraugenschildchen (Subocularia) am Vorderrand des Auges. 8–9 Oberlippenschilder (Supralabialia).
Grundfarbe rötlich-grau bis rötlichbraun. Über den Nacken verläuft eine dunkle, hell gesäumte Querbinde. Vom Hals über den Vorderkörper nach hinten an jeder Seite eine Reihe

Die Rötliche Zornnatter (*Coluber rubriceps*) ähnelt ein wenig der Schlanknatter (*Coluber najadum*), allerdings stehen die Augenflecken an den Halsseiten bei der Rötlichen Zornnatter viel weiter auseinander als bei der Schlanknatter.

Die Porträtaufnahme zeigt klar die spärlichen und weiter voneinander entfernten Augenflecken der Rötlichen Zornnatter (*Coluber rubriceps*).

dunkler, weiß geränderter Augenflecken, die allerdings viel weiter auseinanderstehen als die Augenflekken bei der Schlanknatter (*Coluber najadum*). Rücken einfarbig, ohne Zeichnungsmuster. Bauch hell gelblich-weiß.

Ungiftig.

▲ Lebensraum: Flachland in der Nähe der Küste, bis in die ersten Hügel hinter der Küstenzone. Trockenes, mit Gestrüpp und großen Steinen ausgestattetes Gelände. Im Klippenbereich dort, wo hinter der Spritzwasserzone Büsche und etwas Bodenvegetation wachsen.

▲ Lebensweise: Tagaktive Bodenschlange. Pfeilschnell, noch schneller als die Schlanknatter (*Coluber najadum*), auch in ihren blitzartigen Bewegungen.
Hält im nördlichen Vorkommensbereich eine mehrmonatige Winterruhe.

▲ Nahrung: In erster Linie Eidechsen, gelegentlich große Insekten.

▲ Fortpflanzung: Gelege klein, aus 3–5 sehr langgestreckten, walzenförmigen Eiern bestehend.

▲ Besonderheiten: Sehr schlank und pfeilschnell. Lebt in Küstennähe. Lockere Augenfleckenreihe an den Halsseiten.

Verbreitung

Bulgarische Schwarzmeerküste, türkischer Ägäis-Küstenbereich bis Israel.

Schmidts Pfeilnatter

Coluber (*Hierophis*) *schmidti* Nikolsky, 1909
Familie Nattern (Colubridae)
Unterfamilie Land- und Baumnattern (Colubrinae)
E Schmidt's Whip Snake F Serpent fouet du Schmidt

▲ Merkmale: Länge 140–160 cm. Ähnelt der Kaspischen Pfeilnatter (*Coluber caspius*). Kopf wenig vom Körper abgesetzt. Auge mit runder Pupille.
Körperschuppen glatt. 19 Rückenschuppenreihen um die Körpermitte. 1 Zügelschild (Loreale), 1 selten 2 Voraugenschilder (Praeocularia), 2 Hinteraugenschilder (Postocularia). 1 Unteraugenschildchen (Suboculare) am Vorderrand des Auges. 8 (manchmal 9) Oberlippenschilder (Supralabialia), das 4. und 5. an den Augenunterrand stoßend.
Grundfarbe rotbraun bis ziegelrot. Charakteristisch ist die Zeichnung der Körperschuppen (Rücken und Flanken): Die Schuppenmitte ist rot und dunkel, der obere und untere Rand hell gefärbt, dadurch entsteht der Eindruck einer ganz feinen Längsstreifung. Jungtiere sind dunkel gefleckt, im vorderen Körperteil ordnen sich die Flecken zu Querbän-

Die rötlich gefärbte und einfarbig wirkende Schmidts Pfeilnatter (*Coluber schmidti*) ist erst vor wenigen Jahren als eigenständige Art erkannt worden. Ihre Heimat reicht von der östlichen und südlichen Türkei bis nach Südrußland und Nordiran.

dern. Diese Jugendzeichnung kann lange erhalten bleiben (bis zu einer Länge von etwa 140 cm). Der Bauch ist leuchtend korallen- bis kirschrot mit einem rosafarbenen Perlmuttglanz.

Ungiftig, harmlos – aber bissig, wenn man sie ergreift.

▲ Lebensraum: Trockenes Hügelland mit Buschwerk, Bodenvegetation und Steinen, verwilderte Gärten, Ruinengelände.

▲ Lebensweise: Kaum bekannt, Tagaktive Bodenschlange. Stets fluchtbereit.
Hält eine mehrmonatige Winterruhe.

▲ Nahrung: Kleinsäugetiere (Mäuse, Ratten, Hamster), Vögel, Echsen, Frösche. Tötet die Beute durch Umschlingen und Erdrosseln.

▲ Fortpflanzung: Eierlegend.
▲ Besonderheiten: Rostrot bis ziegelrot gefärbte Schlange, die der Kaspischen Pfeilnatter (*Coluber caspius*) ähnelt. Körperschuppen mit dunkler, roter Mitte und hellen Rändern, dadurch entsteht der Eindruck einer feinen, hellen Längsstreifung. Bauch leuchtend rot.

Verbreitung

Südrußland südlich des Kaukasus, Türkei, vor allem im Süden und Osten, Nordiran, nördliches Syrien, Jordanien.

Gefleckte Zornnatter *Coluber ventromaculatus* GRAY, 1834
Familie Nattern (Colubridae)
Unterfamilie Land- und Baumnattern (Colubrinae)
E Spotted Whip Snake F Couleuvre tachetée

▲ Merkmale: Länge 90–110 cm, im östlichen Verbreitungsgebiet manchmal bis fast 150 cm.
Kopf lang und schmal, deutlich vom Körper abgesetzt. Auge mit runder Pupille.
Körperschuppen glatt. 19 Rückenschuppenreihen um die Körpermitte. 1 Voraugenschild (Praeoculare), 2–3 Hinteraugenschilder (Postocularia). 1 Unteraugenschildchen (Suboculare) am Vorderrand des Auges. 9 (selten 8) Oberlippenschilder (Supralabialia), das 5. und 6. an den Augenunterrand stoßend.
Grundfarbe grau oder grauoliv. Auf dem Rücken eine Reihe von dunklen, quergestellten oder rhombenförmigen Flecken. Flanken mit kleineren, alternierend zu den Rückenbarren angelegten Flecken. Auf dem Nacken ein kurzer, dunkler Längsstrich. Kopfoberseite manchmal mit undeutlicher, dunkler Fleckung. Ein dunkler Fleck unter dem Auge und ein dunkles, geschwungenes Schläfenband. Bauch cremeweiß oder gelblich, mit dunklen Punkten und Flecken.
Ungiftig, harmlos – aber bissig, wenn sie sich bedroht fühlt.
▲ Lebensraum: Halbwüsten- und Steppengebiete mit spärlicher Gras- und Buschvegetation. Oft in Oasen

Verbreitung

Von Israel, Libanon und Syrien über Jordanien, Irak, Iran bis Pakistan und Nordwestindien.

Die Gefleckte Zornnatter (*Coluber ventromaculatus*) ist eine kräftige Bodenschlange mit deutlicher Fleckenzeichnung.

Die Porträtaufnahme der Gefleckten Zornnatter (*Coluber ventromaculatus*) zeigt vor allem die kontrastreiche Fleckung des Kopfes, die der Schlange einen lebhaften Gesichtsausdruck verleiht.

und in der Umgebung von menschlichen Siedlungen.

▲ Lebensweise: Wenig bekannt. Dämmerungs- und nachtaktiv. Bodenschlange, die aber auch gut in Büschen klettern kann. Scheu und schnell, beißt jedoch heftig, wenn sie ergriffen wird.

▲ Nahrung: Kleinsäugetiere (Mäuse, Ratten) und Echsen.

▲ Fortpflanzung: Eierlegend.

▲ Besonderheiten: Kräftige Bodenschlange. Bauch cremefarben mit dunklen Flecken. Bei Gefahr recht angriffslustig.

Gelbgrüne Zornnatter

Coluber (*Hierophis*) *viridiflavus* LACÉPÈDE, 1789

Familie Nattern (Colubridae)

Unterfamilie Land- und Baumnattern (Colubrinae)

E Western Whip Snake F Couleuvre verte et jaune

▲ Merkmale: Länge im Durchschnitt 120–150 cm, kann aber auch 180 cm erreichen.

Mit ihrem langen Schwanz wirkt sie schlank. Schmaler, länglicher Kopf, der nur wenig vom Rumpf abgesetzt ist. Große Augen mit runder Pupille. Körperschuppen glatt. 19 Rücken-

Die Gelbgrüne Zornnatter (*Coluber viridiflavus*) lebt nicht nur am Boden, sondern klettert auch ganz ausgezeichnet im Geäst.

Die Gelbgrüne Zornnatter (*Coluber viridiflavus*) ist eine dunkel wirkende Schlange von beachtlicher Länge. Sie ist schnell und wendig und beißt heftig zu, wenn man sie ergreifen will.

schuppenreihen um die Körpermitte. Afterschild geteilt. 1 großes Voraugenschild (Praeoculare). 1 Unteraugenschildchen (Suboculare) am Vorderrand des Auges. 8 Oberlippenschilder (Supralabialia).
Grundfarbe braunschwarz bis schwarz. Körper mit einer hellgrünen bis gelben Fleckung, die auf dem vorderen Körper undeutliche Querbänder ausbildet und am Hinterkörper zu Längslinien angeordnet ist; manchmal löst sich die gelbliche Fleckung zu einer ungenauen Netzzeichnung

Bisweilen kann die Gelbgrüne Zornnatter (*Coluber viridiflavus*) auch völlig schwarz erscheinen.

auf. Die Unterart *carbonaria* erscheint sogar fast völlig schwarz und wird deshalb „Karbonarschlange" genannt. Jungtiere noch nicht schwarz gefärbt, mit deutlicher Fleckenfärbung auf hellgrauem oder hellolivem Grund.

Ungiftig, heftige Abwehrbisse.

▲ Lebensraum: Eine Vielfalt meist trockener Lebensräume mit guten Versteckmöglichkeiten. Mit Büschen und Steinen durchsetzte Trockenhänge, Waldränder und lichte Wälder, Macchiagelände, Straßenböschungen, Schutthalden, Ruinen und verwilderte Gärten, gelegentlich am Rande feuchter Wiesen. Steigt im Gebirge bis über 1500 m hinauf.

▲ Lebensweise: Tagaktiv. Meist am Boden, aber auch ein guter Kletterer im Gebüsch und auf Felsen. Sehr schnell und wendig. Beißt heftig und aggressiv, wenn man sie fangen will. Hält eine ausgiebige Winterruhe.

▲ Nahrung: Vielseitig wie die Lebensräume: kleine Säugetiere (Mäuse), Vögel und ihre Eier, kleinere Schlangen, Eidechsen, Frösche. Jungtiere nehmen kleine Eidechsen, Käfer und Heuschrecken.

▲ Fortpflanzung: Paarung im April–Mai. Das Männchen hält dabei das Weibchen mit einem Nackenbiß fest. Im Juni-Juli werden 6–15 längliche

Eier unter Steinen, in alten Baumstümpfen oder in verrottendem Pflanzenmaterial abgelegt. Nach 6–8 Wochen schlüpfen die Jungen.

▲ Besonderheiten: Dunkle, manchmal fast schwarze Schlange von beachtlicher Länge. Sehr schnell und aggressiv.

Verbreitung

Von den Pyrenäen über Mittel- und Südfrankreich, die Südschweiz, nach Istrien und Italien, dazu die Inseln Korsika, Sardinien, Elba, Sizilien, Malta und einige kleinere Inseln in der Tyrrhenis und vor der nordjugoslawischen Küste.

2 Unterarten:

C. v. viridiflavus (im Nordwesten des Verbreitungsgebietes),

C. v. carbonarius (im Süden und Südosten des Verbreitungsgebietes).

Schling- oder **Glattnatter** *Coronella austriaca* LAURENTI, 1768

Familie Nattern (Colubridae)

Unterfamilie Land- und Baumnattern (Colubrinae)

E Smooth Snake F Couleuvre lisse

▲ Merkmale: Länge 50–70 cm, selten bis 80 cm.

Relativ kleine Schlange. Kopf eiförmig, wenig vom Körper abgesetzt. Auge klein, mit runder Pupille.

Körperschuppen glatt. 19 Rückenschuppenreihen um die Körpermitte. 7 (selten 8) Oberlippenschilder (Supralabialia), das 3. und 4. in Kontakt mit dem Unterrand des Auges. Spitze des Schnauzenschildes ragt zwischen die Zwischennasenschilder (Internasalia) und ist von oben zu sehen.

Grundfarbe grau, braun, gelbbraun oder rostrot. Rückenzeichnung aus paarigen oder gegeneinander versetzten, dunklen Flecken, die den Eindruck zweier undeutlicher Längsstreifen vermitteln können. Ein dunkler, U-förmiger und nach hinten geöffneter Fleck im Nackenbereich des Kopfes. Eine dunkle Binde verläuft an den Kopfseiten vom Nasenloch über das Auge zum Hals. Flanken oft mit dunklen Tupfen und Punkten. Bauch meist dunkel, rötlichbraun, orangerot, grau oder schwärzlich, manchmal marmoriert wirkend.

Ungiftig, harmlos.

▲ Lebensraum: Offenes, gut besonntes Gelände, das viele Verstecke anbietet. Heideland, Auwälder, Waldlichtungen, Waldränder, Heckenraine, mit Büschen bestandene Berghänge, Bahndämme, Geröllhalden, Grabenböschungen, Weinberge, Ruinen, verwilderte Gärten, Gelände mit Steinhaufen und reichlicher Bodenvegetation. Im Norden ihres Verbreitungsgebietes mehr im Flach- und Mittelgebirgsland, im Süden gerne im Gebirge bis etwa 2000 m hinauf. Oft in der Nähe menschlicher Siedlungen.

Die Schlingnatter (*Coronella austriaca*) wird wegen ihrer dunklen Rückenzeichnung oft mit der Kreuzotter (*Vipera berus*) verwechselt (oben).

Die Nahrung der Schlingnatter (*Coronella austriaca*) besteht in erster Linie aus Eidechsen. Sie umschlingt und erdrosselt ihre Beute, ehe sie sie verschlingt (unten).

Der rund geformte Kopf, die runden Pupillen, die großen Kopfschilder und die glatten Körperschuppen sind eindeutige Unterscheidungsmerkmale der Schlingnatter (*Coronella austriaca*) gegenüber der Kreuzotter (*Vipera berus*) (rechts).

▲ Lebensweise: Tagaktive, jedoch recht versteckt lebende Schlange. Relativ langsam, flieht erst spät, da sie offensichtlich ihrer Tarnfarbe vertraut. Vorwiegend am Boden, kann aber auch in niedrigem Gebüsch klettern. Sehr standorttreu. Bei Gefahr zischt sie und beißt mit Abwehrbiß zu.
Hält eine mehrmonatige Winterruhe.
▲ Nahrung: Vor allem Eidechsen, daneben Blindschleichen und kleinere Schlangen, gelegentlich junge Mäuse. Tötet die Beute durch Umschlingen und Erdrosseln.
▲ Fortpflanzung: Nach der Winterruhe im April–Mai Paarung mit Nackenbiß durch das Männchen. Lebendgebärend (ovovivipar). Im August–September werden 6–15 Junge in einer durchsichtigen Schleimhülle geboren, aus der sie sich unter windenden Bewegungen befreien. In kühlen Klimaten kann die Fortpflanzung von der Paarung bis zur Geburt um 1 Jahr verschoben werden, d. h. die Jungen kommen erst im nächsten Jahr zur Welt.
▲ Besonderheiten: Relativ kleine, langsame Schlange. Wird wegen ihrer dunklen Rücken- und Kopfzeichnung oft mit der Kreuzotter (*Vipera berus*) verwechselt, hat allerdings keine gekielten Schuppen, keine senkrechten Pupillen und große Kopfschilder. Tötet ihre Beute durch Erdrosseln („Schlingnatter"). Lebendgebärend.

Verbreitung

Von Südskandinavien über Südengland (nur ganz vereinzelte Populationen), über ganz Mitteleuropa und die europäische UdSSR bis zur nördlichen Türkei, nach Nordiran, Griechenland, Italien und in den nördlichen Teil der Iberischen Halbinsel.

2 Unterarten:
C. a. austriaca (größter Teil des Verbreitungsgebietes),
C. a. fitzingeri (Süditalien und Sizilien).

Girondische Schling- oder **Glattnatter**

Coronella girondica (DAUDIN, 1803)
Familie Nattern (Colubridae)
Unterfamilie Land- und Baumnattern (Colubrinae)
E Southern Smooth Snake F Coronelle girondine

▲ Merkmale: Länge 45–65 cm, sehr selten bis 80 cm.
Sehr ähnlich der gewöhnlichen Schlingnatter (*Coronella austriaca*), allerdings meist schlanker, mit runderer Schnauze, und die U-förmige dunkle Nackenzeichnung zeigt nach vorne zum Kopf hin (bei der Schlingnatter U-Öffnung nach hinten weisend). Kopf nur wenig vom Körper abgesetzt. Augen klein, mit runder Pupille.

Die Girondische Schlingnatter (*Coronella girondica*) ähnelt der gewöhnlichen Schlingnatter (*Coronella austriaca*) stark, ist allerdings viel ruhiger als diese, und die U-Zeichnung am Kopf weist nach vorne.

Körperschuppen glatt. 21 Rückenschuppenreihen um die Körpermitte (Schlingnatter meist 19). 8 Oberlippenschilder (Supralabialia), von denen das 4. und 5. (Schlingnatter 3. und 4.) in Kontakt mit dem Unterrand des Auges steht. Schnauzenschild (Rostrale) klein und nicht zwischen die Zwischennasenschilder (Internasalia) reichend.

Grundfarbe grau, gelblich bis rotbraun. Mit oder ohne dunkle Schläfenbinde vom Nasenloch über das Auge zum Hals, dafür aber mit einer dunklen Zügelbinde von Auge zu Auge über den vorderen Schnauzenbereich. Rückenfleckung aus dunklen, würfelförmigen Querbarren, die unregelmäßig angeordnet sind. Flanken mit undeutlichen, dunklen Flecken. Bauch hell, gelb bis orangerot, mit einem Längslinienmuster aus dunklen Flecken.

Ungiftig, harmlos.

▲ Lebensraum: Vorwiegend im Tiefland, kann aber im Gebirge bis 1500 m aufsteigen. Trockenes, mit Geröll und Gestrüpp versehenes Gelände, das auch Bodenvegetation besitzt. Waldlichtungen, buschreiche Wegränder, Geröllhänge, Eisenbahndäm-

Verbreitung

Iberische Halbinsel, Südfrankreich, Italien mit Sizilien, westliches Nordafrika.

me, verlassene Steinbrüche, Ödland zwischen Ackerland, verwilderte Gärten.

▲ Lebensweise: In der Dämmerung und nachts aktiv. Ruhiger als die Schlingnatter, wehrt sich allerdings durch Beißen.

▲ Nahrung: Vor allem Eidechsen und Geckos, sehr selten junge Mäuse.

▲ Fortpflanzung: Eierlegend (nicht lebendgebärend wie die Schlingnatter). Ein Gelege höchstens aus 8–10 Eiern bestehend. Ende August–September schlüpfen die Jungen.

▲ Besonderheiten: Ruhiger als die Schlingnatter (*Coronella austriaca*). Die U-Zeichnung am Kopf weist mit der Öffnung nach vorne. Eierlegend.

Barans Zwergnatter *Eirenis barani* SCHMIDTLER, 1988
Familie Nattern (Colubridae)
Unterfamilie Land- und Baumnattern (Colubrinae)
E Baran's Dwarf Snake F Couleuvre naine du Baran

▲ Merkmale: Länge geringer als bei der nahe verwandten Kopfbinden-Zwergnatter (*E. modestus*), deutlich unter 40 cm.
Eine für diese Schlangengruppe mittelgroße, schlank und zierlich wirkende Zwergnatter. Kopf schmal und wenig vom Körper abgesetzt. Auge mit runder Pupille.
Körperschuppen glatt. 17 Rückenschuppenreihen um die Körpermitte. 1 Zügelschild (Loreale); 2 Hinteraugenschilder (Postocularia). Bauchschilder bei Männchen 138–156, bei Weibchen 156–165 (gegenüber 146–176 bei männlichen und 154–177 bei weiblichen Kopfbinden-Zwergnattern). Unterschwanzschilder (Subcaudalia) bei Männchen 60–68, bei Weibchen 54–62 (gegenüber 61–81 bei männlichen und 63–72 bei weiblichen Kopfbinden-Zwergnattern).
Grundfarbe gelblich- bis bräunlichgrau; Rücken einfarbig-ungezeichnet. Schuppen auf dem vorderen Rücken im Zentrum etwas dunkler als an den Rändern. 3 dunkelbraune Querbänder auf Kopf und Nacken: eines zwischen den Augen, eines über die Scheitelschilder (Parietalia) und ein Halsband; die Ränder dieser Querbänder sind gerade (nicht halbmondförmig gebogen wie bei der Kopfbinden-Zwergnatter). Das Band über die Scheitelschilder reicht bis zum 6. oder 7. Oberlippenschild; das Halsband reicht bis zu den Schläfenschildern (Temporalia). Bauch einfarbig gelblichweiß.

Die zierliche Barans Zwergnatter (*Eirenis barani*) ist erst kürzlich in der Südosttürkei entdeckt und in allerneuester Zeit wissenschaftlich beschrieben worden.

Ungiftig, harmlos.

▲ Lebensraum: Trockene, steinige Hänge mit lockerer Busch- und Krautvegetation, felsige Bachtäler, Wiesengelände in schütteren Waldbeständen. Im Gebirge bis 1100 m.

▲ Lebensweise: Wenig bekannt, ähnlich den übrigen Zwergnatternarten. Relativ langsam. Sehr versteckt lebend; wird meist unter Steinen angetroffen. Über eine Winterruhe ist nichts bekannt.

▲ Nahrung: Bislang unbekannt, aber wahrscheinlich wie bei den übrigen Zwergnatternarten vor allem Insekten, Skolopender, Skorpione und kleine Echsen.

▲ Fortpflanzung: Eierlegend. Eizahlen unbekannt.

▲ Besonderheiten: Kleine, schlanke, sehr versteckt lebende Schlange. Einfarbig gelblich- bis bräunlichgrauer Rücken. 3 dunkle Querbänder mit geraden Rändern auf Kopf und Nacken. Schuppen auf dem Vorderrücken in der Mitte dunkler als am Rande.

Verbreitung

Bisher nur aus dem mediterranen Bereich der Provinz Adana in der Südtürkei bekannt.

Halsband-Zwergnatter *Eirenis collaris* (Menetriès, 1832)

Familie Nattern (Colubridae)
Unterfamilie Land- und Baumnattern (Colubrinae)
E Collared Dwarf Snake F Couleuvre naine à collier

▲ Merkmale: Länge nur bis 30 cm. Sehr klein, Körper bleistiftdünn. Kleiner Kopf, kaum vom Körper abgesetzt.
Körperschuppen glatt. 15 Rückenschuppenreihen um die Körpermitte. 1 Zügelschild (Loreale), 1 Voraugenschild (Praeoculare), 2 Hinteraugenschilder (Postocularia). 7 Oberlippenschilder (Supralabialia).
Grundfarbe gelbbraun, sandgelb oder olivgrau. Jede Körperschuppe erscheint in der Mitte heller als am Rande. Ein breites, dunkles Nackenband am Hinterkopf. Kopfoberseite mit dunkler Fleckung. Bauch einfarbig hell.

Ungiftig, harmlos.

▲ Lebensraum: Steppenlandschaft. Trockene Hänge, die locker mit Gestrüpp und Grasbüscheln bestanden sind. Liegt meist versteckt unter Steinen. Steigt im Gebirge bis 1500 m hinauf.

▲ Lebensweise: Sehr versteckt lebende, langsame Schlange. Flieht selten, wenn sie entdeckt wird. Hält eine mehrmonatige Winterruhe, die sie bereits im Februar oder März an sonnigen Tagen unterbrechen kann.

▲ Nahrung: Skorpione, Hundertfüßer, Insekten, Spinnen, auch sehr kleine Echsen.

▲ Fortpflanzung: Legt 4–8 lang-

gestreckte Eier, aus denen im August–September die Jungen schlüpfen.

▲ Besonderheiten: Bleistiftdünne, kleine Schlange mit dunklem Nackenband. Langsam, versteckt lebend.

Die bleistiftdünne Halsband-Zwergnatter (*Eirenis collaris*) führt eine sehr versteckte Lebensweise.

Verbreitung

Östliche Türkei und südliche UdSSR bis Nordiran.

Krönchen-Zwergnatter *Eirenis coronella* (SCHLEGEL, 1837)
Familie Nattern (Colubridae)
Unterfamilie Land- und Baumnattern (Colubrinae)
E Crowned Dwarf Snake F Couleuvre naine couronnée

▲ Merkmale: Länge 25–35 cm. Kopf schmal und kaum vom Körper abgesetzt. Augen mit runder Pupille. Körperschuppen glatt. 15 Rückenschuppenreihen um die Körpermitte. 2 Hinteraugenschilder (Postocularia). Zügelschild (Loreale) vorhanden.
Grundfarbe braun bis gelblichbraun. Rücken mit etwa 50 schmalen, dunklen Querbinden. Auf dem Kopf ein breites, dunkles Band zwischen den Augen, das durch einen Verbindungssteg mit dem langen und oftmals etwas blassen Nackenband verbunden ist. Bauch wie bei den anderen Zwergnattern gelblich- bis bräunlichweiß.

Die Krönchen-Zwergnatter (*Eirenis coronella*) ist eine kleine, unauffällige Schlange mit sehr verborgener Lebensweise. Ihr Rücken wird durch schmale, dunkle Querbinden gezeichnet.

Ungiftig, harmlos.

▲ Lebensraum: Offene, trockene Landschaften vom Flachland bis ins Hügelland, mit lichtem Buschwerk und vielen Steinen. Man findet die Schlange in der Regel unter flachen Steinen.

▲ Lebensweise: Wenig bekannt, allgemein den anderen Zwergnattern sehr ähnlich. Tagaktiv mit Schwerpunkt am Morgen und am Spätnachmittag bis zur Dämmerung. Sehr versteckt lebend.

▲ Nahrung: Vor allem Insekten und andere Gliederfüßer, wie kleine Skolopender, vielleicht auch kleine Echsen.

▲ Fortpflanzung: Eierlegend. Eizahlen unbekannt.

▲ Besonderheiten: Kleine, unauffällige Schlange, die sehr versteckt lebt. Dunkles Querband auf der Kopfoberseite zwischen den Augen, mit Verbindung zum Nackenband.

Verbreitung

Syrien, Libanon, Israel, Ostägypten, Irak, Südosttürkei.

Zehnstreifen-Zwergnatter

Eirenis decemlineatus (Dumeril et Bibron, 1854)
Familie Nattern (Colubridae)
Unterfamilie Land- und Baumnattern (Colubrinae)
E Narrow-striped Dwarf Snake F Couleuvre naine à dix lignes

▲ Merkmale: Länge 50–65 cm, große Exemplare bis 75 cm.
Kopf schmal und nur wenig vom Körper abgesetzt. Auge mit runder Pupille.
Körperschuppen glatt. 17 Rückenschuppenreihen um die Körpermitte. 1 Voraugenschild (Praeoculare) und 2 Hinteraugenschilder (Postocularia). Zügelschild (Loreale) vorhanden und deutlich länger als breit. 7 Oberlippenschilder (Supralabialia), das 3.

Die Zehnstreifen-Zwergnatter (*Eirenis decemlineatus*) ist eine tagaktive, jedoch sehr versteckt lebende, kleine Schlange.

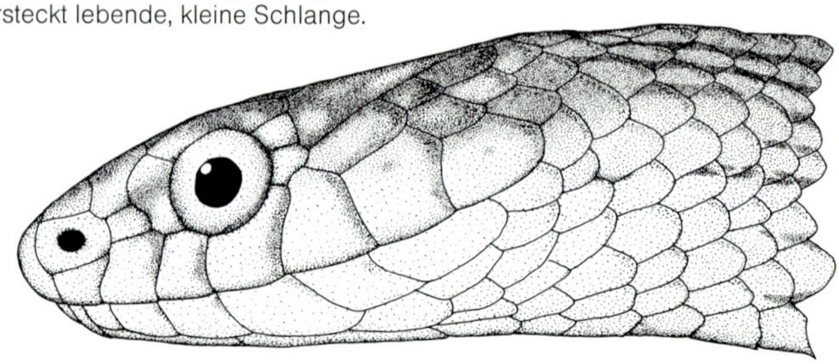

und 4. in Kontakt mit dem Augenunterrand.

Grundfarbe hellbraun. Rücken mit schwach ausgeprägten, dunklen Längslinien, die 4 mittleren können stärker hervortreten. Kopfoberseite undeutlich und unregelmäßig gefleckt. Nackenband fehlt. Bauch weißlich-cremefarben.

Ungiftig, harmlos.

▲ Lebensraum: Trockene, mit Buschwerk und Steinen durchsetzte Hänge, aber auch lichte Waldbestände. Meist unter Steinen oder in Erdlöchern verkrochen.

▲ Lebensweise: Wenig bekannt, wohl sehr ähnlich den anderen Zwergnattern. Tagaktiv. Langsam in den Bewegungen und sehr versteckt lebend. Hält keine Winterruhe.

▲ Nahrung: Wie bei anderen Zwergnattern große Insekten (Heuschrekken, Grillen), Skolopender, kleine Echsen.

▲ Fortpflanzung: Eierlegend.

▲ Besonderheiten: Dünne und relativ kleine Schlange. Auf dem Rücken mehrere dunkle, manchmal schwach ausgeprägte Längslinien; kein dunkles Nackenband. Langsam und versteckt lebend.

Verbreitung

Südtürkei, Syrien, Israel.

Eiselts Zwergnatter

Eirenis eiselti SCHMIDTLER & SCHMIDTLER, 1978
Familie Nattern (Colubridae)
Unterfamilie Land- und Baumnattern (Colubrinae)
E Eiselt's Dwarf Snake F Couleuvre naine d'Eiselt

▲ Merkmale: Länge 23–36 cm. Mittelgroße Zwergnatter. Kopf kaum vom Körper abgesetzt. Körperschuppen glatt. 15 Rückenschuppenreihen um die Körpermitte. 1 Zügelschild (Loreale), 1 Voraugenschild (Praeoculare) und 2 Hinteraugenschilder (Postocularia). 7 Oberlippenschilder (Supralabialia).
Grundfarbe gelblich- bis dunkelbraun. Rücken meist ungefleckt, gelegentlich mit unregelmäßigen, kleinen und dunklen Flecken. Manchmal die Mitte der Rückenschuppen etwas heller als der Rand. Kopf mit 3 dunklen Querbändern: eines über das Schnauzenschild, eines zwischen den Augen und eines über die Scheitelschilder (Parietalia).
Hinter dem Kopf ein dunkles, nur 4–6 Rückenschuppen breites Nakkenband, das zur Seite hin auffällig kurz ist (das kürzeste der gesamten Gattung) und die Höhe der Mundspalte nicht überragt, deshalb von unten nicht sichtbar. Bauch hell gelblich- bis bräunlichweiß.
Ungiftig, harmlos.
▲ Lebensraum: Vom Flachland bis ins Hügelland. Offene, trockene

Über die Lebensweise der erst vor wenigen Jahren entdeckten Eiselts Zwergnatter (*Eirenis eiselti*) ist nicht viel bekannt. Ihre Heimat liegt in der östlichen Südtürkei.

Landschaften mit Buschwerk, vereinzelten Bäumen und vielen Steinen; gelegentlich in lichtem Eichenwald. Wird meist unter Steinen gefunden. Steigt im Gebirge bis etwa 1300 m hinauf.

▲ Lebensweise: Wenig bekannt, sehr ähnlich den übrigen Zwergnattern. Vorwiegend morgens und abends aktiv. Langsam und sehr versteckt lebend.
Hält eine mehrmonatige Winterruhe.

▲ Nahrung: Vorwiegend Insekten, aber auch kleine Eidechsen.

▲ Fortpflanzung: Eizahlen nicht bekannt, aber wahrscheinlich wie bei den anderen Zwergnattern (3–8).

▲ Besonderheiten: Dreiteiliges, dunkles Querbandmuster auf dem Kopf, sehr kurzes Nackenband, das nicht über die Mundspalte hinausreicht. Scheue und versteckte Lebensweise.

Das breite Nackenband der Eiselts Zwergnatter (*Eirenis eiselti*) ist zur Seite hin auffallend kurz.

Verbreitung

Östliche Südtürkei.

Längsgepunktete Zwergnatter
Eirenis lineomaculatus SCHMIDT, 1939
Familie Nattern (Colubridae)
Unterfamilie Land- und Baumnattern (Colubrinae)
E Striped Dwarf Snake F Couleuvre naine rayée

▲ Merkmale: Länge 20–30 cm. Nahe verwandt mit der Krönchen-Zwergnatter (*Eirenis coronella*). Kopf schmal und kaum vom Körper abgesetzt. Auge mit runder Pupille. Körperschuppen glatt. 17 Rückenschuppenreihen um die Körpermitte. 1 Hinteraugenschild (Postoculare). Zügelschild (Loreale) fehlt.
Grundfarbe braun, olivbraun, gelblichbraun. Rücken mit 4 dunklen, längsgerichteten Fleckenreihen, die einer Längsstreifung ähnlich sehen und deren mittlere Streifen vorne

Ihren Namen bekam die Längsgepunktete Zwergnatter (*Eirenis lineomaculatus*) auf Grund der 4 Flecken-Längsreihen auf dem Rücken.

verschmolzen sind. Charakteristische Kopfzeichnung: Je ein dunkler Längsstrich an den Seiten des Stirnschildes (Frontale) und ein weiterer dunkler Längsstrich hinter den Scheitelschildern (Parietalia). Dunkles Nackenband sehr lang. Bauch gelblich- bis bräunlichweiß, oft mit unregelmäßiger Fleckenzeichnung.

Ungiftig, harmlos.

▲ Lebensraum: Trockene, steinige und mit lockerer Vegetation bestandene Hänge von der Ebene bis ins Hügelland. Wird oft unter Steinen angetroffen.

▲ Lebensweise: Wenig bekannt, dürfte aber derjenigen der anderen Zwergnattern entsprechen. Wohl tagaktiv mit Aktivitätsschwerpunkten am Morgen und am Abend bis zur Dämmerung. Sehr versteckt lebend und langsam in den Bewegungen.

▲ Nahrung: Wie die anderen Zwergnattern Gliederfüßer (große Insekten wie Heuschrecken und Grillen) und kleine Echsen.

▲ Fortpflanzung: Eierlegend. Eizahlen ähnlich wie bei anderen Zwergnattern (3–8).

▲ Besonderheiten: Kleine, sehr versteckt lebende Schlange. Auf dem Rücken 4 Flecken-Längsreihen.

Verbreitung

Israel, Libanon, Syrien, Südosttürkei, Irak.

Kopfbinden-Zwergnatter *Eirenis modestus* (MARTIN, 1838)

Familie Nattern (Colubridae)
Unterfamilie Land- und Baumnattern (Colubrinae)
E Ringheaded Dwarf Snake F Couleuvre naine

▲ Merkmale: Nur bis 50 cm lang. Zierliche, bleistiftdünne Schlange. Kopf wenig vom Körper abgesetzt. Auge mit runder Pupille.
Körperschuppen glatt. 17 Rückenschuppenreihen um die Körpermitte. 1 Zügelschild (Loreale), 2 Hinteraugenschilder (Postocularia). Bauchschilder (Ventralia) 146–176 bei Männchen und 154–177 bei Weibchen. Unterschwanzschilder (Subcaudalia) 61–81 bei Männchen und 63–72 bei Weibchen.
Grundfarbe grau, graugelb bis sandbraun. Körperschuppen in der Mitte heller als am Rand, glänzend. Rücken ungezeichnet. Kopf mit dunkler, dreiteiliger Zeichnung; zwischen den Augen und vor dem dunklen Nackenband ein breiter, heller Querstreifen über die Kopfoberseite. Das halbmondförmig gebogene Nackenband wird von einem hellen Rand begrenzt. Das dunkle Band über den Scheitelschildern (Parietalia) ebenfalls halbmondförmig gebogen. Bauchschilder weißlich bis hellgrau, mit kräftigem Glanz.
Ungiftig, harmlos.
▲ Lebensraum: Trockenhänge mit geringer Vegetation. Im Gebirge bis 1800 m. Zuflucht unter Steinen und in Felsspalten.
▲ Lebensweise: Tagaktiv. Sucht immer schattige Plätze auf. Recht langsam und wenig scheu, wenn sie entdeckt wird.
Hält eine mehrmonatige Winterruhe,

Die Kopfbinden-Zwergnatter (*Eirenis modestus*) ist tagaktiv und relativ langsam. Ihre Nahrung bilden Insekten, Skorpione, Skolopender und kleine Eidechsen.

Auffälligstes Erkennungsmerkmal der Kopfbinden-Zwergnatter (*Eirenis modestus*) ist der helle Streifen, der das dunkle Nackenband begrenzt.

die sie an sonnigen Tagen bereits im Februar vorübergehend unterbrechen kann.

▲ Nahrung: Skolopender, Skorpione, Insekten und kleine Echsen.
▲ Fortpflanzung: Legt 3–5 langgestreckte, relativ große Eier. Frischgeschlüpfte Jungschlangen nur 8–10 cm lang.
▲ Besonderheiten: Ähnlich wie bei der Halsband-Zwergnatter (*Eirenis collaris*). Dunkles Nackenband hell begrenzt.

Verbreitung

Türkei, südliche UdSSR bis Nordiran.

Persische Zwergnatter *Eirenis persicus* (ANDERSON, 1872)
Familie Nattern (Colubridae)
Unterfamilie Land- und Baumnattern (Colubrinae)
E Persian Dwarf Snake F Couleuvre naine de la Perse

▲ Merkmale: Länge 30–40 cm, Weibchen gelegentlich bis 50 cm.
Eine im großen Verbreitungsgebiet sehr variable, kleine Schlange. Kopf lang und schmal, nur wenig vom Körper abgesetzt. Auge klein, mit runder Pupille.
Körperschuppen glatt. 15 (selten 16)

Die Persische Zwergnatter (*Eirenis persicus*) ist eine mittelgroße Zwergnatter mit dunkler Kopfoberseite und kräftigem Nackenband.

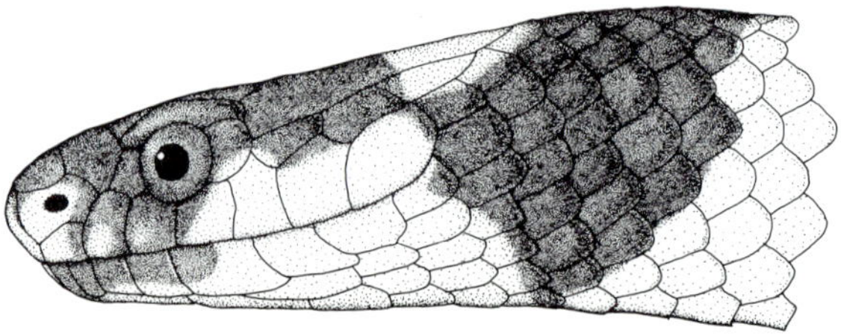

Rückenschuppenreihen um die Körpermitte. Schnauzenschild (Rostrale) erheblich breiter als hoch. Kein Zügelschild (Loreale). 1 Voraugenschild (Praeoculare), 1 Hinteraugenschild (Postoculare), je ein Schläfenschild (Temporale) in der 1. und 2. Reihe hinter dem Hinteraugenschild. 7 (selten 8) Oberlippenschilder (Supralabialia), das 3. und 4. an den Augenunterrand stoßend.

Grundfarbe gelblich, helloliv oder gelblichgrau. Rücken ungefleckt oder mit dunklen, engstehenden Querbändern in der vorderen Körperhälfte, nach hinten undeutlicher und weniger werdend. Kopfoberseite schwarz, manchmal mit schwach ausgebildetem, hellerem Querband direkt hinter den Augen. Nackenband sehr lang, fehlt allerdings manchmal. Bauch einfarbig gelblich-weiß.

Ungiftig, harmlos.

▲ Lebensraum: Trockenes, felsiges Hügelland mit spärlicher Buschvegetation, manchmal auch in lichten, halbtrockenen Waldbeständen.

▲ Lebensweise: Kaum bekannt. Überwiegend dämmerungsaktiv, gelegentlich nachts rege. Lebt sehr versteckt und verbirgt sich gerne unter Steinen oder in Felsspalten. Hält eine Winterruhe.

▲ Nahrung: Große Insekten (Heuschrecken, Grillen), andere Gliederfüßer, wohl auch kleine Eidechsen.

▲ Fortpflanzung: Eierlegend.

▲ Besonderheiten: Schlanke, mittelgroße Zwergnatter. Dunkle, engstehende Querbänder über dem Rücken der vorderen Körperhälfte (manchmal ungezeichnet); schwarze Kopfoberseite. Versteckte Lebensweise, dämmerungsaktiv.

Verbreitung

Im hier besprochenen Gebiet südöstliche Türkei, außerdem Iran, Russisch-Turkmenistan, Afghanistan bis West-Pakistan.

Armenische Zwergnatter

Eirenis punctatolineatus (BOETTGER, 1892)
Familie Nattern (Colubridae)
Unterfamilie Land- und Baumnattern (Colubrinae)
E Armenian Dwarf Snake F Couleuvre naine d'Arménie

▲ Merkmale: Länge 30–50 cm. Mittelgroße, dünne Zwergnatter. Kopf schmal und kaum vom Körper abgesetzt. Auge mit runder Pupille. Körperschuppen glatt. 17 Rückenschuppenreihen um die Körpermitte. 1 Zügelschild (Loreale), 1 Voraugenschild (Praeoculare), 2 Hinteraugenschilder (Postocularia). 7 Oberlippenschilder (Supralabialia).
Grundfarbe grau bis rötlich-graubraun. Auf dem Rücken 7–8 dunkle Fleckenreihen, vorne oft als Doppelfleckenreihen ausgebildet, im hinteren Körperdrittel und auf dem Schwanz als Längsstreifen fortgesetzt. Kopfoberseite ungefleckt oder mit feinen schwachen Punkten. Halsband fehlt.
Hinterseite der Oberlippenschilder mit dunklem Rand. Bauch etwas heller grauweiß, ungefleckt.
Ungiftig, harmlos.
▲ Lebensraum: Trockenhänge mit geringer Vegetation. Im Gebirge meist in tieferen Lagen, aber manchmal bis 1800 m aufsteigend.
▲ Lebensweise: Wenig bekannt, aber den anderen Zwergnattern ähnlich. Schnell und scheu. Findet Zuflucht unter Steinen, in Felsspalten und im Wurzelwerk von Büschen.
Hält eine Winterruhe.

Die mittelgroße, grau gefärbte Armenische Zwergnatter (*Eirenis punctatolineatus*) lebt auf vegetationskargen Trockenhängen im Gebiet zwischen der östlichen Türkei, der südlichsten UdSSR und Nordiran. Sie ist scheu und schnell und führt eine verborgene Lebensweise.

▲ Nahrung: Vorwiegend Insekten (Heuschrecken, Grillen, Käfer), Skolopender, kleine Skorpione, gelegentlich auch junge Echsen.

▲ Fortpflanzung: Eierlegend mit 3–8 Eiern im Gelege. Im Spätsommer bis Frühherbst schlüpfen die Jungschlangen.

▲ Besonderheiten: Mittelgroße, graue Zwergnatter, mit mehreren längsgerichteten Fleckenreihen auf dem vorderen Körper, die am Hinterkörper und Schwanz zu Längsstreifen verfließen. Scheu und schnell. Verborgene Lebensweise.

Verbreitung

Östliche Türkei, nördlicher Irak, Nordiran, nördliches Syrien.
Unterarten:
E. p. kumerloevei (Insel Akdamar im Vansee, Osttürkei),
E. p. punctatolineatus (übriges Verbreitungsgebiet).

Roths Zwergnatter *Eirenis rothi* JAN, 1863

Familie Nattern (Colubridae)
Unterfamilie Land- und Baumnattern (Colubrinae)
E Roth's Dwarf Snake F Couleuvre du Roth

▲ Merkmale: Länge 25–35 cm. Kopf klein und schmal, nur wenig vom Körper abgesetzt. Auge mit runder Pupille.
Körperschuppen glatt. 15 Rückenschuppenreihen um die Körpermitte. 2 Hinteraugenschilder (Postocularia). Zügelschild (Loreale) vorhanden.
Grundfarbe braungrau, braun bis gelblichbraun. Rücken einfarbig; die Spitzen der Rückenschuppen oft mit einem Pünktchen versehen. Kopfzeichnung aus einem dunklen Fleck auf der Schnauze, einem dunklen Querband zwischen den Augen und einem weiteren, bis zu den Oberlippenschildern reichenden Querband über die Scheitelschilder (Parietalia). Das dunkle Nackenband ist sehr lang. Bauch weißlichgrau bis gelblichweiß.

Ungiftig, harmlos.

▲ Lebensraum: Trockene, mit Buschwerk und Steinen versehene Hänge vom Flachland bis in die Hügelregionen. Verkriecht sich gerne unter Steinen oder in den Bauen von Kleinsäugetieren.

▲ Lebensweise: Wenig bekannt, wahrscheinlich sehr ähnlich den anderen Zwergnattern. Vermutlich vorwiegend tagaktiv mit Hauptaktivitätszeiten am Morgen und am Abend. Bewegt sich relativ langsam und lebt sehr versteckt.

▲ Nahrung: Wohl überwiegend größere Insekten wie Heuschrecken, Grillen und Käfer, Hundertfüßer und außerdem kleinere Echsen.

▲ Fortpflanzung: Eierlegend. Eizahlen unbekannt, aber wohl ähnlich wie bei den anderen Zwergnattern.

Roths Zwergnatter (*Eirenis rothi*) ist eine unauffällige, kleine Schlange mit einem sehr langen Halsband. Ihre Nahrung besteht aus größeren Insekten wie Heuschrecken, Grillen und Käfern.

▲ Besonderheiten: Unauffällige, kleine Schlange mit einem sehr langen Halsband und oft dunklen Pünktchen auf den Spitzen der Rückenschuppen.

Verbreitung

In der Küstenregion des östlichen Mittelmeerrandes von Israel bis zur südlichen Türkei.

Steppennatter, Dione-Natter *Elaphe dione* (PALLAS, 1773)
Familie Nattern (Colubridae)
Unterfamilie Land- und Baumnattern (Colubrinae)
E Dione Snake F Couleuvre de Dioné

▲ Merkmale: Länge bis 100 cm (in Mittelasien bis 150 cm).
Schlanke Schlange. Kopf wenig vom Körper abgesetzt. Augen mit runder Pupille.
Körperschuppen glatt. 23 (manchmal 25) Rückenschuppenreihen um die Körpermitte. 8 Oberlippenschilder (manchmal auch 7 oder 9). 1 Voraugenschild (Praeoculare). 1 Unteraugenschildchen (Suboculare) am Vorderrand des Auges.
Grundfarbe hellgrau bis rötlichbraun. Eine leicht angedeutete Längsstreifung mit 3 hellen und 4 dunklen Bändern auf dem Rücken, dazu schwach ausgeprägte, dunkle Rückenflecken, die zu Querbändern

Die Steppennatter (*Elaphe dione*) ist eine schlanke, ruhige und versteckt lebende Schlange.

angeordnet sein können. Flanken mit dunklen Flecken. Kopf mit V- oder X-förmiger Zeichnung, die in der Mitte aufgehellt ist. An den Kopfseiten dunkles Schläfenband durch das Auge. Bauch etwas heller als der Rücken, meist gepunktet.

Ungiftig, harmlos.

▲ Lebensraum: Sowohl Steppenland als auch lichte Waldgebiete. Im Hügelland Geröllhalden mit Busch- und Bodenvegetation, auch verwilderte Umgebung von Kulturland. Steigt im Gebirge bis über 2000 m hinauf.

▲ Lebensweise: Sehr ähnlich der Leopardnatter (*Elaphe situla*). Tagaktive, aber immer sehr versteckt lebende Schlange. Sucht ihre Zuflucht gerne unter Steinen. Bodenbewohner, auch in hohlen Bäumen oder in Erdgängen von unterirdischen Nagetierbauen. Wenn sie sich bedroht fühlt, führt sie seitlich peitschende, zitternde Bewegungen mit dem Schwanz aus.

Hält eine mehrmonatige Winterruhe.

▲ Nahrung: Kleinsäugetiere, Echsen, Schlangen, Frösche, Fische, Vögel und ihre Eier. Tötet ihre Beute durch Umschlingen und Erdrosseln.

▲ Fortpflanzung: Bei der Steppen-

Verbreitung

Türkei, südliche UdSSR über Mittelasien und China bis Korea.
Von den 2 Unterarten kommt im hier besprochenen Gebiet nur die Nominatform *E. d. dione* vor.

natter findet sich eine Vorstufe des Lebendgebärens, denn in den pergamentschaligen Eiern liegen bei der Eiablage bereits voll entwickelte Jungschlangen, die wenige Tage nachher schlüpfen.

▲ Besonderheiten: Schlanke, ruhige, versteckt lebende Bodenschlange. Vielseitige Lebensräume.

Transkaukasische Kletternatter
Elaphe hohenackeri (STRAUCH, 1873)
Familie Nattern (Colubridae)
Unterfamilie Land- und Baumnattern (Colubrinae)
E Caucasian Snake F Couleuvre de Hohenacker

▲ Merkmale: Länge höchstens bis 70 cm.
Schlanke und relativ kleine Schlange, gehört zu den kleinsten Vertretern der Gattung *Elaphe*. Kopf nur wenig vom Körper abgesetzt. Augen mittelgroß, mit runder Pupille.
Körperschuppen auf dem vorderen Teil glatt, im hinteren Körperbereich andeutungsweise gekielt. 23 (selten 25) Rückenschuppenreihen um die Körpermitte. 8 Oberlippenschilder

Die relativ kleine Transkaukasische Kletternatter (*Elaphe hohenackeri*) ist scheu und friedlich. Ihr Bestand scheint in der Türkei, in Südrußland und Nordiran inzwischen stark bedroht zu sein.

(Supralabialia), seltener auch 7 oder 9. Nur 1 großes Voraugenschild (Praeoculare).
Grundfarbe hell-graubraun bis dunkelbraun. Rückenzeichnung aus dunklen, abwechselnd stehenden Flecken, die ein Wellenband vortäuschen können und zwischen denen eine helle Längslinie vom Kopf bis zum Schwanzende verläuft. Flanken mit dunklen Barren und Punkten. Dunkle Schläfenbinde vom Auge zum Mundwinkel, unter dem Auge ein schwarzer Fleck. Im Nacken oft ein gabelförmiger, nach hinten weisender Fleck. Bauch graubraun bis gelbgrau, mit dunkelroten oder dunkelorangefarbenen Tupfen.
Ungiftig, harmlos.
▲ Lebensraum: Trockene Berghänge, die locker mit Buschwerk und Bäumen bestanden sind. Lichte Wälder, enge Flußtäler, Schluchten. Steigt im Gebirge bis nahe an 3000 m.
▲ Lebensweise: Im Verhalten der Leopardnatter (*Elaphe situla*) ähnlich. Führt ein tagaktives, jedoch verborgenes Leben. Hält sich gern in dichtem Gestrüpp oder unter Steinen auf. Sehr scheu, nicht angriffslustig.
Hält eine Winterruhe, die je nach Höhenlage 4–7 Monate dauern kann.
▲ Nahrung: Kleinsäugetiere, vor allem Mäuse. Jungschlangen verschlingen auch kleine Eidechsen.
▲ Fortpflanzung: Eierlegend. Das Gelege enthält lediglich 3–8 Eier. Die Jungen schlüpfen meist im August.
▲ Besonderheiten: Recht kleine und friedliche Kletternatter. Führt ein scheues und verborgenes Leben. Ist im Bestand stark bedroht.

Verbreitung

Türkei, Transkaukasien in der UdSSR, Nordiran.
2 Unterarten:
E. h. hohenackeri (West-, Zentral- und Osttürkei, Transkaukasien in der UdSSR, Nordiran),
E. h. taurica (Südtürkei im Bereich des Taurusgebirges).

Äskulapnatter *Elaphe longissima* (LAURENTI, 1768)

Familie Nattern (Colubridae)
Unterfamilie Land- und Baumnattern (Colubrinae)
E Aesculapian Snake F Couleuvre d'Esculape

▲ Merkmale: Länge durchschnittlich 140–160 cm, kann sogar 200 cm erreichen.
Große, kräftige Natter, die aber trotzdem schlank wirkt. Gehört zu den größten Schlangen Europas. Der schmale Kopf ist etwas vom Körper abgesetzt. Auge mittelgroß, mit runder Pupille.
Körperschuppen glatt, glänzend. 23 Rückenschuppenreihen um die Körpermitte (selten 21). 8 (manchmal 9) Oberlippenschilder (Supralabialia). 1 Voraugenschild (Praeoculare).

Die Äskulapnatter (*Elaphe longissima*) ist die bekannteste Kletternatter in Europa. Man trifft sie oft im Geäst von Büschen an. Mit ihren gekielten Bauchschildern kann sie sogar Bäume mit rauher Rinde erklettern.

Bauchschilder an jeder Seite mit einem schwach ausgeprägten Kiel (Kletterhilfe).
Grundfarbe gelbbraun, olivfarben, graubraun oder grauschwarz. Viele Rücken- und Flankenschuppen mit weißen Rändern, wodurch eine längsgerichtete, lockere Strichelzeichnung entsteht. Manchmal ein undeutlicher, dunkler Flankenlängsstreifen. Kopfoberseite zeichnungslos, oft ein dunkles Schläfenband vom Auge nach hinten zum Hals. Bauch weißlich bis gelb oder grünlichgelb. Jungtiere auffälliger gezeichnet: mit dunklen Rückenflecken auf hellem Grund; Kopf mit dunkler Querbinde über der Schnauze, dunkler und nach hinten gerichteter U- oder V-Zeichnung auf dem Nacken, einem deutlichen, dunklen Schläfenband und je einem hellgelben Fleck hinter diesem Band an den hinteren Kopfseiten (Verwechslungsmöglichkeit mit der Ringelnatter *Natrix natrix*).
Ungiftig, harmlos.
▲ Lebensraum: Besonnte Biotope im Flachland und südexponierte Hänge im Bergland. Gern an Flußufern und in lichten Auwäldern, auf Waldlichtungen, an baumbestandenen Hängen mit Geröll und dichtem Buschwerk, in Legesteinmauern, Ruinengelände, alten Steinbrüchen, am Rande landwirtschaftlicher Nutzflächen und in der Nähe von sumpfigem Gelände. Braucht eine gewisse Feuchtigkeit im Lebensraum und liebt ausgeglichenes Klima ohne allzugroße Temperaturschwankungen. Im Gebirge steigt sie bis etwa 1500 m oder etwas darüber.
▲ Lebensweise: Eine Schlange, die vorwiegend am Boden und in nied-

rigem Gestrüpp lebt, jedoch ausgezeichnet klettern kann und mit Hilfe ihrer gekielten Bauchschilder sogar rauhberindete Bäume erklettert. Ist am Tage und in der Dämmerung aktiv. Sie nimmt zwar ausgiebige Sonnenbäder, zieht sich jedoch vor großer Hitze in schattige Deckung zurück. Bewegt sich elegant, schnell und leise. Wenig angriffslustig, auch wenn sie ergriffen wird.
Hält eine mehrmonatige Winterruhe, die je nach Klimaregion 5–6 Monate beträgt.
▲ Nahrung: Kleine Säugetiere, vor allem Mäuse, Echsen, Vögel, sowie deren Eier und Junge. Junge Äskulapnattern fressen kleine Eidechsen

Die Äskulapnatter (*Elaphe longissima*) gehört zu denjenigen Schlangenarten, die von alters her in Symbolik und Mythologie eine Rolle gespielt haben.
So gilt sie seit der Antike als Symbol der Heilkunst, und im mittelitalienischen Cucullo wird sie alljährlich bei einer kirchlichen Schlangenprozession mitgetragen.

und nestjunge Mäuse. Die Beute wird blitzschnell umschlungen und erdrosselt.
▲ Fortpflanzung: Eierlegend. Die Paarung erfolgt im Mai mit ausgiebigem Paarungsspiel und Nackenbiß des Männchens. Oft messen die Männchen in der Paarungszeit ihre

Kräfte in einem „Kommentkampf“, bei dem eines versucht, das andere niederzudrücken. Solche Kommentkämpfe verlaufen immer ohne Verletzungen.
Im Juli legt das Weibchen 5–10 längliche, weichschalige Eier in feuchtem Erdreich oder zerfallendem Pflanzenmaterial, unter Steinen, in alten Baumstümpfen oder in Mauerspalten ab. Im September schlüpfen die Jungen.
▲ Besonderheiten: Sehr große, schlank wirkende und sich elegant bewegende Schlange. Viele weiß gerandete Körperschuppen erzeugen eine charakteristische Strichelzeichnung. Kommentkämpfe der Männchen in der Paarungszeit.
Wie die Vierstreifennatter (*Elaphe quatuorlineata*) werden lebende Äskulapnattern bei der Schlangenprozession von Cucullo in Mittelitalien mitgeführt.
In den Randverbreitungsgebieten, z. B. in der Bundesrepublik Deutschland, stark bedroht und streng geschützt!

Verbreitung

Von Nordostspanien über Mittelfrankreich, Schweiz, Österreich, Italien, Bundesrepublik Deutschland (Restvorkommen), CSSR, Südpolen, Balkanländer bis Griechenland, südwestliche UdSSR bis in die Türkei, nach Transkaukasien und Nordiran.
Die nördlichen Restpopulationen in der BRD leben bei Schlangenbad im Taunus, im Odenwald, im Wiesental des südlichen Schwarzwaldes, an den Donauhängen bei Passau, am unteren Inn und an der unteren Salzach.
Im hier besprochenen Gebiet kommen 3 Unterarten vor:
E l. romana (Mittel- und Süditalien mit Sizilien),
E. l. rechingeri (Insel Amorgos in der Ägäis) und die Nominatform
E. l. longissima (im übrigen Verbreitungsgebiet der Art).

Vierstreifennatter *Elaphe quatuorlineata* (LACÉPÈDE, 1789)
Familie Nattern (Colubridae)
Unterfamilie Land- und Baumnattern (Colubrinae)
E Fourlined Snake F Couleuvre à quatre lignes

▲ Merkmale: Länge im Durchschnitt 130–160 cm, kann gelegentlich 200 cm überschreiten.
Große, robuste Natter. Großer, recht deutlich vom Rumpf abgesetzter Kopf. Augen mittelgroß, mit runder Pupille.
Körperschuppen leicht gekielt. Meist 25 Rückenschuppenreihen um die Körpermitte (selten 23 oder 27). Große Schilder auf der Kopfoberseite. Jederseits 1 Voraugenschild (Praeoculare). 1 Unteraugenschildchen (Suboculare) am Vorderrand des Auges. 8 Oberlippenschilder (gelegentlich 9).
Grundfarbe gelbbraun, strohgelb bis orangegelb. Die Rückenzeichnung

bei den beiden Unterarten deutlich unterschieden:
Die westliche Form (*quatuorlineata*) mit 4 kräftigen, dunkelbraunen Längsstreifen auf dem Rücken, die sich zum Schwanz hin auflösen.
Bei der östlichen Form (*sauromates*) anstelle der Längsstreifen ovale, dunkle Querflecken, die an die Jugendzeichnung erinnern. Dunkler Streifen vom Auge zum Mundwinkel.
Jugendzeichnung sehr auffällig: auf hellem Grund scharf umrissene, dunkle und ovale Querflecken, dunkle Flankenflecken und dunkle Kopf- und Schläfenbinden. Erst nach 2–3 Jahren wird das Zeichnungsmuster der Erwachsenen erreicht.
Bauch gelblich, oft dunkel gesprenkelt oder mit dunklen Fleckenreihen.
Ungiftig, harmlos.
▲ Lebensraum: Mit Geröll durchsetztes, buschreiches Hügelland,

Die Vierstreifennatter (*Elaphe quatuorlineata*) ist eine große und sehr ruhige Schlange. Sie kann ausgezeichnet klettern und gut schwimmen.

Die Jungtiere der Vierstreifennatter (*Elaphe quatuorlineata*) tragen ein auffälliges Fleckenmuster, das sich im Laufe der Entwicklung langsam verliert. Erst nach 2–3 Jahren wird das Zeichnungsmuster des erwachsenen Tieres erreicht.

Vier dunkelbraune Längsstreifen auf hellem Grund kennzeichnen die Nominatform der Vierstreifennatter (*Elaphe quatuorlineata quatuorlineata*, oben).

Die östliche Unterart der Vierstreifennatter (*Elaphe quatuorlineata sauromates*), die von Südbulgarien bis Turkmenien beheimatet ist, behält zeitlebens eine Fleckung aus runden Querflecken, die dem Zeichnungsmuster der Jungtiere ähnelt (unten).

Waldlichtungen und Waldränder, Legesteinmauern, am Rande von Wasserläufen oder Tümpeln in sumpfigem Gelände, oft in der Nähe alter Bauwerke. Gerne im Schatten, liebt warme und feuchte Umgebung.

▲ Lebensweise: Ruhige und träge Schlange, die bei Bedrohung zwar zischt, aber nicht beißt. Überwiegend tagsüber und in der Dämmerung aktiv. Klettert und schwimmt gut. Flüchtet relativ langsam und vertraut gern auf ihre Schutzfärbung.

Hält je nach Klimaregion eine Winterruhe von 3–6 Monaten.

▲ Nahrung: Kleine Säugetiere (Mäuse), Vögel und ihre Jungen, Echsen, Frösche, manchmal auch Küken auf Hühnerhöfen. Tötet ihre Beute durch Umschlingen und Erdrosseln.

▲ Fortpflanzung: Eierlegend. Paarung von März bis Mai. Legt 6–16 Eier in das Erdreich unter Steinen oder in Erdlöchern ab. Die Zeitigungsdauer der Eier beträgt 50–60 Tage. Im September schlüpfen die Jungen und ernähren sich zunächst von kleineren Echsen und nestjungen Mäusen.

▲ Besonderheiten: Sehr große, etwas träge Schlange. Die westliche Form zeigt 4 dunkle Längsstreifen auf dem Rücken, die östliche anstelle der Streifen ovale, dunkle Querflecken. Bei der Schlangenprozession in Cucullo in Mittelitalien werden hauptsächlich lebende Vierstreifennattern zu Ehren des heiligen Dominikus mitgetragen.

Verbreitung

Von Mittel- und Süditalien sowie Sizilien über das westliche Jugoslawien, Griechenland, Südbulgarien, viele ägäische Inseln, die westliche Türkei bis Südrußland und ins russische Turkmenien.

2 Unterarten:
E. qu. quatuorlineata (westliches Verbreitungsgebiet bis Griechenland und Türkei),
E. qu. sauromates (östliches Verbreitungsgebiet von Südbulgarien bis Turkmenien).

Treppennatter *Elaphe scalaris* (SCHINZ, 1822)
Familie Nattern (Colubridae)
Unterfamilie Land- und Baumnattern (Colubrinae)
E Ladder Snake F Couleuvre à échelons

▲ Merkmale: Länge im Durchschnitt um 100 cm, gelegentlich 150 cm oder etwas darüber.

Kräftige, große Schlange mit ein wenig zugespitzter Schnauze. Kopf geringfügig vom Körper abgesetzt und dreieckig wirkend. Auge mit runder Pupille.

Körperschuppen glatt. Meist 27 (manchmal 25 oder 29) Rückenschuppenreihen um die Körpermitte. 7–9 Oberlippenschilder (Supra-la-

Die Treppennatter (*Elaphe scalaris*) wird gekennzeichnet durch zwei auffallende, dunkle Längsstreifen auf hellem Grund. Die kräftige Schlange zischt laut als Warn- und Drohreaktion (oben).

Die Jungtiere der Treppennatter (*Elaphe scalaris*) tragen ein charakteristisches „Strickleiter"-Zeichnungsmuster, das auch bei den halberwachsenen Tieren noch zu erkennen ist – bei erwachsenen Tieren jedoch durch die beiden Längslinien abgelöst wird (unten).

bialia), das 4. und 5. stößt an den Unterrand des Auges. 1 großes Voraugenschild (Praeoculare).
Grundfarbe gelb, gelbbraun oder rotbraun. Rückenzeichnung aus 2 markanten, dunklen Längsstreifen bestehend.
Jungtiere mit einem auffallenden „Strickleitermuster“ aus H-förmigen Querflecken gezeichnet, das sich beim Heranwachsen verliert. An den Flanken lockere, undeutliche Fleckenreihe. Am Kopf eine schwach ausgebildete Schläfenbinde. Bauch gelblich-weiß, nach hinten dunkler werdend.
Ungiftig, heftige Abwehrbisse.

▲ Lebensraum: Mit Geröll und Gestrüpp durchsetzte Trockenhänge, lichte Wälder, verwilderte Weinberge und Gärten, Feldraine, Legesteinmauern, Ruinengelände, Straßenböschungen, Ödlandstellen zwischen Ackerland. Im Gebirge höchstens bis 1000 m.

▲ Lebensweise: Bodenschlange, die am Tage und in der Dämmerung aktiv ist, bei großer Hitze jedoch ihre Aktivität in die Nacht verlegt. Klettert gut. Sehr schnell und angriffslustig. Beißt heftig, wenn sie ergriffen wird.
Hält eine Winterruhe von 4–6 Monaten.

▲ Nahrung: Kleine Säugetiere, Vögel und ihre Brut. Jungtiere fressen kleine Echsen, Heuschrecken und Grillen. Tötet größere Beutetiere durch Umschlingen und Erdrosseln.

▲ Fortpflanzung: Eierlegend. Paarung im April–Mai. Im Juli–August werden 6–20 Eier abgelegt, aus denen 6–12 Wochen später die Jungschlangen schlüpfen.

▲ Besonderheiten: Kräftige Schlange mit 2 auffallenden, dunklen Längsstreifen auf hellem Grund. Jungtiere mit „Strickleiter“-Zeichnungsmuster. Zischt laut als Warn- und Drohreaktion. Umschlingt und erdrosselt ihre Beute.

Verbreitung

Iberische Halbinsel und Südfrankreich im Bereich der Mittelmeerküste, Menorca

Leopardnatter *Elaphe situla* (Linnaeus, 1758)

Familie Nattern (Colubridae)
Unterfamilie Land- und Baumnattern (Colubrinae)
E Leopard Snake F Couleuvre léopardine

▲ Merkmale: Länge meist 70–90 cm, gelegentlich auch etwas über 100 cm. Mittelgroße, schlanke, bunt gezeichnete Schlange. Kopf schmal und deutlich vom Körper abgesetzt. Augen mittelgroß, mit runder Pupille. Körperschuppen glatt. Meist 27 (manchmal 25 oder 29) Rückenschuppenreihen um die Körpermitte. 8, seltener 7 oder 9, Oberlippenschil-

Die Leopardnatter (*Elaphe situla*) kann man mit ihrer lebhaft bunten Färbung und Zeichnung als schönste Schlange Europas bezeichnen.

der (Supralabialia). 1 großes Voraugenschild (Praeoculare), das doppelt so hoch wie breit ist.
Grundfarbe hellgrau, gelblichgrau oder graublau. Sehr auffällige Zeichnung: Über den Rücken zieht sich eine Längsreihe aus ziegel- bis braunroten, ovalen Flecken, die schwarz umrandet sind. An den Flanken dunkle Flecken, die zwischen den großen Rückenflecken stehen. Gelegentlich tritt eine längsgestreifte, aber auch rot gefärbte Zeichnungsvariante auf. Am Kopf ein dunkler Nasenfleck, eine dunkle, nach hinten gebogene Querbinde vor den Augen und eine zweite, zu den Mundwinkeln verlaufende hinter den Augen. Dunkle Flecken auf manchen Ober- und Unterlippenschildern. Dunkler Längsstrich vom Stirnschild (Frontale) über die Naht zwischen den Scheitelschildern (Parietalia) zum Nacken. Bauch im vorderen Bereich gelblichweiß, nach hinten dunkler werdend.
Ungiftig, heftige Abwehrbisse.
▲ Lebensraum: Tiefland und Hügelland. Selten höher als 500–700 m. Bewohnt eine Vielfalt von Lebensräumen, die gut besonnt sind, aber mit Gestrüpp, Kraut- und Staudenvegetation, Steinen und Legestein-

Selbst das Auge der Leopardnatter (*Elaphe situla*) leuchtet rötlich.
Die Leopardnatter ist an eine große Vielfalt von Lebensräumen angepaßt. Wegen ihres starken Artrückganges genießt sie allerdings heute strengen Schutz!

mauern auch reichlich Deckung und Zuflucht bieten. Feldraine, Geröllhänge, Bach- und Flußufer, Umgebung von Zisternen und Brunnen, Straßenböschungen, Ruinengelände und verwilderte Gärten.

▲ Lebensweise: Tagaktive Bodenschlange, die jedoch überdies gut auf Felsen und im Gestrüpp klettern kann. Ausgeprägter Aktivitätsrhythmus mit einem Sonnenbad am Morgen, einer Ruhepause im Schatten über Mittag und einer Hauptaktivitätszeit vom späten Nachmittag bis in die Dämmerung. Nicht sehr schnell, bleibt lange liegen, ehe sie bei Gefahr flieht. Beißt jedoch heftig, wenn man sie ergreift. Vibriert zitternd mit dem Schwanz als Droh- und Warnreaktion.

Hält eine mehrmonatige Winterruhe, zu der sie sich frühzeitig bereits Ende September–Anfang Oktober zurückzieht.

▲ Nahrung: In erster Linie Mäuse, daneben Vögel und Eidechsen.

Verbreitung

Süditalien mit Sizilien, Malta, westliche Balkanländer, Griechenland mit Kreta und Kykladeninseln, Krim, nördliche und westliche Türkei.

▲ Fortpflanzung: Eierlegend. Paarung mit ausdauerndem Paarungsspiel, das sich über mehrere Stunden hinziehen kann. Gelege klein; die 3–5 Eier werden in feuchtem Erdreich unter Steinen oder in Erdgängen abgelegt. Im August–September schlüpfen die Jungen, die sich zunächst von kleinen Echsen ernähren.

▲ Besonderheiten: Schönste europäische Schlange, mit lebhaft bunter Färbung und Zeichnung (rote, dunkel umrandete Rückenflecken). Relativ langsam. Besiedelt viele unterschiedliche Lebensräume. Durch Fang für Terrarienhaltung bedroht und deshalb heute streng geschützt!

Gekrönte Schnauzennatter

Lytorhynchus diadema (DUMERIL et BIBRON, 1854)
Familie Nattern (Colubridae)
Unterfamilie Land- und Baumnattern (Colubrinae)
E Awl-headed Snake F Couleuvre á tête du poinçon

▲ Merkmale: Länge 35–45 cm. Kleine, zierliche Schlange. Kopf länglich und spitz, etwas vom Körper abgesetzt. Auge groß, mit runder Pupille. Schnauze wulstartig gewölbt, dadurch das Maul unterständig. Schnauzenschild stark vergrößert, vorne wie ein Grabspatel mit scharfer, gerader Kante.

Körperschuppen glatt. 19 Rückenschuppenreihen um die Körpermitte. Stirnschild (Frontale) kurz und breit. 1 großes Zügelschild (Loreale). 2 Voraugenschilder (Praeocularia), darunter ein kleines Unteraugenschildchen (Suboculare), 2 Hinteraugenschilder (Postocularia). 7 (selten 8) Oberlippenschilder (Supralabialia), das 4. und 5. an den Augenunterrand stoßend.

Grundfarbe hellbraun bis gelblichbraun. Rückenzeichnung aus einer Reihe rechteckiger oder rhombenförmiger, dunkler Flecken bestehend. Flanken mit kleineren, versetzt stehenden Flecken. Kopfoberseite in der Regel mit einem dunklen Querband in Augenhöhe, das mit einer diademförmigen Nackenzeichnung in Verbindung steht. Dunkles Schläfenband vom Auge zum Mundwinkel. Bauch hell cremefarben.

Ungiftig, harmlos.

▲ Lebensraum: Steppe bis zum Wüstenrand. Steinige, mit spärlichem Buschwerk bestandene Trockengebiete. Im Gebirge bis über 2000 m hinaufsteigend.

▲ Lebensweise: Dämmerungs- und nachtaktiv. Scheu und versteckt lebend. Kann in den frühen Morgenstunden beim Sonnenbaden angetroffen werden. Benutzt die stark verdickte Schnauze, um sich im Boden einzuwühlen. Wenn sie sich bedroht fühlt, ringelt sie sich ein und verbirgt den Kopf unter den Körperschlingen.

▲ Nahrung: Vorwiegend Echsen, auch große Gliederfüßer (z. B. Heuschrecken, Grillen oder Skolopender).

▲ Fortpflanzung: Eierlegend. Geringe Fortpflanzungsrate, Gelege aus 3–5 großen, länglichen Eiern bestehend.

▲ Besonderheiten: Scheue, zierliche

Schlange mit stark vergrößerter, spatelförmiger Schnauze und diademförmiger Zeichnung auf Kopf und Nacken. Wühlt im Boden. Geringe Nachkommenzahl.

Die zierliche, scheue Gekrönte Schnauzennatter (*Lytorhynchus diadema*) benutzt ihre verdickte Schnauze, um sich im Boden einzuwühlen. Nur selten begegnet man ihr am frühen Morgen bei einem Sonnenbad.

Verbreitung

Nordafrika von Algerien bis Ägypten, Israel, Syrien, Arabische Halbinsel bis Iran.

Vipernatter *Natrix maura* (LINNAEUS, 1758)
Familie Nattern (Colubridae)
Unterfamilie Wassernattern (Natricinae)
E Viperine Grass Snake F Couleuvre vipérine

▲ Merkmale: Länge 60–80 cm, gelegentlich erreichen alte Weibchen 100 cm oder etwas mehr.
Kleinste europäische Wassernatter. Deutlich vom Körper abgesetzter, ein wenig zugespitzter Kopf. Mittelgroßes Auge mit runder Pupille. Augen etwas nach oben gerichtet.
Körperschuppen stark gekielt. 21 (selten 19 oder 23) Rückenschuppenreihen um die Körpermitte. 2 Voraugenschilder (Praeocularia), 2 selten

Die dunkle Zickzackmusterung auf dem Rücken und das Warnverhalten – mit Kopfabflachen, Zischen und Scheinbissen – haben der Vipernatter (*Natrix maura*) zu ihrem Namen verholfen. Die Schlange ist jedoch völlig harmlos! (oben).

Bei jungen Vipernattern (*Natrix maura*) ist das Zeichnungsmuster mit dunklem Zickzackband auf dem vorderen Rücken noch deutlicher ausgeprägt als bei erwachsenen Tieren (unten).

Es gibt viele Farb- und Zeichnungsvarianten bei der Vipernatter (*Natrix maura*). Besonders auffällig sind dunkle Tiere mit hellen, gelblichen Längsstreifen, die in Südspanien und auf Mallorca vorkommen.

3 Hinteraugenschilder (Postocularia). Kopfschilder groß und glatt. Grundfarbe grauoliv, grüngrau, steingrau bis bräunlich, gelborange oder rotbraun. Auf der Rückenmitte eine Reihe dunkler, eckiger Flecken, die zu einem Zickzackband verschmelzen können. An den Flanken dunkle, runde Flecken mit hellem Zentrum, die alternierend stehen. Kopf mit 1 oder 2 V-förmigen, nach hinten offenen Bändern, auch die Schläfen dunkel gezeichnet, oft mit einem zum Mundwinkel ziehenden Schläfenband. Bauch weißlich, gelblich oder rötlich, mit viereckigen, dunklen Flecken, die manchmal leicht verwaschen wirken.

Ungiftig, harmlos.

▲ Lebensraum: Im Flach- und Hügelland am Rande stehender und langsam fließender Gewässer mit viel Ufervegetation, auch im Brackwasserbereich oder an Bergbächen und auf Feuchtwiesen. Geht bis fast 1500 m hinauf.

▲ Lebensweise: Tagaktiv. Meist direkt am Ufer. Schwimmt und taucht ausgezeichnet und flieht bei Gefahr völlig geräuschlos ins Wasser. Wenn sie sich bedroht fühlt, zischt sie heftig, flacht den Kopf und Rumpf ab und stößt mehrmals mit geschlossenem Maul zu. Dieses Verhalten wirkt vipernähnlich und führt zu Verwechslungen. Wenn man sie ergreift, sondert sie als Abwehrreaktion den übelriechenden Inhalt ihrer Analdrüsen ab.

Hält eine Winterruhe von 3–5 Monaten.

▲ Nahrung: Fische, Frösche, Kröten, Molche, Fischbrut und Kaulquappen.

▲ Fortpflanzung: Eierlegend. Das Weibchen legt im Juli 4–15, manchmal bis zu 20 Eier an feuchten Stellen

in das Erdreich ab. 40–45 Tage später schlüpfen die Jungen, die sich vor allem von Jungfischen ernähren.
▲ Besonderheiten: Durch die dunkle Zickzackmusterung auf dem Rücken, die ausgeprägte Kopfzeichnung und das Warnverhalten mit Abflachen des Kopfes, Zischen und Scheinbissen wird die Vipernatter oft mit echten Vipern verwechselt und getötet, obwohl sie völlig harmlos ist. Stark an das Wasserleben gebunden. Charakteristische dunkle Flankenflecken mit hellem Zentrum.

Verbreitung

Iberische Halbinsel, Südfrankreich, südwestliche Schweiz, nordwestliches Oberitalien, Balearen, Iles d'Hyères und westliches Nordafrika.

Großkopf-Ringelnatter

Natrix megalocephala Orlov & Tuniyev, 1987
Familie Nattern (Colubridae)
Unterfamilie Wassernattern (Natricinae)
E Bigheaded Grass-Snake F Couleuvre à tête grande

▲ Merkmale: Länge 80–120 cm.
Mittelgroße bis große Ringelnatter. Kopf im Verhältnis zum Körper sehr groß und massiv. Großes Auge mit runder Pupille.
Körperschuppen glatt. 18–19 Rükkenschuppenreihen um die Körpermitte. Schilder auf der Kopfoberseite vergrößert und mit reliefartiger Oberfläche. 1 Voraugenschild (Praeoculare), 3 Hinteraugenschilder (Postocularia). 7 (selten 8) Oberlippenschilder (Supralabialia), die drei letzten sehr groß, das 3. und 4. an den Augenunterrand stoßend.
Färbung auf dem Rücken und an den Flanken schwarz, so gut wie ungefleckt. Kopfoberseite ebenfalls einheitlich schwarz, Kopfunterseite weißlich. Die Unterlippenschilder (Sublabialia) und teilweise die Oberlippenschilder hell gefärbt, am Hinterrand mit einem dunklen Band begrenzt. Lediglich die frischgeschlüpften Jungen zeigen die hellen „Ringelnatterflecken" beiderseits am Hinterkopf – diese Flecken verschwinden beim Heranwachsen jedoch vollständig. Bauch grauschwarz, in der vorderen Hälfte mit hellen Flecken, im hinteren Teil und auf der Schwanzunterseite rein schwarz.
Ungiftig, harmlos.
▲ Lebensraum: Lichte Wälder, Waldwiesen und Waldränder. Uferbereich von stehenden und fließenden Gewässern (hier besonders im Auwald), Feldränder, Teeplantagen. Im Gebirge des Kaukasus bis etwa 1500 m.
▲ Lebensweise: Tagaktiv. In der heißen Jahreszeit nur am Morgen und am Abend außerhalb des Schattens und der Verstecke. Im Frühling und Herbst den ganzen Tag über rege. Scheu und nur selten zu beobachten. Schwimmt gut, flüchtet bei Gefahr

Die erst vor wenigen Jahren entdeckte Großkopf-Ringelnatter (*Natrix megalocephala*) wird durch ihren auffallend großen Kopf und ihre schwarze Körperfarbe charakterisiert.

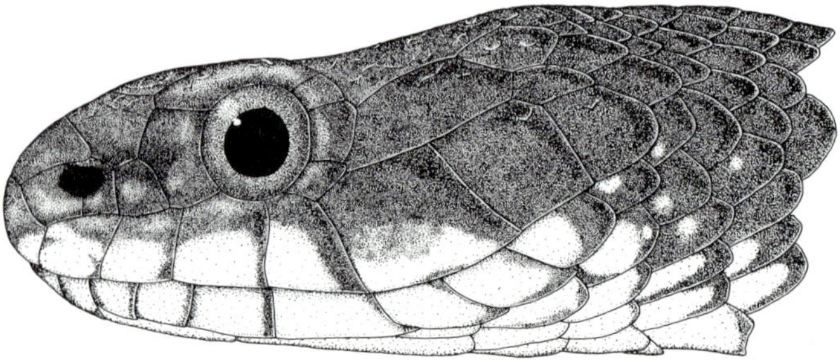

Die Schuppen auf der Kopfoberseite der Großkopf-Ringelnatter (*Natrix megalocephala*) haben ein reliefartiges Muster.

Verbreitung

Begrenztes Vorkommensgebiet (endemisch) vom Ostufer des Schwarzen Meeres bis zu den West- und Südabhängen des Kaukasus. Kommt im Bereich der Städte Tuapse und Batumi gemeinsam mit der Streifenringelnatter (*Natrix natrix persa*) vor.

auch in fließende Gewässer und vermag sich im Fluß zu verbergen.
Winterruhe im Tiefland an der Schwarzmeerküste von November bis März (4 Monate), in den Gebirgslagen von Ende September bis Ende April (7 Monate).
▲ Nahrung: Vor allem Schwanz- und Froschlurche (Molche, Frösche, Kröten), gelegentlich auch Fische.
▲ Fortpflanzung: Eierlegend. Bis zu 15 große Eier im Gelege. Die Eier sind größer als die der gewöhnlichen Ringelnatter (*Natrix natrix*) oder der Würfelnatter (*Natrix tessellata*).
▲ Besonderheiten: Dunkle, weitgehend schwarz gefärbte Ringelnatter mit auffallend großem Kopf. Erwachsene Tiere ohne helle Hinterkopfflekken. Gut an Aufenthalt in fließenden Gewässern angepaßt. Nahrung spezialisiert auf Schwanz- und Froschlurche. Erst kürzlich entdeckt und 1987 zum ersten Mal beschrieben.

Ringelnatter *Natrix natrix* (LINNAEUS, 1758)

Familie Nattern (Colubridae)
Unterfamilie Wassernattern (Natricinae)
E Grass Snake F Couleuvre à collier

▲ Merkmale: Männchen durchschnittlich 60–70 cm lang, Weibchen 80–100 cm; sehr große Exemplare können 180–200 cm erreichen.
Recht große und kräftige Wassernatter. Weibchen deutlich länger und dicker als männliche Tiere. Kopf merklich vom Körper abgesetzt. Augen mit runder Pupille.
Körperschuppen stark gekielt. 19 Rückenschuppenreihen um die Körpermitte. Kopfoberseite mit großen Schildern. Meist 7 (gelegentlich 6 oder 8) Oberlippenschilder (Supralabialia), von denen das 3. und 4. an den Unterrand des Auges stößt. 1 Voraugenschild (Praeoculare) und meist 3–4 Hinteraugenschilder (Postocularia), die allerdings bis auf 1 oder 2 reduziert sein können.
Grundfarbe schiefergrau, grüngrau oder olivgrau. Manchmal treten auch ganz oder teilweise schwarz gefärbte Exemplare auf (Melanismus). Auf dem Rücken und an den Flanken unregelmäßige, dunkle Flecken – bei manchen Populationen 2 helle Längsstreifen entlang des Rückens (Unterart *persa*), bei anderen breite, dunkle Querbarren an den Flanken (Unterart *helvetica*). Bei fast allen Formen (Ausnahme Unterart *astreptophora*) am Hinterkopf jederseits ein gelber, weißer oder orangeroter „Halbmondfleck“, der am Hinterende durch einen breiten, schwarzen Flekken begrenzt wird. Diese Nackenzeichnung kann zu einem hellen, dunkel abgesetzten Nackenband verschmelzen. Die Hinterenden der Oberlippenschilder mit schwarzem Strich gesäumt. Bauch weißgrau oder gelblich, mit einem dunklen Schachbrett-Fleckenmuster versehen.
Ungiftig, harmlos.
▲ Lebensraum: Bevorzugt die Nähe von Gewässern. Uferbereiche von Seen, Teichen, Tümpeln, Bächen und Flüssen, schilfbestandene Moorgebiete, Bruch- und Auwälder. Wird aber auch in einiger Entfernung vom Wasser angetroffen, dann in Gärten,

Wiesen, Steinbrüchen, auf Waldlichtungen, an Waldrändern, in Ruinengelände oder auf Meeresinseln in feuchteren Bereichen. Steigt im Gebirge bis auf etwa 2300 m hinauf.

▲ Lebensweise: Weitgehend tagaktive Schlange. Schwimmt und taucht ausgezeichnet, ist aber weniger ans Wasser gebunden als die Vipernatter (*Natrix maura*) oder die Würfelnatter (*Natrix tessellata*). Beginnt den Tag mit einem ausgiebigen Sonnenbad. Recht scheu und heimlich. Flieht bei Gefahr geräuschlos ins Wasser oder in ein Versteck. Wenn sie sich bedroht fühlt, zischt sie heftig. Wenn sie ergriffen wird, beißt sie nicht, sondern scheidet als Abwehrreaktion aus der Analdrüse eine stinkende, gelbweiße Flüssigkeit aus, deren Geruch noch lange an Haut und Kleidern haftet.

Manchmal kommt es zu einem „Totstell-Reflex", bei dem das Tier sich halb auf den Rücken dreht, schlaff

Die Ringelnatter (*Natrix natrix*) ist die häufigste Schlange Mittel- und Südeuropas. Man erkennt sie sofort an den dunkel gerandeten, weißen oder gelblichen Halbmondflekken beiderseits am Hinterkopf.

wird, die Pupillen nach unten verdreht und die Zunge weit aus dem Maul hängen läßt. Nach einiger Zeit „erwacht" die Schlange wieder aus ihrem Scheintod und versucht, rasch zu fliehen.

Hält eine mehrmonatige Winterruhe an frostfreien Plätzen im Erdreich, in Komposthaufen, Baumstubben, Torfstichen und Laubhaufen.

▲ Nahrung: Frösche, Kröten, Schwanzlurche, Fische, seltener und vor allem im südlichen Verbreitungsgebiet auch Eidechsen und Mäuse. Jungschlangen fressen Würmer, Kaulquappen, kleine Fische und Molchlarven. Die Ringelnatter packt

Bei dieser Porträtaufnahme einer jungen Ringelnatter (*Natrix natrix*) zeigen sich die artkennzeichnenden Halbmondflecken besonders deutlich (oben).

Die Ringelnatter (*Natrix natrix*) ist in ihrem riesigen Verbreitungsareal sehr variabel in Färbung und Zeichnung – sogar völlig schwarze Exemplare können auftreten (unten).

Die Ringelnatter (*Natrix natrix*) ist in erster Linie ein Lurch- und Fischfresser. Sie verschlingt ihre Beute lebend, ohne sie vorher zu erdrosseln. Es ist nicht ungewöhnlich, daß das Beutetier größer ist als der Kopf der Schlange (oben).

Ringelnatterweibchen (*Natrix natrix*) legen bisweilen ihre Eier in großen Gemeinschaftsgelegen ab, die mehrere hundert, ja über tausend Eier enthalten können (unten).

ihre Beute, die sie nur an der Bewegung erkennt, wahllos an irgendeiner Körperstelle und verschlingt sie lebend.

▲ Fortpflanzung: Eierlegend. Kommt im März–April aus der Überwinterung und paart sich nach der ersten Häutung (häutet mehrmals pro Jahr). Oft versammeln sich große Mengen von Ringelnattern (50 oder 60) an einem geeigneten Paarungsplatz, wobei die Anzahl der Männchen immer überwiegt. Verpaarte Tiere bleiben längere Zeit in Kopulation vereint. Bei Gefahr zerrt dann das stärkere Weibchen das Männchen auf der Flucht hinter sich her.

Eiablage im Juli–August. Bevorzugt werden hierfür Komposthaufen, vermodernde Baumstubben, Sägemehlhaufen, Torfstiche oder verrottende Laub- und Schilfhaufen. Ein Weibchen legt 20–50 weichschalige, weiße Eier, die oft verklebt sind. An besonders geeigneten Eiablageplätzen kann es zu großen Gemeinschaftsgelegen vieler Weibchen mit mehreren hundert, ja bis zu 3000 Eiern kommen.

Nach 4–8 Wochen schlüpfen die Jungen, indem sie zunächst mit ihrem nach vorn stehenden Eizahn die Eischale aufritzen und in mehreren, über Stunden sich hinziehenden Anläufen aus dem Ei herauskriechen.

Entsprechend der hohen Vermehrungsrate ist auch die Zahl der Freßfeinde sehr groß: Greifvögel, Taucher, Störche, Reiher, Rabenvögel, Iltisse, Igel, Füchse, Hechte und Barsche gehören zu den Freßfeinden. Jungschlangen müssen sich vor großen Laufkäfern, Seefröschen, Raubfischen und sogar Spatzen hüten.

▲ Besonderheiten: Graue Schlange mit hellen, schwarz gerandeten „Halbmondflecken“ am Hinterkopf. Weibchen viel größer als Männchen. Gerne an und im Wasser.

Verschlingt ihre Beute lebend, ohne

Verbreitung

Nordwestliches Afrika, Iberische Halbinsel, ganz Mittel- und Osteuropa unter Einschluß der Alpenländer bis ins mittlere England, ins südliche Skandinavien und in die nördliche UdSSR, Korsika, Sardinien, Italien mit Sizilien, Balkanländer mit Griechenland (aber ohne Kreta), viele Ägäisinseln, Türkei, Südrußland bis Nordiran und nordöstlich bis zum Baikalsee.

Im hier besprochenen Gebiet 9 Unterarten:
N. n. natrix (Mittel- und Nordeuropa bis westliche UdSSR),
N. n. astreptophora (Spanien und nordwestliches Afrika),
N. n. cetti (Sardinien),
N. n. corsa (Korsika),
Barrenringelnatter *N. n. helvetica* (Westeuropa mit England, Nord- und Mittelitalien, Alpenländer, Istrien),
Streifenringelnatter *N. n. persa* (Balkanländer, Transkaukasien, südlich des Kaspisees, Türkei),
Milosringelnatter *N. n. schweizeri* (Milosarchipel),
N. n. sicula (südlichstes Italien und Sizilien),
N. n. scutata (UdSSR östlich des Dnjepr, Westkaukasus und Krim).
Diese Liste der Ringelnatter-Unterarten ist allerdings noch in der wissenschaftlichen Diskussion und wird nicht von allen Zoologen anerkannt.

Die Vielfalt der durch die Ringelnatter (*Natrix natrix*) besiedelten Lebensräume spiegelt sich in der erheblichen Zahl von beschriebenen Unterarten. Hier nur einige davon:

Barrenringelnatter (*Natrix natrix helvetica*) aus Westeuropa und den Alpenländern bis Mittelitalien und Istrien (oben).

Streifenringelnatter (*Natrix natrix persa*) aus den Balkanländern bis Transkaukasien (unten).

Natrix natrix astreptophora aus Spanien und Nordwestafrika (oben links).

Milosringelnatter (*Natrix natrix schweizeri*) vom Milosarchipel im Ägäischen Meer (oben rechts).

Natrix natrix sicula aus Süditalien und Sizilien (unten).

sie vorher zu erdrosseln. Scheidet als Abwehrreaktion aus der Kloake eine übelriechende Flüssigkeit aus. Hohe Vermehrungsrate, gelegentlich bis zu mehreren tausend Eiern in einem Gemeinschaftsgelege.
Der Bestand der Art ist noch nicht stark bedroht, aber in vielen Ländern – besonders infolge intensiver Teich- und Forstwirtschaft – rückläufig. Deshalb wird die Ringelnatter zu Recht unter nachdrücklichen Schutz gestellt!

Würfelnatter *Natrix tessellata* (LAURENTI, 1768)
Familie Nattern (Colubridae)
Unterfamilie Wassernattern (Natricinae)
E Dice Snake F Couleuvre tessellée

▲ Merkmale: Länge im Durchschnitt 60–90 cm, sehr alte Weibchen können fast 150 cm erreichen.
Schlanke, mittelgroße Schlange, der Ringelnatter (*Natrix natrix*) ähnlich. Kopf schmal und gestreckt, kantig wirkend. Nasenlöcher und Augen (mit runder Pupille) sind schräg nach oben gerichtet (Wasserbewohner). Körperschuppen stark gekielt. 19 (ausnahmsweise 21) Rückenschuppenreihen um die Körpermitte. Meist 8 (manchmal 7 oder 9) Oberlippenschilder (Supralabialia), von denen nur das 4. oder das 4. und 5. an den Unterrand des Auges stoßen. In der Regel 2 Voraugenschilder (Praeocularia) und 3 Hinteraugenschilder (Postocularia).
Grundfarbe blaugrau, graugrün, gelblicholiv oder rötlichbraun. Auf dem Rücken eine dunkle, alternierende Würfelzeichnung, die in Längsreihen oder zu angedeuteten Querbändern geordnet sein kann. Dunkle, oft längliche Flecken an den Flanken. Undeutliche Fleckung auf dem Kopf – bisweilen ein auf dem Kopf stehendes V-Band im Nacken. Bauch weißlich-grau, gelblich oder rötlich, mit dunklem Flecken- oder Linienmuster.
Ungiftig, harmlos.

Augen und Nasenlöcher der Würfelnatter (*Natrix tessellata*) sind schräg nach oben gerichtet – Kennzeichen eines ausgesprochenen Wasserbewohners.

Die Würfelnatter (*Natrix tessellata*) ist eine typische Wassernatter, die ausgezeichnet schwimmt und taucht.

▲ Lebensraum: Uferbereich von langsam fließenden Flüssen oder Seen mit reichhaltiger Ufervegetation. Flache, warme und gemächlich strömende Gewässer werden tiefen, kühlen, rasch fließenden vorgezogen. Geht am Schwarzen Meer auch direkt ins Meerwasser.

▲ Lebensweise: Eine echte Wassernatter: schwimmt und taucht ausdauernd und kann bis zu mehreren Stunden untergetaucht bleiben. Sonnt sich gern auf Zweigen, die über das Wasser hängen. Wenn sie sich bedroht fühlt, läßt sie sich in die Fluten fallen oder gleitet lautlos in den Wasserspiegel und taucht weg. Wenn man sie ergreift, zischt sie und sondert eine übelriechende Flüssigkeit aus ihrer Kloake ab. Hält eine mehrmonatige Winterruhe.

▲ Nahrung: Fische, Frösche, Molche und Kaulquappen.

▲ Fortpflanzung: Eierlegend. Zur Paarung und Eiablage entfernen sich die Würfelnattern im April–Mai etwas weiter vom Wasser. Das Weibchen legt 6–25 Eier in vermodernde Baumstümpfe, in feuchtes Erdreich oder in verrottendes Pflanzenmaterial ab. Im August–September schlüpfen die 15–24 cm langen Jungschlangen, die in Färbung und Zeichnung schon den Erwachsenen gleichen.

▲ Besonderheiten: Ausgesprochene Wassernatter, die ausgezeichnet schwimmt und taucht. Kann mehrere Stunden unter Wasser bleiben. Würfelzeichnung auf dem Rücken. Augen und Nasenlöcher schräg nach oben gerichtet.

Durch Verschmutzung der Gewässer im Bestand stark bedroht!

Verbreitung

Mitteleuropa (erlöschende Randpopulationen), Italien (mit Ausnahme des äußersten Südens und Sizilien), Alpenländer, Südpolen, ČSSR, Balkanländer einschließlich Griechenlands, Insel Kreta, Türkei, Nordwest-Syrien, Südrußland, in Asien bis Nordwestindien und Westchina.
In der Bundesrepublik Deutschland existieren Restbestände an Rhein, Mosel, Nahe und Ahr. Hier wie in Österreich, der Schweiz und der ČSSR ist die Würfelnatter streng geschützt!
Im hier besprochenen Gebiet neben der Nominatform *N. t. tessellata* eine noch nicht ganz geklärte weitere Unterart:
N. t. heinrothi (Insel Serpilor im Schwarzen Meer).

Schwarzkopf-Zwergnatter

Rhynchocalamus melanocephalus (JAN, 1862)
Familie Nattern (Colubridae)
Unterfamilie Land- und Baumnattern (Colubrinae)
E Black-headed Dwarf Snake F Couleuvre à tête noire

▲ Merkmale: Länge etwa 35 cm. Kleine, dünne Schlange mit sehr schlankem Körper. Kopf kaum vom Körper abgesetzt. Relativ große Augen mit runder Pupille.
Körperschuppen glatt. 14–15 Rükkenschuppenreihen um die Körpermitte. 6–7 Oberlippenschilder (Supralabialia), von denen das 3. und 4. an den Unterrand des Auges stößt. Schnauzenschild kräftig und weit auf die Oberschnauze gezogen. 1 Voraugenschild (Praeoculare) und 1 Hinteraugenschild (Postoculare).
Grundfarbe orangerot bis rötlichgelb. Rücken zeichnungslos, Flanken aufgehellt. Kopfoberseite schwarz bis zum Nacken, wo die Schwarzfärbung halsbandartig auf die Kehle herabgezogen ist (Unterart *melanocephalus*) oder Kopfoberseite mit 2 breiten, schwarzen Querbändern und einem breiten Nackenband (Unterart *satunini*). Bauch porzellanweiß, glänzend.

Ungiftig, harmlos.

▲ Lebensraum: Trockenhänge mit Geröll und spärlicher Vegetation, oft über einem Fluß oder Bach im Tal. Steigt im Gebirge bis zwischen 1100 und 1500 m hinauf.

▲ Lebensweise: Kleine und flinke Bodenschlange. Über die Biologie dieser Art ist wenig bekannt.
Führt ein ausgesprochen verborgenes Leben unter Steinen und in Felsspalten. Selten im Freien anzutreffen. Im nördlichen Verbreitungsgebiet Winterruhe von 4–6 Monaten.

▲ Nahrung: Verschiedene Gliederfüßer wie Heuschrecken, Grillen, Ameisen oder Tausendfüßer, auch ganz kleine Echsen.

▲ Fortpflanzung: Eierlegend.

▲ Besonderheiten: Klein und flink. Sehr versteckt lebend. Kontrastreich farbabgesetzter, schwarzer Kopf. Nahrungsspezialist auf Gliederfüßer.

Die kleine und flinke Schwarzkopf-Zwergnatter (*Rhynchocalamus melanocephalus*) führt ein verborgenes Leben unter Steinen und in Felsspalten. Ihr Verbreitungsgebiet reicht von der östlichen Türkei bis zum Kaspisee und nach Israel.

Verbreitung

Östliche Türkei, südlichste UdSSR westlich vom Kaspisee, Nordiran, Syrien, Libanon, Israel.
2 Unterarten:
R. m. melanocephalus (Syrien bis Israel),
R. m. satunini (Osttürkei bis südlichste UdSSR).

Diademnatter *Spalerosophis diadema* (SCHLEGEL, 1837)

Familie Nattern (Colubridae)
Unterfamilie Land- und Baumnattern (Colubrinae)
E Diadem Snake F Couleuvre à diadème

▲ Merkmale: Länge um 150 cm, gelegentlich bis 200 cm.
Mittelgroße, schlank wirkende Schlange. Kopf deutlich vom Hals abgesetzt. Augen groß, mit runder Pupille.
Körperschuppen leicht gekielt. 25–33 Rückenschuppenreihen um die Körpermitte. Die vor dem Stirnschild (Frontale) liegenden Kopfschilder in kleinere Schilder unterteilt. 1 Reihe kleiner Unteraugenschildchen (Subocularia) zwischen Augenunterrand und Oberlippen-

Die Diademnatter (*Spalerosophis diadema*) ist eine hübsche, elegante Wüstenschlange. Ihren Namen trägt sie nach dem breiten, dunklen Querstreifen zwischen den Augen, der an ein Diadem erinnert (oben).

Spalerosophis diadema cliffordi ist eine in Nordafrika von Marokko bis Israel und Syrien vorkommende Unterart der Diademnatter (*Spalerosophis diadema*) (unten).

schildern. 10–13 Oberlippenschilder (Supralabialia). Afterschild ungeteilt. Grundfarbe grau, gelblich, ockerfarben oder rötlich. Rückenzeichnung aus einer Reihe querstehender, rötlicher oder brauner Flecken, die oft Rhombusform besitzen. An den Flanken 2 Reihen alternierend stehender, dunkler Flecken. Über die Stirn mehrere dunkle Querbinden. Dunkles Schläfenband von den Augen zum Mundwinkel. Bauch weißlich oder rötlich, manchmal mit teilweise dunkler Fleckung.

Ungiftig, heftige Abwehrbisse.

▲ Lebensraum: Wüsten bis an den Übergang zur Steppe, vor allem Sand- und Steinwüsten. Lebensraum tagsüber sehr heiß, nachts mit erheblicher Abkühlung. Die Schlange hält sich mit Vorliebe in Felsspalten, unter Steinen und in unterirdischen Nagetierbauen auf. Von der Ebene bis etwa 2000 m im Gebirge.

▲ Lebensweise: Bodenschlange. Im Frühjahr am Tage und in der heißen Jahreszeit nachts aktiv. Schnell und beweglich. Wenn sie ergriffen wird, beißt sie heftig.

▲ Nahrung: Echsen, Schlangen, kleine Säugetiere (Mäuse) und Vögel.

▲ Fortpflanzung: Eierlegend.
Paarung im Frühjahr. Gelege aus 3–15 Eiern, die zu einem Paket verklebt sind.

▲ Besonderheiten: Ausgesprochene Wüstenschlange. Hübsche Fleckenzeichnung. Sehr elegante und schnelle Schlange.

Verbreitung

Nordafrika bis Arabien, Vorderasien bis zur asiatischen UdSSR, Pakistan und Nordwestindien.

Im hier besprochenen Gebiet leben 2 Unterarten:
Sp. d. cliffordi (Nordafrika von Marokko bis Ägypten, Israel, Libanon [?], Syrien),
Sp. d. dolichospila (östlichstes Marokko, Algerien, Tunesien).
Die Nominatform *Sp. d. diadema* lebt im östlichen Verbreitungsgebiet der Art.
Sp. d. dolichospila wird aufgrund ihrer höheren Rückenschuppenzahl inzwischen von einigen Zoologen als eigenständige Art angesehen.

Kapuzennatter

Macroprotodon cucullatus (GEOFFREY-ST. HILLAIRE, 1827)
Familie Nattern (Colubridae)
Unterfamilie Trugnattern (Boiginae)
E False Smooth Snake F Couleuvre à capuchon

▲ Merkmale: Länge durchschnittlich 40–50 cm, ausnahmsweise mehr als 60 cm.
Recht kleine Trugnatter. Kopf wenig vom Körper abgesetzt und deutlich abgeflacht, vor allem die Schnauze.

Augen klein und verhältnismäßig weit vorne am Kopf sitzend, mit von oben nach unten verlaufender, ovaler Pupille.
Körperschuppen glatt. 19–25 Rükkenschuppenreihen um die Körpermitte (variabel). Großes, aber niederes Schnauzenschild (Rostrale), das von oben kaum sichtbar ist. Zügelschild (Loreale) vorhanden. 1 gelegentlich 2 Voraugenschilder (Praeocularia). Scheitelschild (Parietale) stößt direkt an das 6., sehr große Oberlippenschild.
Grundfarbe hellgrau, graubraun bis rötlichbraun. Auf dem Rücken und an den Flanken kleine dunkle Flekken, die sich zu einer Streifung verdichten können. Im Nacken ein kräftiger, dunkler „Kapuzenfleck" mit nach vorn und nach hinten ausgezogener Spitze. Dunkle Schläfenbinde vom Nasenloch über das Auge zum Mundwinkel. Bauch gelblichcremefarben, rosa oder rot, mit dunkler Fleckung.

Charakteristisch für die Kapuzennatter (*Macroprotodon cucullatus*) ist ein dunkler „Kapuzenfleck" im Nacken. Diese kleine Trugnatter wird in der Dämmerung und nachts aktiv.

Trugnatter, hinterständige Furchenzähne, für den Menschen nicht gefährlich.

▲ Lebensraum: Tiefland- und Hügellandbewohner. Trockenes Gelände auf mit Büschen bestandenen Geröllhängen, Waldlichtungen, in Legesteinmauern und Ruinengrundstücken.

▲ Lebensweise: In der Dämmerung und nachts aktiv. Wird tagsüber unter Steinen, in Erdhöhlen oder in der Erde eingegraben angetroffen. Bewegt sich langsam, stößt bei Bedrohung jedoch schnell zu. Hält eine Winterruhe von 4–6 Monaten.

▲ Nahrung: Kleine Echsen (Eidechsen und Geckos). Beißt sich an der

Beute fest, bis die hintenstehenden Giftzähne eingesetzt werden können. Die Beutetiere werden gelähmt und sterben rasch.

▲ Fortpflanzung: Eierlegend. Gelege aus 5-7 Eiern. Im Spätsommer schlüpfen die Jungen.

▲ Besonderheiten: Kleine Trugnatter mit dunklem „Kapuzenfleck" im Nacken. Schnauze abgeflacht. Dämmerungs- und nachtaktiv. Wegen der weit nach hinten stehenden und sehr kleinen Giftzähne für den Menschen nicht gefährlich.

Verbreitung

Südliche Iberische Halbinsel, Balearen, Nordafrika bis Israel.
Unterarten:
M. c. brevis (südliche Iberische Halbinsel, West- und Mittel-Marokko),
M. c. cucullatus (mittleres und südliches Algerien, Tunesien, Nord-Libyen, Nord-Ägypten bis Israel),
M. c. mauritanicus (Ost-Marokko, Nord-Algerien, Nord-Tunesien).

Moilanatter *Malpolon moilensis* (REUSS, 1834)

Familie Nattern (Colubridae)
Unterfamilie Trugnattern (Boiginae)
E Moilasnake F Couleuvre du Moila

▲ Merkmale: Länge 70–95 cm, gelegentlich bis knapp über 100 cm.
Mittelgroße, schlank wirkende Schlange. Kopf dreiecksförmig mit etwas zugespitzter, vorspringender Schnauze, geringfügig vom Körper abgesetzt. Auge groß, mit runder Pupille. Kante der Überaugenschilder über dem Auge weniger stark ausgeprägt als bei der Europäischen Eidechsennatter (*M. monspessulanus*).
Körperschuppen schwach gefurcht. 17 Rückenschuppenreihen um die Körpermitte. Schnauzenschild (Rostrale) verlängert und mit der Spitze zwischen die Zwischennasenschilder (Internasalia) geschoben, dadurch von oben sichtbar. 1 Zügelschild (Loreale), 1 Voraugenschild (Praeoculare) und 2 oder 3 Hinteraugenschilder (Postocularia). 7–8 Oberlippenschilder (Supralabialia), das 3. und 4. oder das 4. und 5. an den Augenunterrand stoßend.
Grundfarbe rötlichgelb bis sandgrau. Rückenzeichnung aus undeutlichen, dunklen Flecken, an den Flanken kleinere Flecken. 1 oder 2 schräge, dunkle Barrenflecken jederseits am Kopf hinter dem Mundwinkel. Bauch cremeweiß, einfarbig oder mit rötlicher Sprenkelung.
Trugnatter, hinterständige Furchenzähne, für den Menschen kaum gefährlich, dennoch Vorsicht!

▲ Lebensraum: Steinwüste mit spärlicher Buschvegetation, manchmal bis in die Nähe menschlicher Siedlungen. Im Bergland nicht höher als 1500 m.

Das Porträtbild der Moilanatter (*Malopolon moilensis*) zeigt deutlich zwei charakteristische Erkennungsmerkmale: die zugespitzte Schnauze und die dunklen, schrägen Barrenflecken seitlich am Hinterkopf.

Die Moilanatter (*Malpolon moilensis*) ist eine mittelgroße, nordafrikanische Trugnatter. Bei Gefahr zeigt sie ein kobraähnliches Drohverhalten mit abgeflachtem Nacken.

▲ Lebensweise: Tagaktiv. Scheu und schnell. Wenn sie ergriffen wird, versucht sie mit weit geöffnetem Maul zu beißen. Eigenartiges, kobraähnliches Drohverhalten: Hebt bei Gefahr ein Drittel des Körpers S-förmig an, flacht den Nacken zu einer Art „Hut" oder „Schild" ab und zischt.
Hält eine mehrmonatige Winterruhe.

▲ Nahrung: Eidechsen, Schlangen, Kleinsäugetiere (Mäuse) und Vögel. Jungtiere fressen auch große Insekten.

▲ Fortpflanzung: Eierlegend.
Paarung im April–Juni. Das Weibchen legt im Juli–August 4–18 Eier in Laubhaufen, feuchtem Erdreich oder Mauerwerk ab. Ende September –Anfang Oktober schlüpfen die Jungen.

▲ Besonderheiten: Mittelgroße Trugnatter mit zugespitzter Schnauze. Dunkle, schräge Barrenflecken jederseits am Hinterkopf. Kobraähnliches Drohverhalten mit erhobenem Vorderkörper und schildartig abgeflachtem Nacken.

Das Gift der hinterständigen Furchenzähne kann bei Abwehrbissen kaum injiziert werden – trotzdem ist Vorsicht bei der Begegnung mit der Moilanatter geboten!

Verbreitung

Nordafrika von Mauretanien bis Ägypten, auch Sudan, Arabische Halbinsel, Irak und Iran.

Europäische Eidechsennatter
Malpolon monspessulanus (HERMANN, 1804)
Familie Nattern (Colubridae)
Unterfamilie Trugnattern (Boiginae)
E Montpellier Snake F Couleuvre de Montpellier

▲ Merkmale: Länge im Durchschnitt 160–180 cm, kann jedoch 200 cm noch überschreiten.
Eindrucksvoll große und kräftige

Durch die kantig vorstehenden Überaugenschilder erhält die Europäische Eidechsennatter (*Malpolon monspessulanus*) einen „grimmigen“ Blick.

Schlange, die trotz ihrer Länge schlank wirkt. Der schmale und relativ hohe Kopf ist wenig vom Körper abgesetzt. Die großen Überaugenschilder ragen mit einer scharfen Kante über die Augen vor und verleihen dem Tier einen „grimmigen“ Blick. Stirnbereich zwischen den Überaugenschildern vertieft. Auge groß, mit runder Pupille.

Körperschuppen glatt oder etwas gefurcht (niemals gekielt). 17–19 Rückenschuppenreihen um die Körpermitte. Stirnschild (Frontale) sehr schmal. 8 (selten 9) Oberlippenschilder (Supralabialia), 2 Zügelschilder (Lorealia), 1 Voraugenschild (Praeoculare), 2–3 Hinteraugenschilder (Postocularia).

Grundfarbe hellgrau, graubraun, rötlichbraun, oliv bis graugrün oder grauschwarz. Männchen einfarbig, Weibchen bisweilen mit dunklen, hell gesäumten Punkten oder Flecken. Bauch weißlichgrau bis gelblich, oft mit dunklen Flecken. Jungtiere mit auffälliger Fleckenzeichnung auf

Die große und kräftige Europäische Eidechsennatter (*Malpolon monspessulanus*) verfolgt ihre Beute mit außerordentlicher Heftigkeit und tötet sie durch den Giftbiß ihrer hinterständigen Furchenzähne.

dem Rücken und mit dunkler Kopfzeichnung.

Trugnatter, hinterständige Furchenzähne, die dem Menschen aber kaum gefährlich werden können.

▲ Lebensraum: Gut besonnte, offene Landschaften in den Niederungen und im Hügelland. Buschreiche Trockenhänge mit Steinen und etwas Bodenvegetation, Flußtäler, lichte Wälder, Macchiagelände, Ödland zwischen Ackerland, verwilderte Gärten. Steigt im südlichen Verbreitungsgebiet im Gebirge bis fast 2000 m hinauf.

▲ Lebensweise: Sehr scheue und heimliche Schlange mit großem Fluchtabstand. Lebt vorwiegend am Boden. Zischt bei Bedrohung laut und ausgiebig. Wenn man sie ergreifen will, beißt sie kräftig zu.

Im östlichen Verbreitungsgebiet der Eidechsennatter (*Malpolon monspessulanus*) lebt die Unterart *Malpolon monspessulanus insignitus.*

Hält eine mehrmonatige Winterruhe. ▲ Nahrung: Eidechsen, Schlangen, Kleinsäugetiere (Mäuse) und Vögel. Jungtiere fressen auch große Insekten. Die Eidechsennatter verfolgt ihre Beute mit großer Heftigkeit. Sie tötet größere Beute mit Giftbiß, indem sie die Beute bis zum Einsetzen der hinterständigen Giftzähne festhält. Kleine Opfer würgt sie direkt hinunter.
▲ Fortpflanzung: Eierlegend. Paarung im April–Juni. Im Juli–August legt sie 4–18 Eier in Laubhaufen, in feuchtem Erdreich oder im Mauerwerk ab. Ende September–Anfang Oktober schlüpfen die Jungen.

Verbreitung

Iberische Halbinsel, mittelmeernaher Teil Südfrankreichs, isoliertes Vorkommen in Norditalien, jugoslawische Adriaküste, Südbalkan mit Griechenland, manche griechischen Inseln wie Korfu, Kefallinia, Zakynthos, Thasos, Samothrake, Euböa oder Skopelos, Türkei bis Transkaukasien und Kaspisee, Nordafrika.
Eine Art, die richtiggehend „rund ums Mittelmeer" zu Hause ist.
2 Unterarten:
M. m. monspessulanus (meist 19 Rückenschuppenreihen, westliches Nordafrika, Iberische Halbinsel, französische Mittelmeerküste, Norditalien).
M. m. insignitus (meist 17 Rückenschuppenreihen, Balkanländer, griechische Inseln, Türkei, Kaukasien bis Kaspisee, östliches Nordafrika)

▲ Besonderheiten: Große, dunkle Schlange, mit wegen der kantig vorstehenden Überaugenschilder „grimmigem“ Blick. Verfolgt ihre Beute „blindlings“. Obwohl sie eine Trugnatter ist und über sehr wirksames Gift verfügt, wird sie dem Menschen kaum gefährlich, da sie ihre weit hinten im Oberkiefer stehenden Giftzähne nur schwer einsetzen kann.

Schlanke Sandrennatter, Forskals Sandrennatter
Psammophis schokari (FORSKAL, 1775)
Familie Nattern (Colubridae)
Unterfamilie Trugnattern (Boiginae)
E Forskal's Sandsnake F Couleuvre du sable de Forskal

▲ Merkmale: Länge 100–120 cm. Sehr schlanke, lang wirkende Wüstenschlange. Kopf lang und schmal, vom Körper abgesetzt. Großes Auge mit runder Pupille. Körperschuppen glatt. 17 (selten 19) Rückenschuppenreihen um die Körpermitte. Stirnschild (Frontale) sehr lang. 1 Voraugenschild (Praeoculare), davor ein sehr langes Zügelschild (Loreale). 2 (selten 3) Hinteraugenschilder (Postocularia). 9 (selten 8 oder 10) Oberlippenschilder (Supralabialia), das 5. und 6., manchmal das 4. und 5. an den Augenunterrand stoßend. Grundfarbe helloliv, gelblich, hellkastanienbraun oder graubraun. Rücken- und Flankenzeichnung aus hell-dunkler Längsstreifung: 5 helle, dunkelgesäumte bzw. 4 dunkle, von hellen Streifen begleitete Längslinien. Diese Längsstreifung gelegentlich schwach ausgebildet, manchmal

Der lange, schmale Kopf und der dunkle Längsstreifen von der Schnauzenspitze durch das Auge zum Hals betonen noch die Schlankheit von Forskals Sandrennatter (*Psammophis schokari*).

Eine sehr schlanke und ausgesprochen schnelle Wüstenschlange ist Forskals Sandrennatter (*Psammophis schokari*). Charakteristisch für diese Art sind die hellen und dunklen Längsstreifen auf dem Rücken (oben).

Die in den Sahara-Oasen von Libyen und Ägypten lebende Unterart *Psammophis schokari aegyptius* wird von manchen Zoologen als eigenständige Art geführt (unten).

auch gänzlich ungezeichnete Exemplare. Kopfoberseite mit dunklen, länglichen Flecken auf dem Stirnschild, den Überaugenschildern (Supraocularia) und auf dem Nacken. Dunkler Strich vom Nasenloch über das Auge zum Hals. Ober- und Unterlippenschilder dunkel gefleckt. Bauch blaugrau, hellgrau oder rötlich, mit dunklen Punkten und 1 oder

2 unterbrochenen, dunklen Längslinien an jeder Bauchseite.
Trugnatter mit hinterständigen Furchenzähnen, die auch beim Abwehrbiß eingeschlagen werden können. Das Gift verursacht große Schmerzen, Erbrechen und Schwellungen, ist aber für den Menschen nicht tödlich.

▲ Lebensraum: Wüstengebiete, vor allem Sandwüsten mit spärlicher Buschvegetation, Wadis und gelegentlich Oasen. Oft in Nagetierbauen.

▲ Lebensweise: Tag- und dämmerungsaktiv. Sehr beweglich und schnell. Beißt heftig, wenn sie ergriffen wird.

▲ Nahrung: Vorwiegend Echsen, auch kleine Vögel und nestjunge Mäuse. Verbeißt sich an der Beute, bis sie ihre hinterständigen Giftzähne einsetzen kann und das Beutetier stirbt.

▲ Fortpflanzung: Eierlegend. Vermutlich geringere Eizahlen als bei der Gestreiften Sandrennatter (*Psammophis sibilans*).

▲ Besonderheiten: Sehr schlanke und schnelle Wüstenschlange. Auffällig gestreift, mit 5 hellen bzw. 4 dunklen Längsstreifen.
Charakteristische, symmetrische Kopfzeichnung. Das Gift dieser Trugnatter hat eine ähnliche Wirkung wie das der nahe verwandten Gestreiften Sandrennatter (Psammophis sibilans) und bedeutet für den Menschen keine Todesgefahr.

Verbreitung

Von Nordafrika über die Arabische Halbinsel, den Vorderen Orient und Südturkestan bis Pakistan und ins nordwestliche Indien.
Im hier besprochenen Gebiet 2 Unterarten:
Ps. sch. aegyptius (Libysche und Ägyptische Sahara),
Ps. sch. schokari (übriges Verbreitungsgebiet).
Manche Zoologen erkennen die Unterart *aegyptius* heute auch als eigenständige Art an.

Gestreifte Sandrennatter

Psammophis sibilans (LINNAEUS, 1758)
Familie Nattern (Colubridae)
Unterfamilie Trugnattern (Boiginae)
E Striped Sandsnake F Couleuvre rayée du sable

▲ Merkmale: Länge 100–120 cm, kann aber auch 150 cm erreichen.
Mittelgroße, sehr schlanke Schlange. Kopf langgestreckt und vom Rumpf abgesetzt. Großes Auge mit runder Pupille.
Körperschuppen glatt. 17 Rückenschuppenreihen um die Körpermitte. 1 Voraugenschild (Praeoculare), 2 (selten 3) Hinteraugenschilder (Postocularia). 8 (selten 9) Oberlippenschilder (Supralabialia), das 4. und 5.

Die Gestreifte Sandrennatter (*Psammophis sibilans*) besitzt auffallend große Augen und verfolgt ihre Beute mit angehobenem Kopf, wodurch ihr Gesichtsfeld erweitert wird. Der Giftbiß dieser Trugnatter mit den hinterständigen Furchenzähnen kann beim Menschen Schmerzen, Erbrechen und Schwellungen verursachen, verläuft aber nicht tödlich.

oder das 5. und 6. an den Unterrand des Auges stoßend.
Grundfarbe olivgrau, gelbbraun oder dunkelbraun. Auf dem Rücken meist 3 helle Längsstreifen vom Kopf bis zum Schwanz, einer in der Rückenmitte, die beiden anderen jederseits an der oberen Flanke. Zwischen den hellen Längslinien und an den Flanken eine kleingemusterte Fleckenzeichnung. Kopf einfarbig oder mit einem unregelmäßigen Fleckenmuster. Bauch gelb, gelblichgrün oder porzellanfarben, manchmal mit einer streifigen Musterung.
Trugnatter mit hinterständigen Furchenzähnen, die auch beim Abwehrbiß eingeschlagen werden können. Das Gift verursacht große Schmerzen, Erbrechen und Schwellungen, ist aber für den Menschen nicht tödlich.

▲ Lebensraum: Halbwüste, Dornbuschsteppe und Savanne; sehr trockene Wohngebiete. Sowohl in sandigen als auch in steinigen und mit Buschwerk bestandenen Gebieten.

▲ Lebensweise: Tagaktive Bodenschlange, kann aber auch in niedrigen Büschen klettern. Scheu und ungemein flink. Wenn sie ergriffen wird, beißt sie sofort zu.

▲ Nahrung: Kleinsäugetiere (Mäuse), Echsen, Frösche und Vögel. Verfolgt ihre Beute mit etwas angehobenem

Verbreitung

Im hier besprochenen Gebiet nur die Nominatform *Ps. s. sibilans* von Marokko über ganz Nordafrika bis Ägypten.

Vorderkörper und hocherhobenem Kopf, wodurch ihr Gesichtsfeld erweitert und ihre Jagd erleichtert wird. Beißt sich mit kauenden Bewegungen am Beutetier fest, das sie nicht mehr losläßt.

▲ Fortpflanzung: Eierlegend. Hohe Vermehrungsrate, Gelege mit bis zu 30 Eiern.

▲ Besonderheiten: Besonders flinke, dünne Schlange in Trockengebieten. 3 auffallende, helle Längsstreifen auf dem Rücken. Die hinten im Oberkiefer stehenden Furchenzähne dieser Trugnatter können auch beim Abwehrbiß eingeschlagen werden.

Israelische Katzennatter *Telescopus dhara* (FORSKAL, 1775)

Familie Nattern (Colubridae)
Unterfamilie Trugnattern (Boiginae)
E Israelian Cat Snake F Couleuvre chat d'Israèl

▲ Merkmale: Länge 80–105 cm.
Kopf wie bei der Europäischen Katzennatter (*T. fallax*) eiförmig und flach, deutlich vom Körper abgesetzt. Auge mit senkrechtstehender, oval geschlitzter Pupille.
Körperschuppen glatt, 19 (seltener 21) Rückenschuppenreihen um die Körpermitte. 1 Zügelschild (Loreale), das länger als breit ist. 1 Voraugenschild (Praeoculare), 2 Hinteraugen-

Die Israelische Katzennatter (*Telescopus dhara*) ist eine kleine, wenig angriffslustige Trugnatter. Ihre Nahrung besteht vorwiegend aus Vögeln.

schilder (Postocularia). 9 (manchmal 10) Oberlippenschilder (Supralabialia), das 3., 4. und 5. oder das 4., 5. und 6. an den Augenunterrand stoßend. Grundfarbe hell rötlich-gelb oder sandbraun. Undeutliche Rückenzeichnung aus dunklen Querflecken, manchmal einfarbig. Bauch weiß bis grauweiß, manchmal undeutlich gefleckt.

Trugnatter mit hinterständigen Furchenzähnen.

Unfälle durch Giftbisse bei Menschen sind nicht bekannt.

▲ Lebensraum: Vorwiegend im menschlichen Siedlungsbereich, Mauern von Gebäuden, Gärten mit Buschwerk, Steinmauern.

▲ Lebensweise: Wenig bekannt. Bodenbewohner. Dämmerungs- und nachtaktiv. Ruhig und wenig angriffslustig.

▲ Nahrung: Überwiegend kleinere Vögel, vermutlich bisweilen auch Echsen. Tötet ihre Beute durch Giftbiß. Hält die Beute fest, bis sie mit kauenden Kieferbewegungen die hinten im Oberkiefer stehenden Giftzähne einsetzen kann.

▲ Fortpflanzung: Eierlegend.

▲ Besonderheiten: Kleine, wenig angriffslustige Trugnatter. Augen mit senkrecht geschlitzter Pupille. Lebensraum in der Umgebung des Menschen. Frißt vorwiegend Vögel.

Verbreitung

Ägypten, Israel, Arabische Halbinsel.

Eine weitere Katzennatter ist als **Nordafrikanische Katzennatter** *Telescopus tripolitanus* (WERNER, 1909) beschrieben worden. Sie ist sehr selten, klein (70–80 cm) und einfarbig graubraun mit weißlichem Bauch. Besitzt 2 Voraugenschilder (Praeocularia), 3 Hinteraugenschilder (Postocularia), 9 Oberlippenschilder (Supralabialia) und ist im hier besprochenen Gebiet in Südost-Tunesien und Libyen beheimatet.

Nach Meinung einiger Zoologen handelt es sich bei dieser Form lediglich um eine Unterart der Israelischen Katzennatter (*Telescopus dhara*).

Das gleiche Problem stellt sich bei der als **Gabès-Trugnatter** *Pseudotarbophis gabesiensis* DOMERGUE, 1955 beschriebenen Trugnatter aus Tèlboulbou und Gabès in Südtunesien. Diese dunkle, schwarz wirkende Schlange mit regenbogenfarbenem Glanz auf den Rückenschuppen wird etwa 80–110 cm lang, besitzt 21–22 Rückenschuppenreihen um die Körpermitte, 1 Zügelschild (Loreale), 1 Voraugenschild (Praeoculare), 2 Hinteraugenschilder (Postocularia) und 8 Oberlippenschilder (Supralabialia).

Die Gabès-Trugnatter wird von manchen Zoologen als Unterart der Nordafrikanischen Katzennatter (*Telescopus tripolitanus*) angesehen, und damit würde sie möglicherweise ebenfalls in die unterartliche Verwandtschaft der Israelischen Katzennatter (*Telescopus dhara*) gehören.

Über die Lebensweise dieser beiden Trugnatterformen ist so gut wie nichts bekannt, sie dürfte jedoch derjenigen der Israelischen und der Europäischen Katzennattern (*T. dhara* und *T. fallax*) ähneln.

Europäische Katzennatter
Telescopus fallax (FLEISCHMANN, 1831)
Familie Nattern (Colubridae)
Unterfamilie Trugnattern (Boiginae)
E Cat Snake F Couleuvre chat

▲ Merkmale: Länge in der Regel um 60–70 cm, ausnahmsweise bis fast 100 cm.
Zarte, glatt und glänzend wirkende Schlange. Körperquerschnitt trapezförmig. Kopf eiförmig und flach, deutlich vom Körper abgesetzt. Augen mittelgroß, mit senkrecht geschlitzter, katzenaugenähnlicher Pupille. Körperschuppen glatt. 19 (manchmal 17 oder 21) Rückenschuppenreihen um die Körpermitte. Sehr großes Stirnschild (Frontale). 1 langgestrecktes Zügelschild (Loreale), das meist an den Vorderrand des Auges stößt.
Grundfarbe grau, graugelb oder gelblichbraun. Rückenzeichnung aus dunklen, quergestellten Flecken, zwischen denen an den Flanken senkrechte, schmalere Barrenflecken stehen. Dunkler Nackenfleck, der nach vorne in eine auf den Kopf weisende Spitze auslaufen kann. Bauch

Die Europäische Katzennatter (*Telescopus fallax*), die ebenfalls zu den Trugnattern gehört und die sich in ihrer Ernährung auf kleine Echsen spezialisiert hat, ist im östlichen Mittelmeerraum weit verbreitet.

Der Kopf der Europäischen Katzennatter (*Telescopus fallax*) ist deutlich vom Rumpf abgesetzt. Die Pupillen sind „katzenaugenähnlich" senkrecht geschlitzt.

Verbreitung

Westjugoslawien, Albanien, Griechenland mit Kreta und vielen Ägäisinseln, Malta, Südbulgarien, Türkei, Südrußland bis zum Kaspisee und Nordiran, Syrien, Libanon, Israel und östliches Ägypten.
Im hier besprochenen Gebiet leben 7 Unterarten:
T. f. fallax (Balkanländer, Malta, viele Ägäisinseln, westliche und südliche Türkei),
T. f. hoogstraali (Sinai-Halbinsel, südliche Negevwüste in Israel; Wüstenlebensräume),
T. f. iberus (Osttürkei, Nordiran, Südrußland),
T. f. intermedius (griechische Insel Antikythira),
T. f. multisquamatus (Insel Kufonisi vor Kreta),
T. f. pallidus (Kreta mit Inseln Gavdos und Elasa, Insel Christiana vor Santorin),
T. f. syriacus (Südosttürkei, Syrien, Libanon, Nordisrael; überwiegend meeresnahe Lebensräume).
Der Status zweier weiterer, bisher beschriebener Formen (*T. f. cyprianus* auf Zypern und *T. f. rhodicus* auf Rhodos) ist unklar und wird von vielen Zoologen nicht anerkannt.

gelblichweiß, hellrosa oder cremefarben, mit dunkler, schachbrettartiger Fleckung.

Trugnatter mit hinterständigen Furchenzähnen. Kann dem Menschen kaum gefährlich werden, beißt jedoch beim Ergreifen heftig zu, deshalb ist Vorsicht angeraten.

▲ Lebensraum: Trockene, gut besonnte Hänge von den Niederungen bis ins Bergland, die mit Buschwerk bestanden und mit reichlich Steinen und Felsbrocken durchsetzt sind. Auch Täler mit Fließgewässern und lichte Eichenwälder. Im Gebirge bis über 1500 m hinauf.

▲ Lebensweise: In der Dämmerung und nachts aktiv. Lebt am Boden. Versteckt sich am Tage unter Steinen, in engen Felsspalten und in schmalen Mauerritzen. Ruhig und wenig fluchtbereit, wenn sie entdeckt wird. Hält eine Winterruhe von 4–6 Monaten.

▲ Nahrung: Vor allem Echsen (Eidechsen, Geckos, Skinke), daneben auch kleine Schlangen, ganz selten Mäuse. Pirscht ihre Beute vorsichtig, mit „katzenartigen“ Bewegungen an und hält sie nach dem Biß so lange fest, bis das Gift der hintenstehenden Giftzähne wirkt.

▲ Fortpflanzung: Legt etwa 5–7 Eier, aus denen im Spätsommer die Jungen schlüpfen. Bereits nach der ersten Häutung jagen die Jungschlangen auf junge Echsen.

▲ Besonderheiten: Kleine, ruhige Schlange mit deutlich abgesetztem Kopf. Auge mit senkrecht gestellter, „katzenaugenähnlicher“ Pupille. Pirschjäger in der Dämmerung und nachts. Nahrungsspezialist auf Echsen.

Die Unterart *Telescopus fallax hoogstrali* bewohnt Wüstenlebensräume auf der Sinai-Halbinsel und in der südlichen Negev-Wüste.

Muellers Erdviper *Micrelaps muelleri* BOETTGER, 1880

Familie Nattern (Colubridae)
Unterfamilie Erdvipern (Aparallactinae)
E Mueller's Ground-Viper F Vipère à sol du Mueller

▲ Merkmale: Länge 35–52 cm. Kopf flach, vom Körper abgesetzt. Auge klein, mit rund-ovaler Pupille. Körperschuppen glatt. 15 Rückenschuppenreihen um die Körpermitte. Stirnschild (Frontale) klein. Kein Zügelschild (Loreale), kein Voraugenschild (Praeoculare), 1 Hinteraugenschild (Postoculare). 7 Oberlippenschilder (Supralabialia), das 3. und 4. an den Augenunterrand stoßend.
Körperfarbe schwarz oder schwarzbraun, mit weißlichen Ringen, die teils breiter, teils schmäler sind als die schwarzen Intervalle zwischen ihnen und die am dunklen Bauch unterbrochen werden. Kopf dunkelbraun, mit einer etwas helleren Nackenregion.
Trugnatter mit hinterständigen Furchenzähnen. Das Gift soll recht wirksam sein, deshalb ist Vorsicht geboten!
▲ Lebensraum: Dornbuschsteppe bis Halbwüste, oft steiniges und felsiges Gelände. Im Gebirge bis 2000 m hinaufsteigend.
▲ Lebensweise: Kaum bekannt. Nachtaktive Bodenschlange. Wühlt gerne im Erdreich, bezieht auch die Gangsysteme von Kleinsäugetierbauen.

Auch Muellers Erdviper (*Micrelaps muelleri*) besitzt hinterständige Furchengiftzähne und gehört somit in die Verwandtschaft der Trugnattern. Auffallend ist die schwarz-weiße Ringelung.

▲ Nahrung: Kleinsäugetiere, vielleicht auch Echsen.
▲ Fortpflanzung: Eierlegend.
▲ Besonderheiten: Schwarz-weiß geringelte, am und im Boden lebende Erdviper.

Verbreitung

Israel, Libanon (?), Syrien.

Giftnattern (Elapidae)

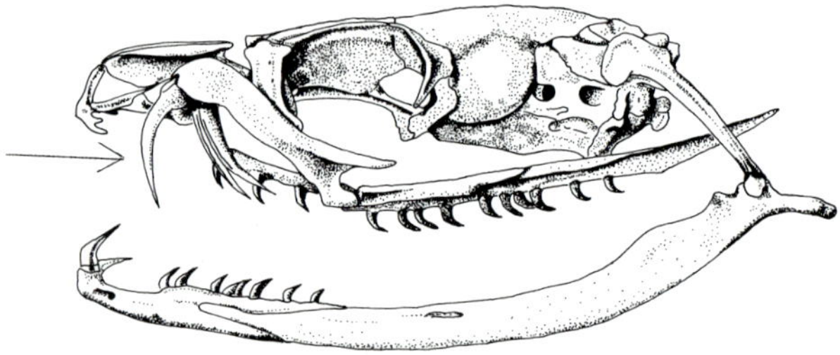

Schädel einer Giftnatter mit vorderständigen Furchengiftzähnen.

Die Giftnattern sehen in der äußeren Gestalt eher den harmlosen Nattern ähnlich als den giftzahnbewehrten Vipern. Allerdings besitzen sie ein äußerst wirkungsvolles Gift, das überwiegend als Nervengift wirksam ist (neurotoxische Wirkung), und einige Arten dieser Familie gehören zu den gefürchtetsten Giftschlangen überhaupt (z. B. Todesotter in Australien, Königskobra in Südostasien oder Mambas in Afrika).
Die vorne im Oberkiefer feststehenden, vergrößerten Fangzähne (proteroglyphe Zähne) sind kleiner als die Vipernfangzähne und mit einer fast vollständig geschlossenen Längsrinne versehen, durch die das Gift beim Giftbiß läuft. Als weiteres gemeinsames Merkmal fehlt allen Giftnattern das Zügelschild (Loreale).
Manche Arten, wie z. B. die Speikobras, können ihr Gift zielgerichtet und meterweit spucken.
Das Verbreitungsgebiet dieser Schlangengruppe erstreckt sich über Mittel- und Südamerika, Afrika, Asien, die indoaustralische Inselwelt und Australien. In dem Gebiet, das im vorliegenden Buch besprochen wird, kommen jedoch nur 2 Giftnatterarten vor: die über Nordafrika bis Syrien verbreitete Uräusschlange (*Naja haje*) und die von Ägypten über Israel bis zum Iran und auf der Arabischen Halbinsel vorkommende Schwarze Wüstenkobra (*Walterinnesia aegyptia*).

Uräusschlange *Naja haje* (LINNAEUS, 1758)
Familie Giftnattern (Elapidae)
E Egyptian Cobra F Cobra d'Egypte

▲ Merkmale: Länge in der Regel 150–200 cm, kann aber mehr als 240 cm lang werden.
Große, stämmig wirkende Giftnatter. Relativ großer, vorne zugespitzter Kopf, der sich kaum vom Körper absetzt. Auge groß mit runder Pupille. Körperschuppen glatt. 19–21 Rückenschuppenreihen um die Körpermitte. 1 ungeteiltes Analschild. Kopfoberseite mit großen Schildern. 7 Oberlippenschilder (Supralabialia). Zwischen Augenunterrand und Oberlippenschildern eine Reihe kleiner Schildchen. Kein Zügelschild (Loreale). Grundfarbe sehr variabel, von Strohgelb über Hellbraun, Dunkelbraun bis zu Schwarzbraun oder Grau. In der Regel einfarbig, aber auch hell oder dunkel gefleckte Exemplare oder solche mit abwechselnd gelbbraunen und schwarzbraunen Querbändern. Auf dem Hals manchmal eine oder mehrere graue bis schwarze Querbinden. Bauch einfarbig gelblichbraun, grau oder bläulichgrau.
In der Erregung wird das vorderste Körperviertel aufgerichtet, und die Halsregion wird durch abgespreizte Rippen zu einem breiten, länglich-ovalen Nackenschild verbreitert.
Giftnatter mit vorne im Oberkiefer stehenden 8–10 mm langen Furchengiftzähnen. Besitzt ein hochwirksames Nervengift, das vor allem auf die Atemmuskulatur wirkt. Bißunfälle verlaufen ohne Serumtherapie meist tödlich!
▲ Lebensraum: Vielseitige, aber immer trockene Gebiete, die mit Felsen und Gestrüpp durchsetzt sind. Steppen und Savannen, Randregionen der Wüste, mit Gesteinsschutt und Buschwerk besetzte Berghänge, auch Oasen, locker bewachsene Wadis, Feldränder, Straßengräben und verwildertes Ruinengelände.

Die mehr als 2 m lang werdende Uräusschlange (*Naja haje*) gehört zu den Kobras. In Drohstellung richtet sie sich auf und spreizt einen Nackenschild ab. Das Nervengift ihrer vorderständigen Furchengiftzähne ist außerordentlich wirksam.

▲ Lebensweise: Dämmerungs- und nachtaktive Bodenschlange. Sehr ortstreu, bisweilen jahrelang im selben Erdloch, unter demselben Termitenhügel oder Felsblock. Sehr schnell und beweglich, mit blitzschnellen Reaktionen. Flieht, solange die Möglichkeit dazu besteht. In die Enge getrieben, stellt sie sich in der typischen Drohstellung mit abgespreiztem Nackenschild, beißt aber erst, wenn sie weiter gereizt wird. Hält eine Winterruhe.
▲ Nahrung: Kleinsäugetiere, Vögel und ihre Eier, Echsen, Schlangen, Frösche und Kröten. Tötet ihre Beute mit Giftbiß und einem äußerst wirksamen Nervengift.
▲ Fortpflanzung: Eierlegend. Legt 8–20 Eier in hohlen Baumstümpfen, Erdlöchern oder unter Felsbrocken ab. Junge Uräusschlangen sind beim Schlüpfen 23–34 cm lang.
▲ Besonderheiten: Stämmig wirkende Giftnatter. Spreizt als Warn- und Drohreaktion einen Nackenschild ab. Wird gerne von „Schlangenbeschwörern“ zur Schau gestellt. Besitzt ein hochwirksames Nervengift.

Verbreitung

Im hier besprochenen Gebiet Nordafrika bis Ägypten und Israel. Mit 3 Unterarten (*N. h. haje, N. h. anchieta* und *N. h. annulifera*) über ganz Afrika bis zur Arabischen Halbinsel verbreitet.

Schwarze Wüstenkobra *Walterinnesia aegyptia* LATASTE, 1887

Familie Giftnattern (Elapidae)
E Black Desert Cobra F Cobra noire du désert

▲ Merkmale: Länge im Durchschnitt 90–120 cm.
Natternartig wirkende Wüstenschlange. Kopf kaum vom Körper abgesetzt. Schnauze flach und breit. Auge mit runder Pupille. Schuppen auf der vorderen Körperhälfte und auf dem Schwanz deutlich gekielt, auf der hinteren Körperhälfte dagegen glatt (Unterscheidungsmerkmal zu den Kobras der Gattung Naja). 23 (selten 21) Rückenschuppenreihen um die Körpermitte, 27 Schuppenreihen um den Nacken. Analschild geteilt. Einige Unterschwanzschilder (Subcaudalia) ungeteilt, die meisten doppelt. 1 sehr langes Voraugenschild (Praeoculare) in Kontakt mit dem hinteren Nasenschild. 2 Hinteraugenschilder (Postocularia), davor ein Unteraugenschildchen (Suboculare). Kein Zügelschild (Loreale). Körperfärbung einfarbig dunkelbraun oder schwarz, glänzend. Jungtiere im östlichen Verbreitungsgebiet sind auf dem Rücken mit helleren, sattelartigen Querbändern gezeichnet. Bauch etwas heller gefärbt.
Fähigkeit zur Bildung eines Nackenschildes nicht vorhanden.
Giftnatter mit Furchengiftzähnen. Äußerst wirksames Nervengift (neu-

Die breite, flache Schnauze der Schwarzen Wüstenkobra (*Walterinnesia aegyptia*) weist auf die weitgehend unterirdische Lebensweise der Schlange hin.
Diese Giftnatter besitzt ein äußerst wirksames Nervengift – Bißunfälle sind auf Grund ihrer Lebensweise allerdings sehr selten.

Die Schwarze Wüstenkobra (*Walterinnesia aegyptia*) ist ein nachtaktiver Wüstenbewohner. Sie sieht schlecht und spürt ihre Beute vor allem mit dem Geruchssinn auf.

rotoxische Wirkung), allerdings sind Bißunfälle mit Menschen wegen der versteckten Lebensweise sehr selten.

▲ Lebensraum: Steinige und sandige Wüstengebiete mit spärlicher Buschvegetation, Wadis, auch Oasen und verwilderte Gärten. Unter Felsbrokken, in Erdspalten und in den Bauen von Kleinsäugetieren.

▲ Lebensweise: Nachtaktiv, weitgehend unterirdisch lebend. Sieht sehr schlecht und spürt die Beute in erster Linie mit dem Geruchssinn auf. Wenn man sie überrascht, drückt sie ihren Körper an den Boden und versteckt ihren Kopf unter den Körperschlingen. Bei Bedrohung zischt sie laut und wehrt sich mit abwehrenden Scheinbissen.

▲ Nahrung: Echsen, kleinere Schlangen, gelegentlich auch Kröten und nestjunge Mäuse oder kleine Vögel. Tötet ihre Beute mit Giftbiß.

▲ Fortpflanzung: Wenig bekannt. Eierlegend. Frisch geschlüpfte Jungschlangen wurden im September beobachtet.

▲ Besonderheiten: Dunkelbraun oder schwarz gefärbte Giftnatter der Wüste. Auf der vorderen Körperhälfte gekielte Schuppen, Schuppen des hinteren Körpers glatt. Sehr schwaches Sehvermögen, dafür ausgezeichneter Geruchssinn.

Verbreitung

Wüstengebiete von Ostägypten, Israel, Libanon, Syrien, Jordanien und Irak bis zum westlichen Iran und auf der Arabischen Halbinsel.

Vipern (Viperidae)

In dieser Familie werden zwei Schlangengruppen zusammengefaßt: die Echten Vipern (Unterfamilie Viperinae) und die Grubenottern (Unterfamilie Crotalinae).
Ihr gemeinsames Hauptmerkmal ist der Giftzahnapparat: Vorne im Oberkiefer stehen 2 oder mehrere große Röhrengiftzähne (solenoglyphe Zähne) auf einem beweglichen Knochen, die in Ruhestellung nach hinten in einer Schleimhautfalte eingeklappt liegen. Beim Biß wird der Zahn nach vorne aufgestellt und wirkt dann beim Einstich in die Beute oder in einen Feind wie eine Injektionskanüle. Das Gift ist äußerst wirksam. Es kann bei vielen Arten auch für den Menschen gefährlich und sogar tödlich sein, wenn nicht ein Arzt mit Antiserumbehandlung eingreift. In erster Linie dient das Gift allerdings zum Töten und Vorverdauen der Beute.

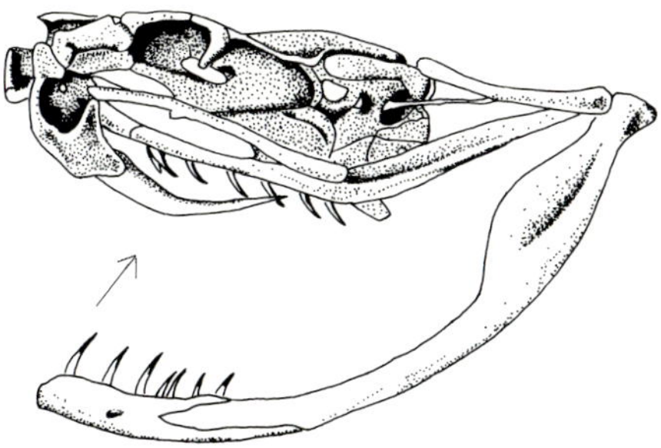

Schädel einer Viper mit vorderständigen Röhrengiftzähnen, die auf einem beweglichen Knochen sitzen und in Ruhestellung nach hinten eingeklappt werden.

Die Gestalt dieser Schlangengruppe ist in der Regel gedrungen, die Körperschuppen sind gekielt, der Kopf ist häufig dreiecksförmig und meist deutlich vom Körper abgesetzt. Bei vielen Arten, vor allem der Echten Vipern, ist die Kopfoberseite mit kleinen Schildchen bedeckt, oder die großen Schilder sind zumindest geteilt und reduziert.

Der Hauptunterschied zwischen Echten Vipern und Grubenottern liegt darin, daß die Grubenottern zwischen Auge und Nasenloch ein Wärmesinnesorgan – das sogenannte „Grubenorgan" – besitzen, mit dem sie warmblütige Beute auch in völliger Dunkelheit orten können.
Vipern und Grubenottern sind überwiegend Bodenschlangen.

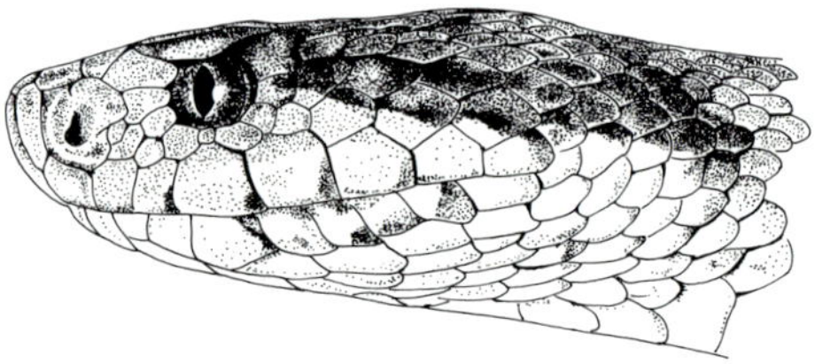

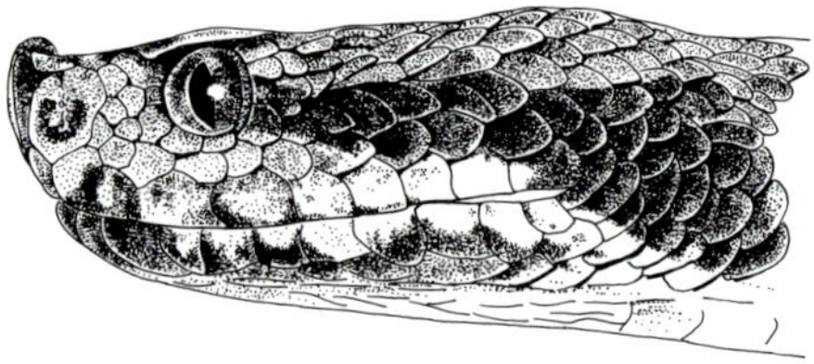

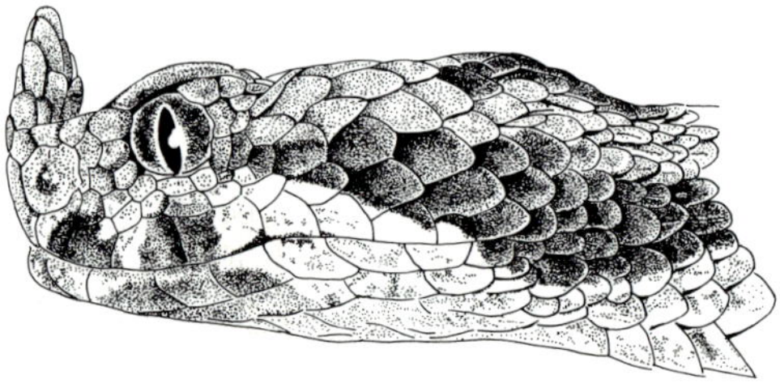

Während die Echten Vipern ausschließlich in der Alten Welt und in Afrika zu Hause sind, gibt es Grubenottern vor allem in der Neuen Welt und in Asien. Die Halysotter ist die einzige Grubenotternart, die Europa im äußersten Osten in der Gegend des Kaspisees berührt.

Drei verschiedene Ausbildungen des Schnauzenschildes bei der Gattung *Vipera:*

Oben: Kreuzotter mit abgerundeter Schnauze;

Mitte: Stülpnasenotter mit sehr kleinem, nach oben aufgeworfenem Schnauzenhorn;

Unten: Sandotter mit deutlichem, von mehreren Schuppen bedecktem Schnauzenhorn.

Hornviper *Cerastes cerastes* (LINNAEUS, 1758)
Familie Vipern (Viperidae)
Unterfamilie Echte Vipern (Viperinae)
E Horned Viper F Vipère à corne

▲ Merkmale: Länge 50–60 cm, manchmal etwas über 80 cm. Gedrungene und kurzschwänzige Wüstenviper. Kopf breit und dreiecksförmig, deutlich vom Körper abgesetzt. Auge mit senkrecht geschlitzter Pupille. Über jedem Auge ein markantes Horn, das aus einer einzigen Schuppe besteht. Manchmal treten hornlose Exemplare auf.
Körperschuppen gekielt. 26–37 Rückenschuppenreihen um die Körpermitte. Flankenschuppen sägezahnähnlich gekielt. Kopfoberseite mit vielen gekielten Schuppen bedeckt. 4–5 Reihen von Unteraugenschildchen (Subocularia) zwischen Augenunterrand und Oberlippenschildern. 12–15 Oberlippenschilder (Supralabialia). Bauchschilder mit seitlichen Kielen. Unterschwanzschilder (Subcaudalia) zweigeteilt.
Grundfarbe grau, sandgelb, rötlich oder braun. Auf dem Rücken eine Reihe dunkelbrauner oder braungrauer, rechteckiger Flecken, die quergestellt sind. Flanken mit kleineren, dunklen Flecken, die zwischen den Rückenflecken stehen. Kopfoberseite zeichnungslos; ein feiner, dunkler Strich zieht vom Auge zum Mundwinkel. Bauch porzellanweiß, zeichnungslos. Schwanzspitze manchmal schwarz.
Giftig. Röhrengiftzähne. Gift sehr wirksam (cytotoxische Wirkung). Beim Giftbiß ist Antiserumbehandlung angeraten!
▲ Lebensraum: Sand- und Steinwüste, oft mit schütterer Busch- und Bodenvegetation. Sucht gerne Zuflucht in den Gängen von Nagetierbauen. Im Gebirge nicht höher als 1500 m.
▲ Lebensweise: Überwiegend nachtaktiv, im Frühjahr allerdings auch frühmorgens und am Spätnachmittag in der Sonne unterwegs. Nicht sehr angriffslustig, aber immer fluchtbereit. Gräbt sich mit Hilfe ihrer an den Seiten kantig geformten Bauchschuppen schnell im Wüstensand ein, wobei sie mit Spreizbewegungen ihrer Rippen regelrecht im Sand versinkt. Bald ragen nur noch die Augen mit den darüberstehenden Hörnchen über die Sandoberfläche, dazu bisweilen die Schwanzspitze.

Kennzeichnend für die Hornviper (*Cerastes cerastes*) sind die Hörnchen über den Augen, die jeweils nur aus einer einzigen Schuppe bestehen.

Die Hornviper (*Cerastes cerastes*) variiert sehr stark in ihrer Färbung: Es können rötlich gefärbte Exemplare (links oben) und fahlsandgelbe Tiere (links unten) auftreten.

Die Hornviper (*Cerastes cerastes*) gräbt sich gern im Wüstensand ein, bis nur noch ihre Augen mit den darüberstehenden Hörnchen herausragen (rechts oben).

Die Hornviper (*Cerastes cerastes*) ist eine echte Wüstenschlange, die mit ihren gekielten Flankenschuppen ein zischendes Rasseln erzeugt und die sich sehr rasch seitenwindend über den Sandboden bewegen kann (rechts unten).

Bewegt sich seitenwindend über den Boden und hinterläßt dabei eine charakteristische Spur im Sand. Kann die stark gekielten Flankenschuppen durch Bewegen der Körperschlingen aneinander reiben und so ein zischendes Geräusch als Warn- und Drohlaut erzeugen.
Hält eine mehrmonatige Winterruhe.
▲ Nahrung: Kleinsäugetiere (Mäuse), Echsen und kleine Vögel. Tötet ihre Beute durch Giftbiß.
▲ Fortpflanzung: Eierlegend. Paarung im April–Mai. Im Juli–August werden 10–16 Eier abgelegt, die zu einem Eipaket verklebt sein können. Die Jungschlangen schlüpfen nach 6–8 Wochen.
▲ Besonderheiten: Echte Wüstenschlange. Über dem Auge ein spitzes, aus einer einzigen Schuppe bestehendes Horn. Gräbt sich gerne im Sand ein. Seitenwinderschlange. Erzeugt mit den gekielten Flankenschuppen ein zischendes Rasseln. Gift sehr wirksam (cytotoxische Wirkung).

Verbreitung

Ganz Nordafrika bis Ägypten mit Sinai-Halbinsel, Israel, Jordanien, Südirak und Saudi-Arabien.
Unterarten:
C. c. cerastes (Nordafrika von Mauretanien bis Ägypten),
C. c. gasperetti (Sinai-Halbinsel, Israel, Jordanien, Irak, Saudi-Arabien).

Avicennaviper *Cerastes vipera* (LINNAEUS, 1758)
Familie Vipern (Viperidae)
Unterfamilie Echte Vipern (Viperinae)
E Avicenna's Viper F Vipère d'Avicenna

▲ Merkmale: Länge im Durchschnitt um 35 cm, Maximallänge bis 50 cm. Kleine, gedrungene Wüstenschlange; der Hornviper (*Cerastes cerastes*) sehr ähnlich. Kopf breit und flach, deutlich vom Körper abgesetzt. Keine Hörnchen auf den Überaugenschildern. Augen schräg nach oben gerichtet (Unterscheidungsmerkmal zur Hornviper, deren Augen seitwärts gerichtet sind) und mit senkrecht geschlitzter Pupille.
Körperschuppen stark gekielt. 23–27 Rückenschuppenreihen um die Körpermitte. Flankenschuppen sägezahnähnlich gekielt. Kopfoberseite mit vielen gekielten Schuppen bedeckt. 3–4 Reihen von Unteraugenschildchen (Subocularia) zwischen Augenunterrand und Oberlippenschildern. 10–12 Oberlippenschilder (Supralabialia). Bauchschilder mit starken seitlichen Kielen. Unterschwanzschilder (Subcaudalia) zweigeteilt.
Grundfarbe sandfarben, gelblich- oder rötlichbraun. Rückenzeichnung aus undeutlichen, rostbraunen Flek-

Die Avicennaviper (*Cerastes vipera*) ist in ihrer Gestalt der Hornviper sehr ähnlich, trägt allerdings keine Hörnchen über den Augen. Sie bewegt sich ebenfalls seitenwindend vorwärts.

Die Augen der Avicennaviper (*Cerastes vipera*) sind schräg nach oben gerichtet – eine Anpassung an das Eingraben im Wüstenboden.

ken, die ebensogroß sind wie die Flankenflecken. Kopfoberseite zeichnungslos, manchmal mit einzelnen, dunklen Schuppen. Bauch einfarbig hellgelb. Schwanzspitze bei Weibchen schwarz, bei Männchen einfarbig oder mit wenigen, braunen Ringen.

Giftig. Röhrengiftzähne. Äußerst wirksames Gift (cytotoxische Wirkung). Für den Menschen gefährlich, nach Giftbiß ärztliche Betreuung und

Verbreitung

Sahara von Mauretanien bis Ägypten, auch Mali und Niger, Israel und Libanon.

Antiserumbehandlung notwendig.

▲ Lebensraum: Vorzugsweise Sandwüste, bisweilen mit spärlicher Bodenvegetation, wo sie zusammen mit der Hornviper (*C. cerastes*) vorkommt. Ruht eingegraben unter der Sandoberfläche oder in den Gängen von Nagetierbauen.

▲ Lebensweise: Vorwiegend nachtaktiv, manchmal auch in der Dämmerung rege. Wenig angriffslustig. Gräbt sich, wie die Hornviper, durch Spreizbewegungen ihrer Rippen im losen Wüstensand ein, bis nur noch die nach oben gerichteten Augen zu sehen sind. Fortbewegung über die Sandoberfläche durch Seitenwinden. Erzeugt als Warngeräusch ein laut zischendes Rasseln, indem sie die scharf gekielten Flankenschuppen mit Schlängelbewegungen des Körpers aneinanderreibt.

▲ Nahrung: Echsen und kleine Nagetiere. Tötet ihre Beute durch Giftbiß.

▲ Fortpflanzung: Lebendgebärend (ovovivipar). Die 3–5 Jungschlangen werden in einer durchsichtigen Eihaut geboren, aus der sie sich alsbald befreien.

▲ Besonderheiten: Kleine Wüstenviper. Kein Horn über dem Auge. Vergräbt sich im Sand, bis nur noch die nach oben gerichteten Augen zu sehen sind. Seitenwinder. Rasselt mit den Flankenschuppen als Droh- und Warnverhalten. Lebendgebärend. Äußerst wirksames Gift (cytotoxische Wirkung).

Auch die Avicennaviper (*Cerastes vipera*) vergräbt sich im lockeren Wüstensand (oben), wobei sie mit seitlichen Spreizbewegungen ihrer Rippen regelrecht im Sand „versinkt" (Mitte).
Schließlich schauen nur noch der Kopf mit den nach oben gerichteten Augen und die Schwanzspitze (Anlocken von Beutetieren?) über die Oberfläche hinaus (unten).

Sandrasselotter *Echis carinatus* (SCHNEIDER, 1801)
Familie Vipern (Viperidae)
Unterfamilie Echte Vipern (Viperinae)
E Saw-scaled Viper F Echide carénée

▲ Merkmale: Länge im Durchschnitt 60–70 cm, kann jedoch 80 cm geringfügig überschreiten.
Untersetzte, aber doch schlank wirkende Wüstenviper. Kopf dreiecksförmig abgerundet, deutlich vom Körper abgesetzt. Augen groß mit senkrecht geschlitzter Pupille, relativ weit vorne am Kopf gelegen. Körperschuppen stark gekielt. 25–37 Rückenschuppenreihen um die Körpermitte. Flankenschuppen (wie bei der Avicennaviper, *Cerastes vipera*) sägezahnartig gekielt, nach unten weisend. Kopfoberseite mit vielen gekielten Schuppen. 2 Reihen von Unteraugenschildchen (Subocularia) zwischen Augenunterrand und Ober-

Die Sandrasselotter (*Echis carinatus*) ist eine untersetzte und sehr variabel gezeichnete Giftschlange der wüsten- und halbwüstenhaften Trockengebiete. Wie die Hornviper (*Cerastes cerastes*) oder die Avicennaviper (*Cerastes vipera*) rasselt sie als Warn- und Drohgebärde mit den gekielten Flankenschuppen.

Bei Bedrohung hält die Sandrasselotter (*Echis carinatus*) den Kopf stoßbereit auf den Körperschlingen und stößt blitzschnell zu. Ihr Gift ist hochwirksam und auch für den Menschen außerordentlich gefährlich!
Die Sandrasselotter gilt als eine der giftigsten Vipern überhaupt.

lippenschildern. 10–12 Oberlippenschilder (Supralabialia). Unterschwanzschilder (Subcaudalia) ungeteilt (typisches Merkmal der Gattung Echis, alle anderen Viperngattungen besitzen geteilte Unterschwanzschilder).
Färbung und Zeichnung dieser Art sehr variabel. Grundfarbe graubraun, sandbraun, gelblichbraun oder dunkelbraun. Rückenmitte meist dunkler als die Flanken, von einer Reihe heller, dunkel eingefaßter Flecken überzogen, die quergestellt sind und vom Nacken bis zum Schwanz reichen. An den Flanken meist eine helle, unten dunkel begrenzte Wellenlinie, die sich manchmal in mit der Spitze nach oben weisende, V-förmige Linien auflöst, die über dunkleren Flecken stehen. Auf der Kopfoberseite eine helle, ebenfalls dunkel eingefaßte X-, Y- oder spießförmige Zeichnung. Bauch creme- oder porzellanweiß mit dunkel gesprenkelter Fleckung.
Giftig. Große Röhrengiftzähne. Gift hochwirksam (cytotoxische Wirkung) und deshalb für den Menschen besonders gefährlich. Giftbisse verlaufen ohne Antiserumbehandlung in der Regel tödlich!

Von den beiden im hier besprochenen Gebiet vorkommenden Unterarten der Sandrasselotter (*Echis carinatus*) ist *Echis carinatus pyramidum* die östliche Form. Ihr Verbreitungsgebiet reicht von Ägypten bis zur Arabischen Halbinsel.

▲ Lebensraum: Trockengebiete, die mit Felsen, Geröll und Buschwerk durchsetzt sind, Wadis und Berghänge in Wüstengegenden, auch Ränder von Ackerland und verwilderte Gärten, vor allem im Bereich von Oasen.

Verbreitung

Nord-, West- und Zentralafrika, bis Westasien, Indien, Pakistan und Sri Lanka. Im hier besprochenen Gebiet in ganz Nordafrika bis Ägypten.
Mehrere Unterarten:
E. c. carinatus (Indien),
E. c. astolae (Insel Astola vor der Küste von Pakistan),
E. c. leakeyi (Kenya, Südäthiopien und Somalia),
E. c. ocellatus (Westafrika),
E. c. pyramidum (Ägypten und Arabische Halbinsel),
E. c. sinhaleyus (Sri Lanka),
E. c. sochureki (südliche UdSSR, Iran, Irak?, Afghanistan?, Pakistan und Nordindien).
Die Unterart *pyramidum* wird von manchen Zoologen als eigenständige Art aufgefaßt, allerdings ist diese Auffassung noch in der wissenschaftlichen Diskussion.

Von Meereshöhe bis nahe an 2000 m im Gebirge.

▲ Lebensweise: Überwiegend nachtaktiv. Kann sich seitenwindend fortbewegen. Erzeugt – wie die Horn- und die Avicennaviper – durch Aneinanderreiben der stark gekielten Flankenschuppen ein durchdringend zischendes Rasseln; damit vermeidet sie vor allem großen Verlust von feuchter Atemluft. Sehr leicht reizbar! Rollt den Körper bei Bedrohung „tellerförmig" ein, hält den Kopf auf den Körperschlingen stoßbereit und beißt blitzschnell zu.

▲ Nahrung: Kleinsäugetiere (Mäuse und andere Nager), Vögel, Echsen, kleinere Schlangen und Frösche. Tötet ihre Beute durch Giftbiß.

▲ Fortpflanzung: Meist lebendgebärend, bis zu 15 Jungschlangen in einem Wurf. Die Unterart *leakeyi* legt Eier, auch andere Formen in Nordafrika sollen Eier legen (z.B. die Unterart *pyramidum*).

▲ Besonderheiten: Variabel gezeichnete Giftschlange der wüsten- und halbwüstenhaften Trockengebiete. Seitenwinderschlange. Rasselt mit den Flankenschuppen als Warn- und Drohgebärde. Teils lebendgebärend, teils eierlegend. Leicht erregbar. Gift hochwirksam (cytotoxische Wirkung).

Die Sandrasselotter gilt als eine der giftigsten Vipern überhaupt!

Arabische Sandrasselotter *Echis coloratus* GUENTHER, 1878
Familie Vipern (Viperidae)
Unterfamilie Echte Vipern (Viperinae)
E Arabian Saw-scaled Viper F Echide carénée d'Arabie

▲ Merkmale: Länge im Durchschnitt 60–80 cm.

In Gestalt und den äußeren Merkmalen der Sandrasselotter (*E. carinatus*) sehr ähnlich, wenngleich etwas schlanker wirkend. Der dreiecksförmige Kopf deutlich vom Körper abgesetzt. Augen mit senkrecht geschlitzter Pupille.

Körperschuppen stark gekielt. 23–27 Rückenschuppenreihen um die Körpermitte. Flankenschuppen sägezahnartig gekielt. Kopfoberseite von vielen kleinen Schuppen bedeckt. 3–4 Reihen von Unteraugenschildchen (Subocularia) zwischen Augenunterrand und Oberlippenschildern, gegenüber 2 Reihen bei der Sandrasselotter (wichtiges Unterscheidungsmerkmal zwischen beiden Arten). 12–15 Oberlippenschilder (Supralabialia). Unterschwanzschilder (Subcaudalia) ungeteilt.

Grundfarbe gelbgrau, braungrau oder rostbraun, gegen die Rückenmitte hin dunkler. Entlang der Rükkenmitte eine Reihe oval-rhomboider Querflecken (manchmal kurze Querbänder), die dunkel gesäumt und in der Mitte hellgrau bis rostrosa aufgehellt sind. An den Flanken blaugraue Flecken. Kopfoberseite ohne deutliche Zeichnung, bisweilen kleine, unregelmäßige Fleckchen. Dunkles Schläfenband durch das Auge zum Mundwinkel ziehend. Bauch weißlich-porzellanfarben.

Giftig. Große Röhrengiftzähne. Gift

Die Färbung der Arabischen Sandrasselotter (*Echis coloratus*) ist außerordentlich variabel:

Sie kann dunkel oder hell erscheinen (links), manche Exemplare sind sogar orangerot (rechts oben und unten) – immer wirkt jedoch das Zusammenspiel von Grundfarbe und Zeichnungsmuster auffallend kontrastreich.

Die Arabische Sandrasselotter (*Echis coloratus*) ist ein Bewohner der Fels- und Steinwüsten. In Aussehen und Lebensweise ähnelt diese Art stark der Sandrasselotter (*Echis carinatus*).

hochwirksam und für den Menschen gefährlich. Giftbisse oft tödlich; ärztliche Betreuung und Antiserumbehandlung notwendig.

▲ Lebensraum: Bergige Felswüsten mit steinigen Hängen und spärlicher Dornbuschvegetation. Im Gebirge bis 2600 m hinaufsteigend.

▲ Lebensweise: Sehr ähnlich derjenigen der Sandrasselotter. Sowohl tag- als auch nachtaktiv. Fortbewegung oft seitenwindend. Erzeugt mit den gekielten Flankenschuppen durch Aneinanderreiben ein zischendes Rasseln. Ebensoleicht reiz- und erregbar wie die Sandrasselotter, mit einem ähnlichen, blitzschnell zustoßenden Abwehrverhalten.

▲ Nahrung: Kleinsäugetiere (Mäuse),

Echsen, Schlangen. Tötet ihre Beute durch schnell wirkenden Giftbiß.
▲ Fortpflanzung: Eierlegend. Legt 7–9 Eier, die auf harten Untergrund (z.B. in Felsspalten oder unter Steinen) geklebt werden.
▲ Besonderheiten: In Aussehen und Lebensweise sehr ähnlich der Sandrasselotter (*E. carinatus*). Bewohner der Felswüsten. Seitenwinder-Fortbewegung. Rasselt mit den Flankenschuppen als Warn- und Drohgebärde. Eierlegend. Sehr leicht erregbar. Gift hochwirksam.

Verbreitung

Ägypten östlich des Nils, Sinai-Halbinsel, Israel, Arabische Halbinsel einschließlich Saudi-Arabien.

Persische Trughornviper

Pseudocerastes persicus Schmidt, 1930
Familie Vipern (Viperidae)
Unterfamilie Echte Vipern (Viperinae)
E Persian False Hornviper F Vipère à corne faux du Perse

▲ Merkmale: Länge 60–70 cm, gelegentlich bis zu 90 cm.
Mittelgroße Viper. Kopf breit und dreiecksförmig, sehr markant vom Körper abgesetzt. Augen klein, mit senkrecht-elliptisch geschlitzter Pupille. Die Überaugenschilder (Supraocularia) sind zu kleinen, mit mehreren Schuppen bedeckten Hörnchen über den Augen umgebildet. Die Nasenlöcher weisen nach oben außen.
Rückenschuppen gekielt. Flankenschuppen ungekielt, aber manchmal mit einem schwach ausgebildeten, knötchenartigen Vorsprung an der Spitze. Die im hier besprochenen Gebiet vorkommende Unterart *fieldi* besitzt 21–23 Rückenschuppenreihen um die Körpermitte (gegenüber 23–25 bei der Nominatform *Ps. p. persicus*). Kopfoberseite mit kleinen Schuppen bedeckt. 3 Reihen von Unteraugenschildchen (Subocularia)

Bei der Persischen Trughornviper (*Pseudocerastes persicus*) wird das Hörnchen über dem Auge aus den zu mehreren Schuppen umgestalteten Überaugenschildern gebildet.

zwischen Augenunterrand und Oberlippenschildern. 13 Oberlippenschilder (Supralabialia).
Grundfarbe grau, gelbgrau oder graubraun. Rückenzeichnung aus dunklen Querflecken oder Querbändern, die verblaßt erscheinen können. An den Flanken kleinere Flecken. Kopfoberseite ungezeichnet oder mit undeutlichen, kleinen Fleckchen. Dunkles Schläfenband vom Auge zum Mundwinkel. Bauch grauweiß, bisweilen mit dunklerer Fleckung. Schwanzspitze bei erwachsenen Tieren oft schwarz.
Giftig. Röhrengiftzähne. Gift sehr wirksam. Beim Giftbiß Antiserumbehandlung notwendig!

▲ Lebensraum: Halbwüste mit Sandboden oder Geröll und mit lockerem Buschwerk bestanden. Sucht Unterschlupf in Felsspalten und in den Bauen von Kleinsäugetieren.

▲ Lebensweise: Teils tagaktiv (Frühjahr), teils dämmerungs- und nachtaktiv (heiße Jahreszeit). Fortbewegung oft als Seitenwinder und damit eine echte Wüstenviper. Sehr scheu und flüchtig; vermeidet die Nähe menschlicher Siedlungen. Faucht bei Bedrohung laut, beißt aber selten.

▲ Nahrung: Mäuse, kleine Vögel und Echsen. Tötet ihre Beute durch Giftbiß.

▲ Fortpflanzung: Eierlegend. Pro Gelege 11–21 Eier, die bereits entwickelte Embryonen enthalten. Paarung im Mai–Juni, Eiablage Anfang August. Schlupf im September.

▲ Besonderheiten: Wüstenviper mit kleinem, aus mehreren Schüppchen gebildetem Schuppenhorn über dem Auge. Halbwüstenbewohner. Seitenwinderschlange. Gift sehr wirksam.

Verbreitung

Israel, Libanon, außerdem Jordanien, Irak, Arabische Halbinsel, Iran, Afghanistan bis West-Pakistan.

Unterarten:
Ps. p. persicus (Irak, Arabische Halbinsel, Iran, Afghanistan bis West-Pakistan),
Ps. p. fieldi (Israel, Libanon, Jordanien).

Sandotter, Europäische Hornotter

Vipera ammodytes (LINNAEUS, 1758)
Familie Vipern (Viperidae)
Unterfamilie Echte Vipern (Viperinae)
E Nose-horned Viper F Vipère des Sables

▲ Merkmale: Länge meist 60–80 cm, kann aber auch 90 cm oder gar 110 cm erreichen. Inselformen allerdings kaum länger als 40–50 cm. Männchen deutlich größer als die Weibchen.

Die Sandotter (*Vipera ammodytes*) ist eine große, kräftige Viper mit dunklem Wellen- oder Zickzackband auf dem Rücken und einem deutlichen Schuppenhorn auf der Schnauze (oben).
Ihr Gift wirkt vor allem auf Blut und Gefäßsystem und ist für den Menschen gefährlich!

Das Schnauzenhorn der Sandotter (*Vipera ammodytes*) wird aus mehreren Schuppen gebildet und kennzeichnet nach Größe und Schuppenzahl vielfach die Unterarten dieser Art. Die Pupille ist – wie bei allen Vipern – senkrecht geschlitzt (links).

Rechts: Die Variabilität der Sandotter (*Vipera ammodytes*) zeichnet sich durch eine Reihe beschriebener Unterarten aus, die auch sehr unterschiedlich gefärbt sein können. Hier einige Beispiele:

Die Nominatform *Vipera ammodytes ammodytes* kann grau (oben), rötlich (Mitte) oder gelblich-sandfarben (unten) vorkommen.
Ihr Verbreitungsgebiet liegt auf dem Balkan von Jugoslawien bis Albanien und Nordwestbulgarien.

Vipera ammodytes gregorwallneri lebt in Österreich und im nördlichsten Jugoslawien (oben links).

Vipera ammodytes meridionalis besiedelt das Gebiet von Südjugoslawien und Südalbanien über Griechenland bis zur Westtürkei (oben rechts).

Porträtaufnahme von *Vipera ammodytes meridionalis* (links).

Kräftige, für europäische Vipern relativ lange Schlange. Kopf dreiecksförmig, vom Körper abgesetzt und mit deutlichem, von mehreren Schuppen bedecktem Schnauzenhorn. Auge mit senkrecht geschlitzter Pupille.
Körperschuppen gekielt. 21–23 Rükkenschuppenreihen um die Körpermitte. Kopfoberseite mit vielen kleinen Schildchen bedeckt, lediglich über jedem Auge ein großes Überaugenschild (Supraoculare). 2 Reihen Unteraugenschildchen (Subocularia) zwischen Augenunterrand und Oberlippenschildern. Anzahl der Bauchschilder mit 150–163 sehr hoch.
Grundfarbe sehr variabel, hellgrau bis grauoliv, braun von hellbraun über rötlichbraun bis dunkelbraun, gelegentlich auch gelblich oder bräunlichrosa. Schwärzlinge kommen vor (Melanismus). Rücken-

Das Verbreitungsgebiet von *Vipera ammodytes montandoni* reicht von Rumänien über Nordbulgarien bis zur europäischen Türkei (oben).

Auf den griechischen Ägäisinseln lebt eine kleinwüchsige Sandvipernform, die bisher zu *Vipera ammodytes meridionalis* gerechnet wurde, möglicherweise aber als eigenständige Unterart geführt werden muß (rechts).

zeichnung aus einem scharf begrenzten, dunklen Zickzackband oder einem durch schmale Stege verbundenen Rautenmuster bestehend; nur bei der Unterart *transcaucasiana* Tendenz zu einer reinen Querbindenzeichnung. An den Flanken kleinere, dunkle Punkte. Kopfoberseite entweder ungezeichnet oder mit einem dunklen, nach hinten offenen V-Muster am Übergang zum Nacken. Die auffällige, kontrastreiche Rückenzeichnung verhilft den Tieren offenbar zu einer gestaltauflösenden Tarnung. Bauch grau, rötlich oder gelbgrau, oft mit dunkler Fleckung oder Marmorierung. Schwanzunterseite kann grün, gelb oder rot sein.

Giftig. Röhrengiftzähne. Das Gift ist äußerst stark und wirkt vor allem auf Blut und Gefäßsystem (cytotoxische Wirkung). Für den Menschen gefähr-

Vipera ammodytes ruffoi kommt im norditalienischen Alpengebiet vor (oben).

Vipera ammodytes transcaucasiana ist von der Nordosttürkei bis Transkaukasien verbreitet (unten).

lich. Antiserumbehandlung nach einem Giftbiß notwendig. Todesfälle sind allerdings kaum bekannt.

▲ Lebensraum: Trockene Gebiete. Mit Buschwerk bestandene Geröllhänge, Macchiagelände, Steinhaufen, Legesteinmauern, verwilderte Gärten, Wiesen- und Waldränder, lichte Eichenwälder, Ödlandstellen zwischen Ackerflächen, aber auch Bach- und Flußufer oder der Rand von Teichen und Seen. Geht im Gebirge gelegentlich bis fast 2000 m hinauf, jedoch eigentlich ein Tier der tieferen Lagen bis 600 m.

▲ Lebensweise: Tag- und dämmerungsaktiv. Sonnt sich gern am frühen Morgen in der prallen Sonne, ehe sie sich über Mittag in den Halbschatten zurückzieht. Hauptjagdzeit auf Beute in der Dämmerung und am Abend. Relativ langsam. Bei Gefahr versucht sie immer zu fliehen. In die Enge getrieben, zischt sie laut und beißt aus angehobenem, zurückgekrümmtem Vorderkörper erst dann zu, wenn man sie ergreifen will. Hält eine Winterruhe von 2–6 Monaten. Große Mengen der Sandottern finden sich an günstigen Überwinterungsplätzen zusammen, manchmal bis zu mehreren hundert Exemplaren.

▲ Nahrung: Mäuse und andere Kleinsäugetiere, Vögel, Echsen und kleinere Schlangen. Tötet ihre Beute durch Giftbiß.

▲ Fortpflanzung: Lebendgebärend (ovovivipar). Paarung im Frühjahr nach der Winterruhe und der ersten Häutung. Kommentkämpfe der Männchen können beobachtet werden. 4–20 Jungschlangen werden Ende August–Anfang Oktober geboren. Die Jungen ernähren sich zunächst vorwiegend von kleinen Eidechsen und großen Insekten.

▲ Besonderheiten: Deutliches Nasenhorn. Dunkles Wellen- oder Zickzackband auf dem Rücken. Das Gift ist äußerst stark.

Wurde in Österreich unter Schutz gestellt.

Verbreitung

Von Österreich (Kärnten, Steiermark) über die Balkanländer, Griechenland mit Kykladeninseln bis zur westlichen Türkei und nach Transkaukasien in der südlichen UdSSR (vielleicht auch Syrien? und Libanon?). Inselartiges Vorkommen im norditalienischen Alpenraum.

Unterarten:
V. a. ammodytes (Jugoslawien, Albanien, Südwestrumänien, Nordwestbulgarien),
V. a. gregorwallneri (Ostösterreich, vielleicht bis zum nördlichsten Jugoslawien),
V. a. meridionalis (Südjugoslawien, Südalbanien, Griechenland mit Kykladeninseln, Westtürkei),
V. a. montandoni (Rumänien, Nordbulgarien bis zum Schwarzen Meer, europäische Türkei),
V. a. ruffoi (norditalienisches Alpengebiet),
V. a. transcaucasiana (Nordosttürkei bis Transkaukasien, vielleicht Nordiran; ist in der UdSSR streng geschützt).

Es ist durchaus möglich, daß auf den Kykladeninseln eine eigenständige Form lebt. Untersuchungen hierüber sind allerdings bislang noch nicht veröffentlicht worden.

Aspisviper *Vipera aspis* (Linnaeus, 1758)

Familie Vipern (Viperidae)
Unterfamilie Echte Vipern (Viperinae)
E Asp Viper F Vipère aspic

▲ Merkmale: Länge 60–70 cm, ausnahmsweise bis 90 cm.
Gedrungen gebaute, relativ kurze Viper. Kopf deutlich vom Körper abgesetzt, dreiecksförmig und an der Schnauze etwas aufgeworfen (kein Schnauzenhorn). Auge mit senkrecht geschlitzter Pupille. Die Überaugenschilder (Supraocularia) bilden über dem Auge eine scharfe Kante.
Körperschuppen gekielt. 21–23 Rükkenschuppenreihen um die Körpermitte. Ungeteiltes Analschild. 2–3 Reihen von Unteraugenschildchen (Subocularia) zwischen Augenunterrand und Oberlippenschildern.
Grundfarbe hellgrau, graugelb, rotbraun, orange oder einfarbig schwarz (Melanismus). Rückenzeichnung aus 2 Reihen dunkler, rechteckiger Flekken, die zu einem Wellen- oder Zickzackband verschmolzen sein können. Flanken mit je einer Reihe dunkler, zu den Rückenflecken versetzt stehender Barrenflecken. Schwanz zur Spitze hin oft gelb oder orange gefärbt. Kopf mit dunklem Schläfenband vom Auge zum Hals. Bauch grau mit dunkler Wölkung oder Sprenkelung.
Giftig. Röhrengiftzähne. Gift etwas stärker als bei der Kreuzotter (Vipera berus). Giftbiß sollte mit Antiserum behandelt werden.

Die Aspisviper (*Vipera aspis*) besitzt eine charakteristische Rückenzeichnung aus zwei Reihen dunkler, rechteckiger Flecken, die bisweilen zu einem Wellen- oder Zickzackband verschmolzen sein können (oben).

Die Kopfoberseite der Aspisviper (*Vipera aspis*) bildet vom Auge zur Schnauze eine scharfe Kante. Die Schnauze selbst ist leicht aufgeworfen, trägt aber kein Schnauzenhorn (unten).

Von den 5 Unterarten der Aspisviper (*Vipera aspis*) können wir 4 abbilden:

Die Nominatform *Vipera aspis aspis* kommt im größten Teil des Verbreitungsgebietes vor (oben).

Vipera aspis atra ist von den Alpen Südostfrankreichs über die Zentralschweiz bis Nordwestitalien verbreitet (unten).

Vipera aspis francisciredi kommt von der Südschweiz bis Mittelitalien und auf Elba vor (oben).

Vipera aspis hugyi lebt in Süditalien und auf Sizilien (unten).

▲ Lebensraum: Hügellandschaft im Mittelgebirge und Gebirgsregionen. Trockene und sonnige Hänge, die mit Felsbrocken, Buschwerk und Legesteinmauern durchsetzt sind, oft an der Südseite von Fluß- und Bachläufen. Steigt im Gebirge bis über 2500 m hinauf.
▲ Lebensweise: Bodenschlange. Im Frühjahr und Herbst überwiegend tagaktiv, im Hochsommer dämmerungsaktiv. Vermeidet den Wind. Nimmt schon sehr früh am Tage das erste Sonnenbad. Scheu und flüchtig. Wenn sie sich in die Enge getrieben fühlt oder gar ergriffen wird, beißt sie heftig zu.
Winterruhe bis zu 6 Monaten.
▲ Nahrung: Mäuse, Eidechsen, kleine Vögel. Tötet ihre Beute durch Giftbiß.
▲ Fortpflanzung: Lebendgebärend (ovovivipar). Paarung im Frühjahr (Mai) kurz nach der Überwinterung. Bringt Ende August–September 5–15 lebende Junge zur Welt.
▲ Besonderheiten: Kantige Kopfoberseite und aufgeworfene Schnauze, aber kein Schnauzenhorn. Giftschlange mit Giftzahnapparat.

Verbreitung

Nordöstliches Spanien, Mittel- und Südfrankreich, Süd-, Zentral- und Westschweiz, Italien mit Elba und Sizilien, Nordistrien (?), Restvorkommen im südlichen Schwarzwald.

Unterarten:
V. a. aspis (im größten Teil des Verbreitungsgebietes),
V. a. atra (Alpen Südostfrankreichs über Zentralschweiz bis Nordwestitalien),
V. a. francisciredi (Südschweiz bis Mittelitalien und Elba),
V. a. hugyi (Süditalien und Sizilien),
V. a. zinnikeri (französische Pyrenäen, Gascogne).

Kreuzotter *Vipera berus* (LINNAEUS, 1758)
Familie Vipern (Viperidae)
Unterfamilie Echte Vipern (Viperinae)
E Adder or Common Viper F Vipère péliade

▲ Merkmale: Länge im Durchschnitt 60–75 cm, kann jedoch 85 cm erreichen. Weibchen meist größer als Männchen.
Gedrungen gebaut, aber trotzdem schlank wirkend.
Kopf nur wenig vom Körper abgesetzt. Schnauze gleichmäßig abgerundet, nicht aufgeworfen (Unterscheidungsmerkmal zur Aspisviper *Vipera aspis*). Auge mit rötlicher Iris und senkrecht geschlitzter Pupille.
Körperschuppen gekielt. 21 Rückenschuppenreihen um die Körpermitte. Auf der Kopfoberseite das Stirnschild (Frontale) und die Scheitelschilder (Parietalia) groß und vollständig ausgebildet. 1 Reihe von

Die Kreuzotter (*Vipera berus*) ist die am weitesten verbreitete Giftschlange Europas und geht in Skandinavien sogar etwas über den Polarkreis hinaus. Charakteristische Kennzeichen sind das dunkle Zickzackband auf dem Rücken und die X- oder V-Zeichnung auf dem Hinterkopf (oben).

Der Kopf der Kreuzotter (*Vipera berus*) ist verhältnismäßig wenig vom Körper abgesetzt, die Schnauze wirkt gleichmäßig abgerundet (unten).
Der Giftbiß der Kreuzotter ist zwar äußerst schmerzhaft, verläuft beim Menschen aber kaum jemals tödlich.

Unteraugenschildchen (Subocularia) zwischen Augenunterrand und Oberlippenschildern. 9 Oberlippenschilder (Supralabialia).
Grundfarbe sehr variabel, braun, silbergrau, gelb, olivgrün, blaugrau, orange, rotbraun oder kupferrot. Häufig treten einheitlich schwarze Exemplare auf (Melanismus), besonders oft in Moorgebieten und in Hochlagen der Gebirge um die Baumgrenze. Markante Rücken-

zeichnung aus einem dunklen, breiten Zickzackband, das auch als Wellen- oder Rautenband ausgebildet oder in einzelne Querbinden aufgelöst sein kann (Unterart *bosniensis*). An den Flanken eine Reihe runder, dunkler Flecken. Auf dem Hinterkopf eine X-förmige oder mit der Spitze nach vorne weisende V-förmige Zeichnung. Ein scharfes, breites Schläfenband zieht durch das Auge nach hinten zum Hals. Bauch graubraun, schwarzbraun oder schwarz, bisweilen mit helleren Flecken. Unterseite der Schwanzspitze gelb, orange oder ziegelrot.

Giftig. Röhrengiftzähne. Das Gift wirkt in erster Linie auf Blut und Gefäßsystem (cytotoxische Wirkung). Giftbiß äußerst schmerzhaft. Bißunfälle bei Menschen sind selten und verlaufen kaum je tödlich, trotzdem sollte in jedem Falle ein Arzt aufgesucht und Antiserumbehandlung durchgeführt werden.

▲ Lebensraum: Sehr unterschiedlich und vielseitig. Braucht Wohngebiete mit starken Tag-Nacht-Temperaturschwankungen und hoher Luftfeuchtigkeit. Deshalb vor allem in Mooren, Sümpfen, Brüchen und auf Bergwiesen im Bereich der Baumgrenze. Besiedelt aber auch Waldränder, Waldlichtungen, Steinbrüche, Bahndämme, Heideflächen, Feldränder, lichte Nadel- und Birkenwälder sowie Ufergebiete von Teichen, Seen und Bächen. Steigt im Gebirge bis gegen 3000 m hinauf. Findet Zuflucht in Büschen, unter Baumwurzeln, in Steinhaufen und in den Gängen von Nagetierbauen.

▲ Lebensweise: Tagaktiv, nur bei großer Hitze dämmerungsaktiv. Sonnt sich am frühen Morgen und in den späten Nachmittagsstunden; erreicht bei 30–33 °C ihre optimale Reaktionstemperatur. Besonders lebhaft

Die Kreuzotter (*Vipera berus*) kann in ihrer Färbung stark variieren:
Einheitlich schwarz gefärbte Exemplare (oben) treten vor allem in Moorgebieten (Oberbayern) und in Hochlagen des Gebirges auf.
Das kupferrot gefärbte Tier (unten) stammt aus dem großen Naturschutzgebiet des Murnauer Mooses nördlich von Garmisch-Partenkirchen.

an warm-schwülen Tagen und nach langen Regenperioden; windempfindlich. Schwimmt gut. Kommt schon sehr früh aus der Winterruhe, in manchen Gegenden bereits im März–April. Im allgemeinen heimlich und scheu. Bei Gefahr ist die erste Reaktion eine Flucht in die Vegetation oder unter Steine; erst wenn sie in die Enge getrieben wird, zischt sie und schnellt den Oberkörper zum Biß nach vorne. Hält eine 5–7 Monate

Die Weibchen der Kreuzotter (*Vipera berus*) bringen lebende Junge zur Welt. Die Jungschlangen werden in einer durchsichtigen Schleimhülle geboren, aus der sie sich sofort nach der Geburt befreien (oben).

Die neugeborenen Kreuzottern (*Vipera berus*) zeigen immer die kontrastreiche Zickzack-Zeichnung, auch wenn die Mutter einfarbig schwarz gefärbt ist. Die Umfärbung erfolgt erst beim Heranwachsen (unten).

dauernde Winterruhe, die am Polarkreis sogar 8 Monate anhalten kann. Überwintert oft zu vielen in Gemeinschaftsquartieren.

▲ Nahrung: Mäuse, junge Vögel, Eidechsen und Frösche, vor allem Braunfrösche. Tötet ihre Beute mit Giftbiß. Wartet nach der Giftinjektion, bis das Beutetier gestorben ist, dann verschlingt sie es kopfvoran im ganzen. Bewegt sich während der Verdauungszeit recht schwerfällig und unbeholfen.

▲ Fortpflanzung: Lebendgebärend (ovovivipar). Paarung im April–Mai. Vor der stundenlang dauernden Kopulation ein ausgiebiges Paarungsspiel. Die Männchen messen häufig im Kommentkampf (Umschlingen, Aufrichten und Niederdrücken des Gegners) ihre Kräfte. Ende August–Anfang Oktober werden 5–15 (selten bis 20) Junge geboren, die in einer durchsichtigen Schleimhülle zur Welt kommen, aus der sie sich sofort befreien. Das Weibchen wirkt nach der Geburt eingefallen und faltig. Nach der ersten Häutung jagen die Jungschlangen alsbald auf junge Eidechsen und junge Braunfrösche. Es dauert 3–4 Jahre, ehe die jungen Kreuzottern fortpflanzungsfähig werden.

▲ Besonderheiten: Am weitesten verbreitete Giftschlange Europas. Auf dem Rücken markantes Zickzackband; auf dem Hinterkopf eine X- oder V-Zeichnung. Liebt kühle Temperaturen und Feuchtigkeit, deshalb vor allem in Moorgebieten und in Hochlagen des Gebirges. Lebendgebärend. Das Gift wirkt in erster Linie auf Blut und Gefäßsystem (cytotoxische Wirkung). Unfälle können in Kreuzottergebieten durch vorsichtiges Verhalten (Verzicht auf Barfußlaufen, Achtsamkeit beim Beeren- und Pilzesammeln, keine Schlangen anfassen) vermieden werden.
Die Kreuzotterbestände sind vielfach dramatisch zurückgegangen, deshalb wird die Art in vielen Ländern Europas (z. B. Schweiz, Österreich, BRD, DDR oder England) inzwischen streng geschützt.

Verbreitung

Mittel- und Nordeuropa von England und Frankreich über die Alpenländer, Mitteleuropa, die nördlichen Balkanländer, Skandinavien bis etwas über den Polarkreis hinaus (nördlichste Schlangenart), Polen, ČSSR, Ungarn, die gesamte nördliche UdSSR bis in den Fernen Osten nach Sachalin.

Unterarten:
V. b. berus (größter Teil des Verbreitungsgebietes),
V. b. bosniensis (Jugoslawien von Südslowenien bis Mazedonien, Nordalbanien, Westbulgarien),
V. b. sachalinensis (Südostsibirien, Nordmongolei, Sachalin und Insel Schantar).

Libanesische Bergotter

Vipera (Daboia) bornmuelleri WERNER, 1898
Familie Vipern (Viperidae)
Unterfamilie Echte Vipern (Viperinae)
E Libanon Viper F Vipère de Libanon

▲ Merkmale: Im Libanon wenig über 50 cm, im Hermon bis 75 cm.
Kleine, gedrungen gebaute Viper. Kopf deutlich vom Körper abgesetzt. Auge mit senkrecht geschlitzter Pupille.
Körperschuppen gekielt. 23 (selten 21) Rückenschuppenreihen um die Körpermitte. 42–58 kleine Schuppen auf der Kopfoberseite vom Hinterrand der Überaugenschilder an gerechnet. 6–9 Schuppen an der schmalsten Stelle zwischen den Überaugenschildern. Überaugenschilder (Supraocularia) ragen deutlich über die Augen vor. 2 Reihen von Unteraugenschildchen (Subocularia) zwischen Augenunterrand und Oberlippenschildern. 9 Oberlippenschilder (Supralabialia).
Grundfarbe grau, graubraun und braun. Rückenzeichnung in der Jugend wie bei der Kleinasiatischen Bergotter, später bildet sich das Innere der dunklen Zickzackflecken zurück, und es bleibt eine unregelmäßige Zeichnung aus gekrümmten Querbarren und Querflecken. An den Flanken weit auseinanderstehende, dunkle Flecken. Auf dem Hinterkopf 2 halbmondartig gebogene Flecken, die V-artig verschmelzen können. Dunkles Schläfenband vom Auge zum Mundwinkel. Bauch grau, oft mit feiner Sprenkelung.
Giftig, Röhrengiftzähne. Giftbiß beim Menschen so schwerwiegend wie derjenige der Kleinasiatischen Bergotter (Vipera xanthina). Antiserumbehandlung notwendig.
▲ Lebensraum: Vegetationsreiche, mit Geröll und Felsen durchsetzte Berghänge im Libanon und am Mount Hermon, vor allem im Bereich von Zedernbeständen. Wohngebiet zwischen 1600 und 2000 m.
▲ Lebensweise: Wenig bekannt. Offenbar bedarf die Libanesische Berg-

Die Libanesische Bergotter (*Vipera bornmuelleri*) kommt nur im Libanon und am Mount Hermon im Grenzgebiet zwischen Libanon und Syrien vor.

otter einer gewissen Luftfeuchtigkeit. Normalerweise recht träge und scheu, beißt aber bei Bedrohung blitzschnell zu. Zischt als Warn- und Drohverhalten. Hält vermutlich eine Winterruhe von mehreren Monaten.

▲ Nahrung: Kleinsäugetiere wie Mäuse, Ratten und Hamster.

▲ Fortpflanzung: Lebendgebärend (ovovivipar); 5–18 Jungschlangen, bei jungen Weibchen auch nur 2.

▲ Besonderheiten: Gedrungene Viper mit aufgelöster Rückenzeichnung aus einzelnen Querbarren und Querflecken. V-förmig angeordnete Halbmondflecken auf dem Hinterkopf. Eng begrenztes Wohngebiet zwischen 1600 und 2000 m im Libanon und am Mount Hermon. Recht giftig.

Verbreitung

Endemische (eng begrenzte) Art im Libanon und im Grenzgebiet zwischen Libanon und Syrien (Mount Hermon)

Taurische Bergotter

Vipera (Daboia) bulgardaghica Nilson & Andrén, 1985
Familie Vipern (Viperidae)
Unterfamilie Echte Vipern (Viperinae)
E Taurus Viper F Vipère de Taurus

▲ Merkmale: Länge 50–60 cm. Kurze, kräftige Viper. Kopf deutlich vom Körper abgesetzt. Augen mit senkrecht geschlitzter Pupille. Körperschuppen gekielt. 23 (selten 25) Rückenschuppenreihen um die Körpermitte. Kopfoberseite mit vielen kleinen Schuppen bedeckt. 6 Schuppen zwischen den großen Überaugenschildern (Supraocularia) an der schmalsten Stelle. 35–43 kleine Schuppen auf dem Kopf vom Hinterrand der Überaugenschilder an nach vorne gerechnet. 1 Reihe von Unteraugenschildchen (Subocularia) zwischen Augenunterrand und Oberlippenschildern. Oberes Voraugenschild (Praeoculare) berührt das Nasenschild (Nasale). 9 Oberlippenschilder (Supralabialia).

Die Taurische Bergotter (*Vipera bulgardaghica*) besitzt ein dunkles abgerundetes Fleckenband auf dem Rücken und lebt in einem eng begrenzten Gebiet des Kilikischen Taurus in der Türkei.

Grundfarbe braungrau. Rückenzeichnung aus versetzt stehenden, dunklen und rechteckig-abgerundeten Flecken, die zu einem Band verfließen. An den Flanken eine Reihe dunkler, runder Flecken. Bauch grau mit spärlicher dunkler Tüpfelung. **Giftig, Röhrengiftzähne. Gift vermutlich sehr wirksam. Antiserumbehandlung nach Giftbiß erforderlich.**

▲ Lebensraum: Subalpine Region zwischen 2100 und 2700 m. Bergwiesen mit Buschwerk, lockerer Krautvegetation und reichlich Geröll oder Felsbrocken.

▲ Lebensweise: Unbekannt. Vermutlich ähnlich wie bei der Libanesischen Bergotter (*Vipera bornmuelleri*) oder der Kleinasiatischen Bergotter (*Vipera xanthina*).

▲ Besonderheiten: Kurz und kräftig. Dunkle Rückenzeichnung aus versetzt stehenden, aber zusammenhängenden Rechtecksflecken.
Weniger kleine Schuppen auf dem Kopf als die Libanesische Bergotter (*Vipera bornmuelleri*).

Verbreitung

Endemische (eng begrenzte) Art am Bulgar Dagh im Kilikischen Taurus (Türkei).

Darevski Kreuzotter *Vipera darevskii* ORLOV & TUNIYEV, 1986
Familie Vipern (Viperidae)
Unterfamilie Echte Vipern (Viperinae)
E Darevski's Adder F Vipère du Darevski

▲ Merkmale: Länge 26–48 cm. Weibchen größer als Männchen. Ähnlichkeiten mit der Westkaukasischen Kreuzotter (*V. dinniki*), der Kaukasus-Otter (*V. kaznakovi*) und der Wiesenotter (*V. ursinii*). Kopf schmal, etwas vom Körper abgesetzt. Auge mit senkrecht geschlitzter Pupille.

Darewskis Kreuzotter (*Vipera darevskii*) ist ein ausgesprochener Hochgebirgsbewohner, der erst 1986 entdeckt und beschrieben wurde.

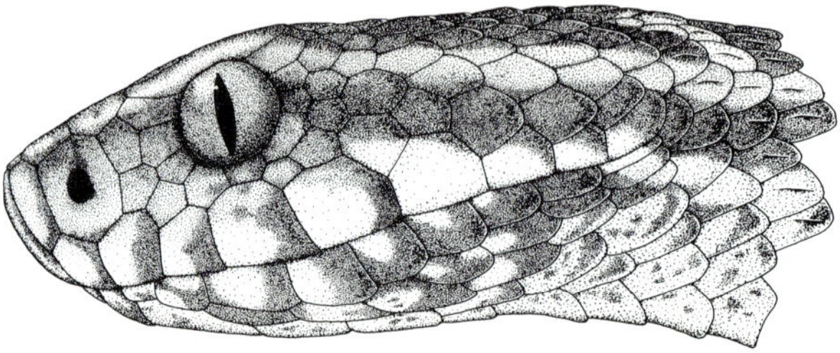

Körperschuppen gekielt. 20 (manchmal 19, selten 21) Rückenschuppenreihen um die Körpermitte (bei *Vipera dinniki* sind es 21–23). Stirnschild (Frontale), Scheitelschilder (Parietale) und Überaugenschilder (Supraocularia) groß, alle anderen Schilder der Kopfoberseite unterteilt. Scharfe Kopfkante vom Überaugenschild bis zur hinteren Schnauze, vorderer Schnauzenrand abgerundet. Nasenloch im unteren Teil des Nasenschildes (Nasale) gelegen. 1 Reihe von Unteraugenschildchen (Subocularia) zwischen Augenunterrand und Oberlippenschildern. 8–9 Schuppen in einem Schuppenring um das Auge. 9–10 Oberlippenschilder (Supralabialia).

Grundfarbe gelblich bis graugelb. Scharfes, recht einheitliches Zickzackband auf der Rückenmitte. Flanken mit dunkler Fleckenreihe, die zu einem lockeren Band zusammenfließen können. Kopfoberseite dunkel, auf dem Nacken zwei halbmondförmig geschwungene, längliche Bandstreifen. Dunkles Band vom Auge zum Mundwinkel. Bauch dunkelgrau mit hellen und schwarzen Tüpfeln. Schwärzlinge sind nicht bekannt.

Giftig, Röhrengiftzähne.

▲ Lebensraum: Höhere Bergregionen zwischen 2500 und 3000 m. Subalpine Bergwiesen, steinige Moränenhänge.

▲ Lebensweise: So gut wie unbekannt, wahrscheinlich sehr ähnlich der Westkaukasischen Kreuzotter (*Vipera dinniki*). Tagaktiv. Lange Winterruhe von sicherlich 6–7 Monaten.

▲ Nahrung: Wohl ebenfalls Mäuse, Eidechsen und Jungvögel.

▲ Fortpflanzung: Lebendgebärend (ovovivipar). Paarung dem hochgelegenen Lebensraum entsprechend vermutlich im April-Mai. Zahl der Jungen unbekannt.

▲ Besonderheiten: Sehr kleine Kreuzotter mit deutlichem, stabilem Zickzackband auf dem Rücken. Ausgeprägter Hochgebirgsbewohner auf den alpinen Wiesen und Hängen. Lange Winterruhe. Erst 1986 entdeckt und beschrieben.

Verbreitung

Dshavachetskij-Bergmassiv im armenischen Grenzgebiet.

Westkaukasische Kreuzotter *Vipera dinniki* NIKOLSKY, 1913
Familie Vipern (Viperidae)
Unterfamilie Echte Vipern (Viperinae)
E West-Caucasian Adder F Vipère du Caucasus de l'ouest

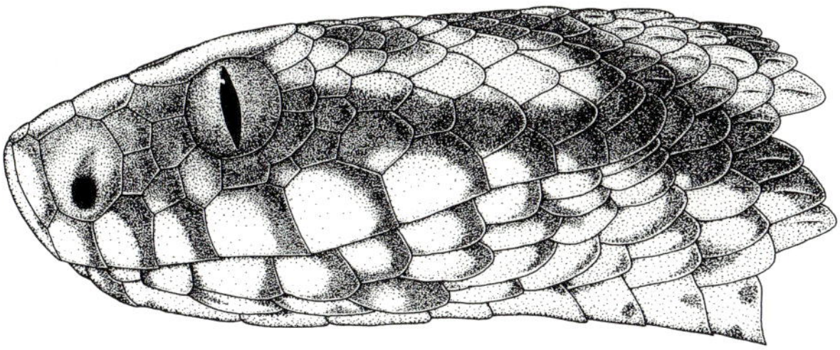

Die Westkaukasische Kreuzotter (*Vipera dinniki*) ist eine dunkel wirkende Viper im westlichen und nördlichen Kaukasus; auf dem Rücken trägt sie eine ausgeprägte Zickzackband-Zeichnung.

▲ Merkmale: Länge 40–55 cm. Weibchen größer als Männchen. Ähnlichkeiten mit der Kaukasus-Otter (*Vipera kaznakovi*) und der südrussischen Wiesenotter (*Vipera ursinii renardi*). Auge mit senkrecht geschlitzter Pupille.
Körperschuppen gekielt. 21 (manchmal 22 oder 23) Rückenschuppenreihen um die Körpermitte. Auf der Kopfoberseite Stirnschild (Frontale), Scheitelschilder (Parietalia) und Überaugenschilder (Supraocularia) groß, alle übrigen Kopfschilder in kleinere Schildchen unterteilt. Scharfe Kopfkante vom Überaugenschild zum Schnauzenschild (Rostrale). Nasenloch mitten im Nasenschild (Nasale). 1 Reihe von Unteraugenschildchen (Subocularia) zwischen Augenunterrand und Oberlippenschildern. 9–12 Schuppen in einem Schuppenring um das Auge. 9–10 (selten 11) Oberlippenschilder (Supralabialia).
Grundfarbe grau, graubraun, silbergrau oder graugrün. Breites, dunkles Zickzackband auf dem Rücken (manchmal als Wellenband ausgebildet), das von den dunkleren Flanken mit einer helleren Zwischenzone scharf abgesetzt ist. Flanken mit alternierend zur Rückenzeichnung stehenden Flecken, die bandartig verfließen können. Kopfoberseite dunkel. Dunkler Streifen durch das Auge zum Hals. Bauch dunkelgrau mit helleren Fleckchen. Einfarbig schwarze Exemplare kommen vor (Melanismus). Jungtiere schlüpfen alle mit der charakteristischen Zeichnung, dunkeln bei den Schwärzlingen erst während des Heranwachsens nach.
Giftig, Röhrengiftzähne. Über Bißunfälle ist nichts bekannt.

▲ Lebensraum: Alpine Region im Kaukasusgebirge. Bergwald, subalpine und alpine Wiesen, Geröllhalden, Moränen; immer in der Nähe von Gewässern. Höhenlage zwischen 1500 und 3000 m.

▲ Lebensweise: Tagaktiv. Die Tiere wechseln ihre Aufenthaltsorte je nach Sonnenstand: am Morgen auf ostex-

ponierten Hängen und am Spätnachmittag auf westexponierten Hängen anzutreffen. Meiden über Mittag das direkte Sonnenlicht. Relativ langsam, wenig angriffslustig.
Sehr lange Winterruhe von 7–8 Monaten.

▲ Nahrung: Mäuse, Eidechsen, junge Vögel. Tötet ihre Beutetiere durch Giftbiß. Jungtiere fressen Heuschrekken und junge Eidechsen.

▲ Fortpflanzung: Lebendgebärend (ovovivipar). Paarung Ende April–Mai. 3–5 Jungschlangen werden im August bis Anfang September geboren. Die Jungtiere häuten im Verlauf der ersten Stunden nach der Geburt und begeben sich bald darauf ins Winterquartier.

▲ Besonderheiten: Nicht sehr große, dunkel wirkende Viper mit ausgeprägter Zickzackband-Zeichnung auf dem Rücken. Hochgebirgsbewohner der subalpinen und alpinen Höhenstufe. Wenig angriffslustig. Sehr lange Winterruhe.

Verbreitung

Westlicher und nördlicher Kaukasus (Vorkommensgebiet oberhalb der Kaukasus-Otter *Vipera kaznakovi*) vom Fischt-Oschtenowskij-Massiv im Westen bis zu den Schchara-Bergen im Osten.

Kaukasus-Otter *Vipera kaznakovi* NIKOLSKIY, 1909

Familie Vipern (Viperidae)
Unterfamilie Echte Vipern (Viperinae)
E Caucasian Viper F Vipère du Caucase

▲ Merkmale: Länge im Durchschnitt um 50 cm, erreicht mit 75 cm ihre Maximallänge.
Erinnert in der äußeren Gestalt an die Kreuzotter (*Vipera berus*).
Kopf vom Körper abgesetzt. Relativ großes Auge mit senkrechter Schlitzpupille.
Körperschuppen stark gekielt. 21-23 Rückenschuppenreihen um die Körpermitte. Stirnschild (Frontale), Scheitelschilder (Parietalia) und Überaugenschilder (Supraocularia) meist groß und vollständig ausgebildet, aber gelegentlich auch geteilt. 1 Reihe von Unteraugenschildchen (Subocularia) zwischen Augenunterrand und Oberlippenschildern. 9 Oberlippenschilder (Supralabialia).
Grundfarbe hellgelb oder beige bis hellziegelrot. Über den Rücken verläuft ein dunkles Zickzack- oder Rautenband, das manchmal zu einem breiten, schwarzen Streifen mit Randausbuchtungen verschmilzt; dieses Band kann die Grundfärbung bis auf 2 schmale, hell-gezackte Streifenlinien zurückdrängen. Flanken mit großen, dunklen und ovalen Flekken. Schwärzlinge treten bisweilen auf. V-förmige Nackenzeichnung. Oberseits des Kopfes dunkel mit kleinen hellen Flecken. Dunkles Schläfenband vom Auge zum Hals. Bauch braun bis schwarz.
Giftig, Röhrengiftzähne. Giftigkeit

Die mit ihrer gelben bis ziegelroten Grundfarbe und dem breiten, dunklen Fleckenband sehr schön gefärbte und gezeichnete Kaukasus-Otter (*Vipera kaznakovi*) führt ein scheues und verstecktes Leben. Ihr eng begrenztes Verbreitungsgebiet reicht von der Südabdachung des Kaukasus bis zum Schwarzen Meer.

Wie alle Vipern besitzt auch die Kaukasus-Otter (*Vipera kaznakovi*) senkrecht geschlitzte Pupillen.
Ihr Gift ist äußerst wirksam und für den Menschen gefährlich!

entspricht in etwa derjenigen der Kreuzotter (Vipera berus).
Giftbiß für den Menschen gefährlich, Antiserumbehandlung ist angeraten.

▲ Lebensraum: Dicht bewachsenes, warmes und feuchtes Gelände. In Gärten und Teeplantagen, auf feuchten Almwiesen und in lichten, unterholzreichen Bergwäldern. Im Gebirge bis 2000 m hinaufsteigend.

▲ Lebensweise: Sehr scheu und versteckt lebend. Vermutlich tagaktiv. Sonnt sich gerne auf niedrigen Sträuchern, z.B. Teesträuchern, und verschwindet bei Störungen blitzschnell im Geäst. Wenige Beobachtungen zur Biologie dieser Art. Ihre Lebensweise dürfte im wesentlichen der der Kreuzotter (*Vipera berus*) ähneln, allerdings ist sie wärmeliebender. Hält eine relativ kurze Winterruhe.

▲ Nahrung: Kleinsäugetiere, Echsen und junge Vögel.

▲ Fortpflanzung: Lebendgebärend (ovovivipar).

▲ Besonderheiten: Sehr dunkel wirkende Viper. Äußerst versteckte Lebensweise. Wärme- und feuchtigkeitsliebend.

Verbreitung

Endemische (eng begrenzte) Art von der Südabdachung des westlichen Kaukasus bis zum Schwarzen Meer und in Nordostanatolien.

Stülpnasenotter *Vipera latasti* BOSCÁ, 1878
Familie Vipern (Viperidae)
Unterfamilie Echte Vipern (Viperinae)
E Lataste's Viper F Vipère de Lataste

▲ Merkmale: Länge im Durchschnitt 50–60 cm, maximal bis 75 cm. Männchen größer als Weibchen. Gedrungen gebaut, in der Gestalt der Aspisviper (*Vipera aspis*) ähnlich. Kopf deutlich vom Körper abgesetzt, mit einem sehr kleinen, nach oben aufgebogenen Schnauzenhorn. Auge mit senkrecht geschlitzter Pupille. Körperschuppen gekielt. 21 (selten 23) Rückenschuppenreihen um die Körpermitte. Verlängertes Schnauzenschild (Rostrale) nur auf der Oberseite mit 4 oder mehr kleinen Schuppen überzogen. Kopfoberseite mit kleinen Schildern bedeckt, nur die Oberaugenschilder (Supraocularia) groß. 2 Reihen von Unteraugenschildchen (Subocularia) zwischen Augenunterrand und Oberlippenschildern.

Grundfarbe grau, beige, hellbraun oder rötlichbraun. Rückenzeichnung aus einem braunen Wellen- oder Zickzackband, das dunkel gesäumt ist. Gelegentlich Schwärzlinge (Melanismus). Schwanzspitze immer dunkel. Kopfoberseite häufig mit dunkelbrauner, manchmal schwacher V-Zeichnung. Dunkles Schläfenband vom Auge zum Mundwinkel. Bauch grau oder schwärzlich, fast immer mit heller oder dunkler Sprenkelung.

Giftig, Röhrengiftzähne. Das Gift gilt als für den Menschen nicht sehr gefährlich.

▲ Lebensraum: Sonnige, mit Buschwerk bestandene Geröllhänge und lichte Laubwälder von der Ebene bis

Der Kopf der Stülpnasenotter (*Vipera latasti*) ist deutlich vom Rumpf abgesetzt und auf der Schnauzenspitze mit einem kleinen, nach oben gebogenen Schnauzenhorn versehen.

Die Stülpnasenotter (*Vipera latasti*) ist eine hauptsächlich tagaktive Bodenschlange, die sich von Mäusen, Echsen und kleinen Vögeln ernährt. Wie die Kreuzotter (*Vipera berus*) bringt sie lebende Junge zur Welt.

ins Hügelland und in die Vorregion des Gebirges. Selten über 1500 m.
▲ Lebensweise: Hauptsächlich tagaktive Bodenschlange – bei sehr heißem Klima aber auch nachts aktiv. Wenn sie ergriffen wird, wehrt sich die Schlange durch heftiges Beißen. Hält eine Winterruhe von 2–4 Monaten.
▲ Nahrung: Kleinsäugetiere (Mäuse) und Echsen, auch junge Vögel.
▲ Fortpflanzung: Lebendgebärend (ovovivipar), 2–6 Junge. Die 12–18 cm langen Jungtiere nehmen bereits 1 Woche nach der ersten Häutung Heuschrecken, Grillen, Skolopender und kleine Echsen als Nahrung.
▲ Besonderheiten: Wie eine Kreuzotter (*Vipera berus*) gezeichnet, aber mit einem kleinen Nasenhorn. Leicht reizbar.

Verbreitung

Iberische Halbinsel (mit Ausnahme des äußersten Nordens), Nordwestafrika.
2 Unterarten:
V. l. latasti (nördliches Portugal, nördliches, mittleres und östliches Spanien),
V. l. gaditana (Südwesten der Iberischen Halbinsel und nordwestliches Afrika).

Levanteotter *Vipera (Daboia) lebetina* (LINNAEUS, 1758)
Familie Vipern (Viperidae)
Unterfamilie Echte Vipern (Viperinae)
E Blunt-nosed Viper F Vipère du Levant

▲ Merkmale: Länge bei den meisten Populationen im Durchschnitt 80–100 cm, gelegentlich bis 150 cm, allerdings weist die Unterart *schweizeri* auf dem Milos-Archipel in der Ägäis nur eine Durchschnittslänge von 65–75 cm auf (ganz selten 90 oder 100 cm). Große, kräftig gebaute Vipernart. Kopf breit, dreiecksförmig und abgerundet, deutlich vom Körper abgesetzt. Auge mit senkrecht geschlitzter Pupille.
Körperschuppen stark gekielt. Zahl der Rückenschuppenreihen um die Körpermitte charakteristisch für die einzelnen Unterarten:
25 bei *lebetina*, 25–27 bei *obtusa*, 23 (selten 21 oder 25) bei *schweizeri*. Auf dem Kopf viele kleine Schuppen, auch die Überaugenschilder (Supraocularia) in mehrere – meist 3 – kleinere Schilder unterteilt. 2 (manchmal 3) Reihen von Unteraugenschildchen (Subocularia) zwischen Augenunterrand und Oberlippenschildern.
Grundfarbe hellgrau, graugrün, beige, gelb bis rotbraun. Bisweilen fast einfarbig ziegelrot gefärbte Exemplare (Unterart *schweizeri*). Auf dem Rücken 2 Reihen versetzt stehender dunkler Querbinden, die manchmal zu einem Wellenband verbunden sein können und oftmals nur verschwommen ausgebildet sind (vor

Die Levanteotter (*Vipera lebetina*) – hier die Unterart *Vipera lebetina obtusa* – ist eine kräftige, sehr wehrhafte Bodenviper, die bei Bedrohung heftig zubeißt. In ihrem ausgedehnten Verbreitungsgebiet gibt es sowohl lebendgebärende als auch eierlegende Populationen (oben).

Neben der Nominatform *Vipera lebetina lebetina* auf Zypern und der Unterart *Vipera lebetina obtusa* sind noch zwei weitere Unterarten beschrieben worden:

Vipera lebetina schweizeri lebt auf dem Milos-Archipel in der Griechischen Ägäis (unten links).

Vipera lebetina turanica kommt von Kasachstan bis Westkaschmir vor, lebt also außerhalb des in diesem Buch besprochenen Gebietes (unten rechts).

allem bei der Unterart *obtusa*). An den Flanken eine Reihe dunkler, zu den Rückenflecken senkrecht versetzt stehender Barrenflecken. Der Körper kann außerdem mit winzigen, gelblichen bis ockerfarbenen Pünktchen übersät sein. Kopfoberseite zeichnungslos, dunkles Schläfenband vom Auge zum Mundwinkel (gelegentlich sehr schwach ausgebildet). Bauch hell weißlichgrau bis graubraun, mit dunkelgrauer Sprenkelung.

Giftig, Röhrengiftzähne. Gift sehr wirksam (cytotoxische Wirkung). Ein Giftbiß ist für den Menschen gefährlich und benötigt unbedingt schnelle ärztliche Hilfe (Antiserumbehandlung).

▲ Lebensraum: Gut besonnte Steppen- und Berghänge, die mit Geröll, Legesteinmauern und Buschwerk durchsetzt sind. Gern an Hängen, die zu Flußläufen ziehen. Im Gebirge bis 1500 m, manchmal bis fast 2000 m.

▲ Lebensweise: Robuste Bodenschlange, die aber auch geschickt im Gebüsch klettern kann. Nimmt am Morgen ein ausgiebiges Sonnenbad. Im Frühjahr und Herbst überwiegend tagaktiv, in der heißen Jahreszeit eher dämmerungs- und nachtaktiv. Aber auch in der Nordsüdverbreitung ein Unterschied in der Aktivität: im nördlichen Verbreitungsgebiet ist die Levanteotter vorwiegend tagsüber rege, in Nordafrika und in den südlichen Teilen Asiens wird sie in der Dämmerung und nachts aktiv. Im allgemeinen fluchtbereit, wenn man ihr jedoch den Fluchtweg versperrt, beißt sie schnell und heftig zu.
Die Winterruhe dauert je nach Klimagegend 2–6 Monate.

▲ Nahrung: Kleinsäugetiere (Ratten, Mäuse, junge Kaninchen), Vögel, Echsen, gelegentlich Schlangen. Tötet ihre Beute durch Giftbiß.
Auf dem Milos-Archipel (Unterart *schweizeri*) lauert sie in Büschen auf Vögel, die während des Herbstzuges eine Rast einschalten. Der gebissene Vogel wird festgehalten, bis er stirbt, denn auf dem Boden würde er keine Geruchsspur wie ein Nager hinterlassen.

▲ Fortpflanzung: Teils lebendgebärend (ovovivipar), teils eierlegend. Die Nominatform (*lebetina*) auf Zypern ist lebendgebärend, die große Levanteotterform (*obtusa*) im östlichen Verbreitungsgebiet legt Eier, aus denen nach etwa 2–2 $^{1}/_{2}$ Monaten die Jungen schlüpfen, die Levanteotterform des Milos-Archipels (*schweizeri*) legt Eier mit bereits weit entwickelten Embryonen, die nach 5–7 Wochen schlupfreif sind.

▲ Besonderheiten: Kräftige Bodenviper mit breitem, vom Körper abgesetzten Kopf. Überaugenschilder geteilt, Kopfoberseite mit kleinen Schuppen. In der kühlen Jahreszeit tagaktiv, in der heißen dämmerungs- und nachtaktiv. Teils lebendgebärend, teils eierlegend. Gift sehr wirksam.

Verbreitung

Milos-Archipel und vielleicht Kythnos in der Ägäis, Zypern, von Israel über Libanon und Syrien, Südost- und Osttürkei, Kaukasus, Iran, Afghanistan bis nach Kasachstan in der UdSSR und Pakistan; eine endemische Unterart in Algerien und Tunesien durch eine große Verbreitungslücke bis Israel von den übrigen Formen getrennt.

Unterarten:
Nominatform *V. l. lebetina* (Zypern und gegenüberliegende Küsten der Türkei),
V. l. obtusa (von Israel bis Osttürkei, Afghanistan und Westpakistan),
V. l. schweizeri (Milos-Archipel, vielleicht Kythnos),
V. l. transmediterranea (Algerien und Tunesien),
V. l. turanica (Kasachstan bis Nordiran, Nordafghanistan, Nordwestpakistan und Westkaschmir).

Atlasotter *Vipera (Daboia) mauritanica* (DUMÉRIL et BIBRON), 1848
Familie Vipern (Viperidae)
Unterfamilie Echte Vipern (Viperinae)
E Atlas Mountain-Viper F Vipère d'Atlas

▲ Merkmale: Länge 100–150 cm, manchmal sogar noch länger (die Unterart *deserti* bleibt allerdings unter 100 cm).
Große und robuste Viper. Kopf breit und dreiecksförmig, deutlich vom Körper abgesetzt. Auge mit senkrecht geschlitzter Pupille. 27 Rückenschuppenreihen um die Körpermitte. Auf dem Kopf viele kleine Schuppen, auch die Überaugenschilder (Supraocularia) in mehrere Schildchen unterteilt. 2–3 Reihen von Unteraugenschildchen (Subocularia) zwischen Augenunterrand und Oberlippenschildern.
Grundfarbe hellgrau bis rötlichgrau. Auf dem Rücken ein dunkles, abgerundetes Wellenband, das in runde oder ovale Flecken aufgelöst sein kann. Bisweilen besteht dieses Wellenband auch aus eckigen oder rautenförmigen Flecken (Unterart *deserti*). Flanken mit dunklen Barrenflecken. Breites, dunkles Schläfenband vom Auge zum Mundwinkel und ein zweites Band senkrecht vom Augenunterrand zum Mundspalt. Bauch grau mit dunkler Sprenkelung. **Giftig, Röhrengiftzähne. Äußerst wirksames Gift (cytotoxische Wirkung); für den Menschen gefährlich, bei Giftbissen ärztliche Hilfe und Antiserumbehandlung unbedingt erforderlich.**
▲ Lebensraum: Sonnig; mit Steinen, Buschwerk und Steinhaufen durchsetzte Berghänge. Im Gebirge bis über 2000 m.

In Gestalt, Beschilderung, Zeichnung und in der Lebensweise besitzt die Atlasotter (*Vipera mauritanica*) viel Ähnlichkeit mit der Levanteotter (*Vipera lebetina*). Ihr Verbreitungsareal liegt in Nordafrika von Israel an westwärts (oben).

Tagsüber ruht die Atlasotter (*Vipera mauritanica*) in Felshöhlen, unter Steinen und in Felsspalten. Erst in der Dämmerung und nachts zieht sie auf Beutefang aus (unten).

▲ Lebensweise: Bodenbewohnende Schlange. Dämmerungs- und nachtaktiv. Ruht tagsüber in Felshöhlen, unter Steinen und in Felsspalten. Scheu und fluchtbereit, aber angriffslustig, wenn in die Enge getrieben.

▲ Nahrung: Kleinsäugetiere, Vögel und Echsen.

▲ Fortpflanzung: Legt Eier mit bereits weit entwickelten Embryonen. Nach 6–8 Wochen schlüpfen die Jungschlangen.

▲ Besonderheiten: In Gestalt, Beschilderung und Zeichnung wie auch in der Lebensweise der Levanteotter (*Vipera lebetina*) sehr ähnlich, allerdings Verbreitungsgebiet nur in Nordwestafrika.

Verbreitung

Marokko, Algerien, Tunesien, Westlibyen; mit Ausnahme der Unterart *transmediterranea* in Algerien und Tunesien durch eine große Lücke, die von Libyen über Ägypten bis Israel reicht, vom Vorkommensgebiet der östlichen Formen der Levanteotter (*Vipera lebetina*) getrennt.

Unterarten:
V. m. mauritanica (Marokko, nördliche Gebiete von Algerien und Tunesien),
V. m. deserti (Südseite des Atlas in Algerien und Tunesien, Libyen).

Atlas-Zwergotter *Vipera monticola* SAINT-GIRONS, 1977

Familie Vipern (Viperidae)
Unterfamilie Echte Vipern (Viperinae)
E Atlas Dwarf Viper F Vipère naine d'Atlas

▲ Merkmale: Länge höchstens bis 35 cm, meist erheblich kürzer.
Kleinster Vertreter der Gattung *Vipera.* Kopf dreiecksförmig, deutlich vom Körper abgesetzt. Auge mit senkrecht geschlitzter Pupille. Nase mit einem langen Schnauzenschild (Rostrale) nach oben aufgeworfen (allerdings weniger als bei der nahe verwandten Stülpnasenotter *Vipera latasti*).
Körperschuppen gekielt. 19 Rückenschuppenreihen um die Körpermitte. Stirnschild (Frontale) und Scheitelschilder (Parietalia) immer unterteilt. 2 Reihen von Unteraugenschildchen (Subocularia) zwischen Augenunterrand und Oberlippenschildern.
Grundfarbe grau, gelbgrau bis braungrau. Ein dunkles Zickzackband auf dem Rücken, das aus querstehenden, leicht alternierenden Querflecken besteht, manchmal jedoch teilweise aufgelöst ist. Flanken mit einer Reihe dunkler, verwaschener Flecken. Bauch heller grau, dunkel gesprenkelt.
Giftig, Röhrengiftzähne. Bißunfälle dürften jedoch sehr selten sein.

▲ Lebensraum: Steinige, baum- und

Die Atlas-Zwergotter (*Vipera monticola*) ist die kleinste Viper im hier besprochenen Gebiet. Man findet sie nur im Hohen Atlas und in Marokko.

Der Lebensraum der Atlas-Zwergotter (*Vipera monticola*) sind steinige, baum- und buschlose Hochtäler zwischen 2000 und 4000 m Höhe.

buschfreie, fast vegetationslose Hochtäler des Hohen Atlas. Bewohnt Höhenlagen zwischen 2000 und 4000 m.

▲ Lebensweise: Wenig bekannt, wahrscheinlich ähnlich der Stülpnasenotter (*Vipera latasti*). Dürfte überwiegend dämmerungs- und nachtaktiv sein. Hält eine Winterruhe.

▲ Nahrung: Junge und halberwachsene Mäuse, Echsen, Heuschrecken.

▲ Fortpflanzung: Wie die Stülpnasenotter wohl lebendgebärend mit verhältnismäßig geringer Nachkommenzahl (vermutlich 2–5 oder 6).

▲ Besonderheiten: Mit höchstens 35 cm ein echter „Vipernzwerg". Leicht nach oben aufgeworfene Schnauze. Gebirgsbewohner der alpinen Hochlagen im Atlas zwischen 2000 und 4000 m. Giftschlange, Bißunfälle aber selten. Diese Viper wurde erst 1986 von Barli, Billing und Schätti als eigenständige Art erkannt.

Verbreitung

Hoher Atlas in Marokko.

Palästinaviper *Vipera (Daboia) palaestinae* WERNER, 1938
Familie Vipern (Viperidae)
Unterfamilie Echte Vipern (Viperinae)
E Palestinian Viper F Vipère de la Palestine

▲ Merkmale: Länge bis 130 cm. Massive, relativ große Viper. Kopf dreiecksförmig, deutlich vom Körper abgesetzt. Auge mit senkrecht geschlitzter Pupille. Körperschuppen gekielt. 25 (selten 24) Rückenschuppenreihen um die Körpermitte. Auf dem Kopf viele kleine Schuppen. Das auffallend große Nasenloch liegt in einer Vertiefung des Nasenschildes (Nasale). 2 Reihen von Unteraugenschildchen (Subocularia) zwischen Augenunterrand und Oberlippenschildern.
Grundfarbe grau, ockerfarben, gelblich oder hellbraun. Rückenzeichnung aus dunkelbraunen, in der Mitte etwas aufgehellten und ovalen Flekken, die bisweilen hell gesäumt sind und meist zu einem Zickzackband verschmelzen. Flanken mit einer Reihe dunkler, runder Flecken. Auf dem Kopf hinter der Schnauze ein dunkler Fleck; von ihm führen V-förmig zwei dunkle Streifen nach hinten zu den Halsseiten. Ein dunkles Schläfenband vom Auge zum Mundwinkel; ein weiteres dunkles Band senkrecht vom Augenunterrand zum Mundspalt; ein drittes dunkles Band vom Nasenschild senkrecht hinunter zum Mundspalt. Bauch grau, oft dunkel gesprenkelt.
Giftig, Röhrengiftzähne. Gift sehr wirksam. Da die Schlange oft in der Umgebung von Siedlungen auftritt, ist sie für den Menschen außerordentlich

Die Palästinaviper (*Vipera palaestinae*) ist eine große, sehr bunt wirkende Viper mit einem deutlichen Wellen- oder Zickzackband auf dem Rücken.

gefährlich. Giftbiß kann tödlich verlaufen, Antiserumbehandlung ist notwendig.

▲ Lebensraum: Ursprünglich in lichten Eichenwäldern, die allerdings heute im Verbreitungsgebiet selten geworden sind. Felsige und mit Buschwerk bestandene Hänge; dringt oft in Siedlungen, Gärten und Pflanzungen ein.

▲ Lebensweise: Nachtaktive Bodenschlange, die aber auch in Büschen klettern kann. Schnell und scheu, in die Enge getrieben, wird sie allerdings angriffslustig.

▲ Nahrung: Kleinsäugetiere (Mäuse, Ratten, Hamster) und Vögel. Tötet ihre Beute durch Giftbiß.

Da die Palästinaviper (*Vipera palaestinae*) oft in Siedlungen, Gärten und Pflanzungen angetroffen wird, kann sie mit ihren großen Giftzähnen für Menschen außerordentlich gefährlich werden. Antiserumbehandlung ist nach einem Giftbiß unbedingt erforderlich!

▲ Fortpflanzung: Eierlegend. Gelege enthält bis zu 20 Eiern. Die Jungschlangen schlüpfen etwa 8 Wochen nach der Eiablage.

▲ Besonderheiten: Sehr bunt wirkende, große Vipernart. Deutliches Wellen- oder Zickzackband auf dem Rücken, in der Mitte etwas aufgehellt und viele dunkle Bänder am Kopf. Eierlegend. Sehr wirksames Gift.

Verbreitung

Vom Gazastreifen über Israel und Libanon bis Syrien. Vor allem in der mittelmeernahen Region.

Armenische Bergotter

Vipera (Daboia) raddei BOETTGER, 1890
Familie Vipern (Viperidae)
Unterfamilie Echte Vipern (Viperinae)
E Radde's Rock Viper F Vipère de Radde

▲ Merkmale: 70–90 cm lang, gelegentlich bis 110 cm. Männchen größer als Weibchen.
Schlanke, aber doch kräftige Viper. Kopf breit und deutlich vom Körper abgesetzt. Auge mit senkrecht geschlitzter Pupille. Körperschuppen gekielt. 23–24 (seltener 21 oder 25) Rückenschuppenreihen um die Körpermitte. Kopfoberseite von vielen kleinen Schuppen bedeckt. Großes, dreiecksförmiges Überaugenschild (Supraoculare), das dachförmig vorspringend das Auge überragt. 2 Reihen von Unteraugenschildchen (Subocularia) zwischen Augenunterrand und Oberlippenschildern. Ein geschlossener Schuppenring um das Auge, der auch das Überaugenschild vom Auge trennt. Nasenloch in der Mitte eines großen Nasenschildes. 9 (gelegentlich 10) Oberlippenschilder (Supralabialia).
Grundfarbe graubraun, hellgrau, lehmfarben bis schwarzgrau. Auf dem Rücken ein Wellen- oder Zickzackband aus miteinander verschmolzenen Flecken, die gelborange, rotorange oder rötlich gefärbt und an den Rändern oft schwarz eingefaßt sind. Flanken mit senkrecht stehenden, dunklen Barrenflecken. Hintere Kopfhälfte mit maskenhafter, dunkler Zeichnung, davor 2 schwarze Punkte. Dunkles Schläfenband vom

Die Armenische Bergotter (*Vipera raddei*) ist eine kräftige, aber doch schlank wirkende Viper, die ausschließlich im Gebirge lebt und lebende Junge zur Welt bringt.

Mit dem rötlichen Zickzackband auf dem Rücken ist die Armenische Bergotter (*Vipera raddei*) eine ausgesprochene Schönheit unter den Vipern. Die dachartig vorspringenden Überaugenschilder verleihen ihr einen lebhaften „Gesichtsausdruck".

Auge zum Mundwinkel. Bauch dunkelgrau bis schwärzlich.
Giftig, Röhrengiftzähne. Gift sehr wirksam (cytotoxische Wirkung). Giftbiß kann beim Menschen zum Tode führen, deshalb ärztliche Betreuung und Antiserumbehandlung notwendig.

▲ Lebensraum: Sonnenexponierte, mit Büschen, lichten Eichenbeständen und Steinbrocken durchsetzte Hänge. Typisches Gebirgstier mit großer Vertikalverbreitung von 1200 bis fast 3000 m (Schwerpunkt 1500–2000 m).

▲ Lebensweise: Überwiegend tagaktive Bodenschlange. Scheu und fluchtbereit, beißt jedoch heftig, wenn sie in die Enge getrieben wird. Überwinterung kann bis zu 7 Monate dauern.

▲ Nahrung: Kleine Nagetiere (Mäuse) und Vögel (Bodenbrüter); Jungschlangen fressen kleine Eidechsen. Tötet ihre Beute durch Giftbiß.

Verbreitung

Armenien, Aserbeidschan, nordwestlicher Iran, östliches Grenzgebiet der Türkei.
Unterarten:
V. r. raddei (Armenien, Aserbeidschan und russisch-türkisches Grenzgebiet),
V. r. kurdistanica (nordwestlicher Iran und iranisch-türkisches Grenzgebiet).

▲ Fortpflanzung: Lebendgebärend (ovovivipar). 3–9 Junge im Wurf. Geburt Anfang September nach etwa 3–3½ Monaten Tragzeit.

▲ Besonderheiten: Schöne, durch das rötliche Zickzackband auf dem Rücken bunt wirkende Viper. Auffallend dachartig vorspringende Überaugenschilder. Ausgesprochenes Gebirgstier. Sehr wirksames Gift. In Rußland streng geschützt!

Nordiberische Kreuzotter *Vipera seoanei* LATASTE, 1879
Familie Vipern (Viperidae)
Unterfamilie Echte Vipern (Viperinae)
E Iberian Viper F Vipère Pyrénées

▲ Merkmale: Länge im Durchschnitt 45–60 cm, maximal bis 75 cm.
Nahe verwandt mit der Kreuzotter (*Vipera berus*), aber auch ähnlich der Aspisviper (*Vipera aspis*), vermittelt möglicherweise zwischen diesen beiden Arten. Kopf deutlich vom Körper abgesetzt. Schnauze vorne geringfügig aufgebogen. Körperschuppen stark gekielt. 21 Rückenschuppenreihen um die Körpermitte. Stirnschild (Frontale) und Scheitelschilder (Parietalia) manchmal groß und vollständig, manchmal aber auch weitgehend aufgelöst. 1 Reihe von

Die Nordiberische Kreuzotter (*Vipera seoanei*) ist nahe verwandt mit Kreuzotter (*Vipera berus*) und Aspisviper (*Vipera aspis*). Sie führt ein sehr verstecktes Leben und ist außerordentlich wärme- und feuchtigkeitsbedürftig.

Unteraugenschildchen (Subocularia) zwischen Augenunterrand und Oberlippenschildern. Gelegentlich ein zweiter Schuppenring um das Auge angelegt. 9 (selten 8 oder 10) Oberlippenschilder (Supralabialia).
Grundfarbe beige bis hell-kastanienbraun. Wie bei der Kreuzotter (*Vipera berus*) über den Rücken ein wellenförmiges Zickzackband. An den Flanken eine Reihe kleinerer, dunkler Flecken. Gelegentlich treten längsgestreifte oder einfarbig braune Exemplare auf. Kopfoberseite mit 2 oder 3 dunklen Querbinden; im Nakken eine dunkle V-Zeichnung. Oft eine dunkle Schläfenbinde vom Auge zum Hals. Bauch dunkelgrau bis schwarz.
Giftig, Röhrengiftzähne. Wirkung des Giftbisses beim Menschen nicht sehr stark, trotzdem wird Antiserumbehandlung angeraten.

▲ Lebensraum: Warme und feuchte Gebiete mit hohen Niederschlägen. Steinige, reichlich mit Buschwerk und Bodenvegetation bedeckte Hänge von Meereshöhe bis etwa 800 m hinauf. Verwilderte Gärten, lichte Wälder, Heidegelände mit Farnen, Ginster und Heidekraut.

▲ Lebensweise: Scheu und versteckt. Vermutlich tagaktiv. Lebensweise ähnelt der der Kreuzotter (*Vipera berus*), die Nordiberische Kreuzotter ist allerdings in größerem Maße wärme- und feuchtigkeitsliebend.
Hält eine kurze Winterruhe von 3–4 Monaten.

▲ Nahrung: Mäuse, Eidechsen, Frösche. Jungtiere fressen kleine Eidechsen und junge Braunfrösche. Tötet ihre Beutetiere durch Giftbiß.

▲ Fortpflanzung: Lebendgebärend (ovovivipar). Die Männchen häuten sich im Frühjahr erst nach der Paarung. Fortpflanzungsrate niedrig, etwa 3–8 lebende Junge pro Wurf. Die Weibchen folgen anscheinend einem zweijährigen Fortpflanzungszyklus.

▲ Besonderheiten: Kreuzotternähnlich. Versteckte Lebensweise. Sehr wärme- und feuchtigkeitsliebend. Männchen häuten sich im Frühjahr erst nach der Paarung.

Verbreitung

Nördlichstes Portugal, nordwestlichstes Spanien, äußerste Südwestecke von Frankreich; eng umgrenztes, kleines Vorkommensgebiet (endemisch).
Unterarten:
V. s. cantabrica (Kantabrien),
V. s. seoanei (übriges Verbreitungsgebiet).

Wiesenotter *Vipera ursinii* (BONAPARTE, 1835)
Familie Vipern (Viperidae)
Unterfamilie Echte Vipern (Viperinae)
E Orsini's Viper F Vipère d'Orsini

▲ Merkmale: Länge 35–50 cm, im mittelasiatischen Verbreitungsgebiet gelegentlich bis 70 cm.
Kleine, robust gebaute Viper, kreuzotternähnlich. Kopf schmal und relativ wenig vom Körper abgesetzt. Auge mit senkrecht geschlitzter Pupille. Körperschuppen stark gekielt und daher „rauh" wirkend. Teils 19 (z. B. Unterart *ursinii*), teils 21 (z. B. Unterart *renardi* und *eriwanensis*) Rückenschuppenreihen um die Körpermitte. Das Stirnschild (Frontale) und die Scheitelschilder (Parietalia) in der Regel vollständig ausgebildet. Das oberste Voraugenschild (Praeoculare) berührt immer das Nasenschild. Das kleine Nasenloch liegt unterhalb der Nasenschildmitte (bei Kreuzottern genau in der Mitte!). 1 Reihe von Unteraugenschildchen (Subocularia) zwischen Augenunterrand und Oberlippenschildern. 7–9 Oberlippenschilder (Supralabialia).
Grundfarbe hellgrau, gelbgrau oder hell-kastanienbraun, an den Flanken meist dunkler als auf der Rückenmitte. Stark gelb gefärbte Exemplare können auftreten. Ein dunkles, wellenförmiges Zickzackband auf dem Rücken, das oft schwarz gesäumt ist. Flanken mit dunklen Flecken. Auf der Kopfoberseite eine nach hinten

Eine kleine, aber robust gebaute Viper ist die Wiesenotter (*Vipera ursinii*), die mit ihrem dunklen Zickzackband auf dem Rücken der Kreuzotter (*Vipera berus*) ähnelt. Durch die stark gekielten Rückenschuppen wirkt ihre Körperoberfläche „rauh".

geöffnete V-Zeichnung, davor dunkle Flecken. Ein dunkles Schläfenband vom Auge zum Mundwinkel. Bauch schwärzlich, dunkelgrau oder rötlich, oft mit gesprenkelter Fleckung. Unterseite der Schwanzspitze manchmal braunschwarz oder gelb.
Giftig, Röhrengiftzähne. Giftbiß beim Menschen nur schwach wirksam, dennoch ist Vorsicht angeraten (Schwellungen, Lähmungen, große Schmerzen möglich).

▲ Lebensraum: Grassteppengelände mit feuchten Senken oder Wasserläufen. Gern in den Erdgängen von Nagetierbauen. In Europa in gebirgigen Gegenden bis 2000 m hinauf, in Armenien sogar bis nahe an 3000 m.

▲ Lebensweise: Tagaktiv, meidet allerdings allzu starke Sonne und große Hitze. Nimmt morgens und am Spätnachmittag ein Sonnenbad. Sehr scheu und fluchtbereit. Hält eine ausgiebige Winterruhe, die bis zu 6 Monaten dauern kann.

▲ Nahrung: Große Insekten (Heuschrecken, Grillen). Eidechsen, nestjunge und halberwachsene Mäuse. Tötet ihre Beute mit Giftbiß.

▲ Fortpflanzung: Lebendgebärend (ovovivipar). Paarung meist im April–Mai. Bringt im August–September 4–8 (manchmal bis zu 12 oder 15) Junge zur Welt.

▲ Besonderheiten: Kleine, der Kreuzotter (*Vipera berus*) ähnliche Vipernart. Durch die stark gekielten Rückenschuppen wirkt die Körperoberfläche „rauh". Dunkles Zickzackband in hellerer Grundfärbung auf dem Rücken. Wenig angriffslustig. Stellenweise ist diese kleine Viper sehr selten geworden, vor allem durch die Verfolgung seitens des Menschen, deshalb wird sie in vielen Ländern streng geschützt.

Verbreitung

In Europa lückenhaft; inselartig verbreitete Populationen. Südostfrankreich, Mittelitalien, Österreich (erlöschende Population), westliches Jugoslawien, Ungarn, Rumänien, Albanien, Mittelgriechenland, Südrußland, südliche und östliche Türkei, Nordiran, nach Osten bis nach Zentralasien (Westchina).
Die Unterartgliederung der Wiesenotter ist unklar und umstritten.
Gegenwärtig werden folgende Unterarten benannt:
V. u. ursinii (Mittelitalien),
V. u. anatolica (Südanatolien in der Türkei)
V. u. ebneri (östliches Transkaukasien bis Westchina),
V. u. eriwanensis (Armenien und östlichste Türkei),
V. u. graeca (Nord- und Mittelgriechenland),
V. u. macrops (westliches Jugoslawien, Albanien),
V. u. rakosiensis (Donauniederung von Österreich bis Bulgarien),
V. u. renardi (vom Donaudelta über Südrußland bis Kasachstan und Kirgisien),
V. u. wettsteini (Südostfrankreich).

Die im weiten Verbreitungsgebiet sehr unterschiedlich verteilten Populationen der Wiesenotter (*Vipera ursinii*) haben zur Beschreibung einer Reihe von Unterarten geführt:

Die Nominatform *Vipera ursinii ursinii* lebt in Mittelitalien (oben).

Vipera ursinii anatolica kommt in Südanatolien vor (unten).

Vipera ursinii rakosiensis hat ihr Verbreitungsgebiet in der Donauniederung von Österreich bis Bulgarien (oben).

Vipera ursinii wettsteini findet man in Südostfrankreich (unten links).

Vipera ursinii renardi kommt vom Donaudelta über Südrußland bis Kasachstan vor (unten rechts).

Kleinasiatische Bergotter *Vipera (Daboia) xanthina* (GRAY, 1849)
Familie Vipern (Viperidae)
Unterfamilie Echte Vipern (Viperinae)
E Ottoman Viper F Vipère montagnarde

▲ Merkmale: Länge 80–100 cm, kann aber auch 120 cm erreichen.
Große, kräftig gebaute Viper. Kopf breit und dreiecksförmig, deutlich vom Körper abgesetzt. Auge mit senkrecht geschlitzter Pupille. Körperschuppen gekielt. 23 (manchmal 25) Rückenschuppenreihen um die Körpermitte. Kopfoberseite mit vielen kleinen Schuppen bedeckt; lediglich die Überaugenschilder (Supraocularia) groß und nach oben geschwungen. Nasenloch in der Mitte eines großen Nasenschildes (Nasale). 2 Reihen von Unteraugenschildchen (Subocularia) zwischen Augenunterrand und Oberlippenschildern. Meist 10 (seltener 9 oder 11) Oberlippenschilder (Supralabialia).
Grundfarbe hellgrau, silberfarben, grauoliv oder hell-bräunlich.
Rückenzeichnung aus einem dunkelbraunen, manchmal dunkeloliven Wellen- oder Zickzackband, das sich markant vom helleren Untergrund abhebt. Flanken mit dunklen, senkrechtstehenden Barrenflecken. Auf dem Hinterkopf 2 dunkle, tropfenförmige und nach vorne aufeinander zulaufende Flecken, davor 2 deutliche dunkle Punkte. Ein dunkles Schläfenband vom Auge zum Mundwinkel

Die Kleinasiatische Bergotter (*Vipera xanthina*) ist eine kräftige, hellgrau gefärbte Viper mit scharf gezeichnetem, dunklem Zickzackband auf dem Rücken.

und ein weiterer, vom Auge zu den Oberlippenschildern verlaufender Streifen. Bauch hellgrau mit dunkler Fleckung. Unterseite der Schwanzspitze oft gelb oder orange.

Giftig, Röhrengiftzähne. Sehr wirksames Gift (cytotoxische Wirkung); Giftbiß kann für den Menschen tödlich sein, deshalb wird bei Bißunfällen ärztliche Hilfe und Antiserumbehandlung dringend angeraten.

▲ Lebensraum: Vielfältig gestaltetes Hügel- und Bergland. Lichte Wälder; von Bächen durchflossene Wiesentäler; mit Buschwerk und Steinen durchsetzte Hänge; feuchte Bergwiesen mit Büschen, Krautvegetation und Felsbrocken; Legesteinmauern; Ruinengelände. Von Meereshöhe (z. B. ostgriechische Inseln) bis 2500 m im Gebirge.

▲ Lebensweise: Überwiegend tagaktiv, in der heißen Jahreszeit jedoch auch in der Dämmerung und nachts unterwegs. Normalerweise recht träge und scheu, beißt aber bei Bedrohung blitzschnell zu. Zischt laut als Warn- und Drohverhalten.

Die Winterruhe kann bis zu 6 Monaten dauern.

▲ Nahrung: Kleinsäugetiere (Mäuse, Ratten, Hamster) und Vögel; Jungtiere ernähren sich vorwiegend von Eidechsen. Tötet ihre Beute durch Giftbiß.

▲ Fortpflanzung: Lebendgebärend (ovovivipar). Ende Juli bis August werden 2–15 (gelegentlich bis 20)

Zwar ist die Kleinasiatische Bergotter (*Vipera xanthina*) relativ träge, aber bei Bedrohung kann sie blitzschnell zustoßen. Als Warn- und Drohverhalten zischt sie laut und durchdringend.

Jungschlangen geboren, die erst 2 Wochen nach der Geburt häuten und dann Nahrung aufnehmen.

▲ Besonderheiten: Robuste, hellgrau gefärbte Viper mit scharf gezeichnetem, dunklem Zickzackband auf dem Rücken und geschwungenen Überaugenschildern. Relativ träge. Zischt bei Gefahr laut und durchdringend. Sehr wirksames Gift.

Verbreitung

Europäische Türkei, ostgriechische und westtürkische Mittelmeerinseln (Dodekanes), West- und Zentraltürkei; östliche Verbreitungsgrenze unklar.

In jüngster Zeit sind schließlich zwei neue Vipernarten in der Türkei entdeckt und beschrieben worden. Sie sollen hier ebenfalls vorgestellt werden:

Barans Otter *Vipera barani* BÖHME & JOGER, 1983
Familie Vipern (Viperidae)
Unterfamilie Echte Vipern (Viperinae)
E Baran's Adder F Vipère du Baran

▲ Merkmale: Länge 54 cm.
Diese Art ist bisher nur in einem einzigen Exemplar bekannt geworden. Auge mit senkrecht geschlitzter Pupille. Die Schnauze springt kantig vor, ist aber nicht aufgeworfen.
Rückenschuppen gekielt. 21 Rückenschuppenreihen um die Körpermitte. Die Schilder der Kopfoberseite sind vollständig in kleinere Schuppen unterteilt, lediglich die Überaugenschilder (Supraocularia) erscheinen etwas größer. Das Nasenschild (Nasale) ist fast augengroß, das Nasenloch liegt in der Mitte des Schildes. Zwischen dem Nasenschild und dem Auge stehen zwei vollständige, senkrechte Schuppenreihen. 1 Reihe von Unteraugenschildchen (Subocularia) zwischen Augenunterrand und Oberlippenschildern sowie 10 Oberlippenschilder (Supralabialia) sind vorhanden.
Das Exemplar ist einheitlich schwarz gefärbt (Melanismus), lediglich die Oberlippenschilder tragen auffällige

Verbreitung

Der Fundort dieser Art liegt nördlich der Stadt Adapazari in der Nähe der türkischen Schwarzmeerküste.

weiße Flecken und die Unterseite der Schwanzspitze ist zitronengelb.
Giftig, Röhrengiftzähne.
▲ Lebensraum: Hügelland in etwa 400 m Meereshöhe.
▲ Lebensweise: Über Ökologie und Biologie ist vorläufig nichts bekannt.

Wagners Bergotter

Vipera (*Daboia*) *wagneri* NILSON & ANDRÈN, 1984
Familie Vipern (Viperidae)
Unterfamilie Echte Vipern (Viperinae)
E Wagner's Adder F Vipère du Wagner

Wie Barans Viper (*Vipera barani*) ist auch diese Vipernart zunächst lediglich durch ein einziges Exemplar bekannt geworden. Inzwischen hat man jedoch in der nordöstlichen Türkei weitere Tiere aufgefunden, die die Diagnose der Erstbeschreiber bestätigen.
▲ Merkmale: Länge 50–70 cm. Mittelgroße, kräftige Viper, die in der Kleinasiatischen Bergotter (*Vipera xanthina*) ihre nächste morphologische Verwandte findet. Kopf deutlich vom Körper abgesetzt. Schnauze relativ breit. Auge mit senkrecht geschlitzter Pupille.

Wagners Bergotter (*Vipera wagneri*) ist erst vor kurzem entdeckt und beschrieben worden. Mit ihrem goldbraunen, dunkel gesäumten Rückenfleckenband gehört sie zu den am schönsten gefärbten und gezeichneten Vipernarten im hier besprochenen Verbreitungsgebiet.

Männchen und Weibchen der Wagners Bergotter (*Vipera wagneri*) unterscheiden sich in der Deutlichkeit ihres Zeichnungsmusters: Das Männchen ist scharf und klar umrissen gezeichnet (oben), das Zeichnungsmuster des Weibchens ist schwächer und weniger deutlich ausgebildet (unten).

Körper- und Kopfschuppen gekielt. 23 Rückenschuppenreihen um die Körpermitte. Schilder der Kopfoberseite vollständig in kleine Schuppen aufgelöst, lediglich die Überaugenschilder (Supraocularia) groß, flach, schirmartig etwas nach der Seite überragend und direkt an den oberen Augenrand stoßend. 2 Reihen von Unteraugenschildchen (Subocularia) zwischen Augenunterrand und Oberlippenschildern. 9 Oberlippenschilder (Supralabialia).

Grundfarbe der Männchen grau, der Weibchen bräunlich-beige. Markante Rückenzeichnung aus einer Reihe runder, dunkler Flecken, deren Mitte goldbraun oder ockerbraun aufgehellt ist und die im vorderen Körperdrittel als direkt aneinanderstoßende, leicht verschobene Doppelflecken ausgebildet sein können. Im hinteren Körperdrittel und auf dem Schwanz geht diese Fleckenreihe in ein unregelmäßig gewelltes Band über. Bei alten Männchen werden die Flecken einfarbig schwarzbraun. Flanken mit breiten, senkrechtstehenden Barrenflecken, die bisweilen eine durchgehende Verbindung von den Rückenflecken zur Bauchseite bilden. Auf dem Hinterkopf 2 dunkle, halbmondförmig nach hinten außen geschwungene Bandflecken; davor auf der Kopfoberseite oft eine undeutliche dunkle Fleckung, die zu einem Fleckenfeld zusammenfließen kann. Dunkles Schläfenband vom Auge zum Mundwinkel. Einzelne Unterlippenschilder (Sublabialia) dunkel gefleckt.

Bauch heller grau, mit vereinzelten dunklen Flecken.

Giftig, Röhrengiftzähne. Bislang sind keine Bißunfälle bekannt geworden, aber das Gift ist vermutlich hochwirksam, deshalb wird große Vorsicht bei

Bei alten Wagners Bergottern (*Vipera wagneri*) – wie bei diesem alten Männchen – dunkelt das Zentrum der Rückenflecken nach, so daß sie schließlich schwarzbraun oder fast schwarz erscheinen.

der Begegnung mit dieser Viper angeraten.

▲ Lebensraum: Felsige Berghänge mit lockerer Bodenvegetation; oft in der Nähe von Bergbächen. Höhenlage zwischen 1200 und 2000 m.

▲ Lebensweise: Über die Biologie dieser Art ist kaum etwas bekannt, sie dürfte aber derjenigen der Kleinasiatischen Bergotter (*Vipera xanthina*) ähneln. Soweit die klimatischen Verhältnisse im Gebirgslebensraum es zulassen, ist Wagners Bergotter wohl überwiegend tagaktiv, mit Schwerpunkten am Morgen und am Spätnachmittag; in der heißen Jahreszeit sicher auch in der Dämmerung unterwegs. Bei Bedrohung stößt sie ein lautes Zischen aus. Hält eine mehrmonatige Winterruhe.

▲ Nahrung: Vermutlich Kleinsäugetiere, Eidechsen, auch bodenbrütende Vögel.

▲ Fortpflanzung: Lebendgebärend (ovovivipar).

▲ Besonderheiten: Eine der am schönsten gefärbten und gezeichneten Vipernarten im hier besprochenen Gebiet. Dunkle Rückenfleckenreihe mit goldbraun bis ockerbraun gefärbtem Fleckenzentrum; große, dunkle Querbarren an den Flanken, 2 dunkle Halbmondflecken auf dem Hinterkopf. Erst vor kurzem entdeckt und beschrieben, bisher nur wenige Exemplare der Wissenschaft zugänglich.

Verbreitung

Östliche Türkei nördlich des Vansees (örtlich sehr begrenztes Vorkommen); außerdem nordiranisch-armenisches Grenzgebiet nördlich des Urmiasees.

Halys-Grubenotter

Agkistrodon (*Gloydius*) *halys* (PALLAS, 1776)
Familie Vipern (Viperidae)
Unterfamilie Grubenottern (Crotalinae)
E Crotalid Halys Viper F Crotale d'Europe

▲ Merkmale: Länge 60–70 cm, manchmal bis 80 cm.
Kräftige, kurze Grubenotter. Kopf im Verhältnis flacher und kantiger wirkend als bei den meisten europäischen Vipern, deutlich dreieckig geformt. Auge relativ klein, mit senkrechter Schlitzpupille. Körperschuppen gekielt. 23 Rückenschuppenreihen um die Körpermitte. 9 große Schilder auf der Kopfoberseite, die kantig nach vorn und zu den Seiten abgesetzt ist. Zwischen Auge und Nasenloch eine wärmeempfindliche Sinnesgrube, das Gruben- oder Wärmeorgan. Am Schwanz ein kleiner Hornnagel.
Grundfarbe von hellgrau oder hellbraun über rötlichbraun bis orangefarben. Rückenzeichnung aus dunkler braunen, schwarz gesäumten Querbinden oder Querflecken. An

der unteren Flanke direkt über den Bauchschildern eine Reihe kleiner, dunkler Flecken. Dunkles Schläfenband vom Auge zum Hals. Gelegentlich auf dem vorderen Kopf Zeichnung aus 3 Dreiecken. Bauch meist einfarbig hellgrau, selten dunkel gesprenkelt.

Grubenotter mit Giftzahnapparat, Röhrengiftzähne. Gift für den Menschen nicht besonders wirksam, nur Schmerzen und starke Schwellungen verursachend. Trotzdem ist nach einem Giftbiß ärztliche Behandlung anzuraten.

▲ Lebensraum: Viele unterschiedliche Wohngebiete von der Ebene bis ins Hochgebirge. Vor allem Steppengebiete, aber auch Berghänge mit Buschwerk und Geröll, Bergwiesen und Flußufergelände mit dichterer Vegetation. Felsspalten und Nagetierbaue dienen oft als Zuflucht. Im Gebirge bis über 2500 m, in Asien sogar bis 3500 m.

▲ Lebensweise: Gedrungene, dämmerungsaktive Bodenschlange.

Die Halys-Grubenotter (*Agkistrodon halys*) ist die einzige Grubenotternart im hier besprochenen Verbreitungsgebiet. Zwischen Auge und Nasenloch besitzt sie eine Wärmegrube als zusätzliches Sinnesorgan. Wie die meisten Echten Vipern bringt auch die Halys-Grubenotter lebende Junge zur Welt.

Nimmt gerne am frühen Morgen ein Sonnenbad. Recht langsam, nicht sehr angriffslustig; scheint eher auf ihre tarnende Färbung zu vertrauen. Erzeugt als Warn- und Drohreaktion mit dem Hornnagel am Schwanzende durch Schwanzzittern am Boden ein rasselndes Geräusch. Hält eine 4–6monatige Winterruhe.

▲ Nahrung: Kleinsäugetiere (Mäuse), Vögel und ihre Eier (vor allem Bodenbrüter). Die Jungen nehmen kleine Echsen, Heuschrecken und Grillen. Tötet ihre Beute mit Giftbiß.

▲ Fortpflanzung: Lebendgebärend (ovovivipar). Paarung im April–Mai; im Hochsommer bis zum Frühherbst werden 3–12 Jungschlangen geboren.

Die Weibchen können nach einer Paarung die Samenzellen über mehrere Jahre aufbewahren und dann ohne weitere Paarungen Junge entwickeln.

▲ Besonderheiten: Einzige Grubenotter im hier besprochenen Gebiet. Wärmegrube zwischen Auge und Nasenloch. Lebendgebärend.

Verbreitung

Zentral- und Ostasien bis Korea und Japan. Berührt das hier besprochene Gebiet nur mit der Unterart *A. h. caraganus* am Nordrand des Kaspisees und mit der Unterart *A. h. caucasicus* im südlichen transkaukasischen Raum. Manche Zoologen führen die letzte Unterart innerhalb einer gesonderten Art mit dem Namen *Agkistrodon intermedius caucasicus*.

Artenlisten der Länder und Ländergruppen

Um dem Leser den Zugriff auf die gewünschte Schlangenart zu erleichtern, sind im folgenden Artenlisten für die Länder oder für zusammengefaßte Ländergruppen des hier besprochenen Gebietes aufgestellt worden. Man kann sich anhand dieser Listen zunächst darüber informieren, welche Schlangenarten in einem fraglichen Gebiet überhaupt vorkommen, um dann im speziellen Teil des Buches mit Bestimmungsschlüssel, Bild und Beschreibung die jeweilige Schlange zu bestimmen. Die Reihenfolge innerhalb der Länder-Artenlisten ist – wie im speziellen Artenteil dieses Buches – entsprechend der natürlichen Einteilung der Familien (Blindschlangen, Schlankblindschlangen, Riesenschlangen, Echte Nattern, Trugnattern, Giftnattern, Echte Vipern, Grubenottern) und bei den Gattungen und Arten nach dem Alphabet der Anfangsbuchstaben ihrer wissenschaftlichen (lateinischen) Gattungs- und Artnamen angeordnet. Auf diese Weise bleibt das Ordnungsschema des Buches gewahrt. Arten, die bereits zur zentralafrikanischen Fauna gehören oder in allzu weit mittelmeerabgewandten Landesteilen leben, sind nicht berücksichtigt. Deshalb werden beispielsweise weder die Afrikanische Eierschlange (*Dasypeltis scabra*), noch die Arabische Erdotter (*Atractaspis engaddensis*) oder die Puffotter (*Bitis arietans*) hier erwähnt.

Die Anordnung der Länder beginnt im Norden in Skandinavien und England, leitet dann von Spanien über Mittel- und Südeuropa nach Osteuropa, zum Balkan und nach Rußland, wendet sich sodann in die Türkei, geht über die östlichen Angrenzerstaaten des Mittelmeeres (Syrien, Libanon, Israel) ins östliche Nordafrika und endet schließlich im westlichen Nordafrika.

Skandinavien

Nattern – Colubridae;
Echte Nattern – Colubrinae
Schling- oder Glattnatter (*Coronella austriaca*)
Ringelnatter (*Natrix natrix*)

Vipern – Viperidae
Kreuzotter (*Vipera berus*)

England

Nattern – Colubridae;
Echte Nattern – Colubrinae
Schling- oder Glattnatter (*Coronella austriaca;* Südengland)
Ringelnatter (*Natrix natrix;* Süd- und Mittelengland)

Vipern – Viperidae
Kreuzotter (*Vipera berus*)

Iberische Halbinsel

Nattern – Colubridae;
Echte Nattern – Colubrinae
Hufeisennatter (*Coluber hippocrepis*)
Gelbgrüne Zornnatter (*Coluber viridiflavus;* nur Pyrenäengebiet)
Schling- oder Glattnatter (*Coronella*

austriaca; nur nördlicher Teil der Halbinsel)
Girondische Schlingnatter (*Coronella girondica*)
Äskulapnatter (*Elaphe longissima;* nur Nordostspanien)
Treppennatter (*Elaphe scalaris;* auch Menorca)
Vipernatter (*Natrix maura*)
Ringelnatter (*Natrix natrix*)

Trugnattern - Boiginae
Kapuzennatter (*Macroprotodon cucullatus;* auch Balearen)
Europäische Eidechsennatter (*Malpolon monspessulanus*)

Vipern - Viperidae
Aspisviper (*Vipera aspis;* Nordostspanien)
Stülpnasenotter (*Vipera latasti;* nicht im äußersten Norden)
Nordiberische Kreuzotter (*Vipera seoanei;* Nordportugal und nordwestliches Spanien)

Frankreich

Nattern - Colubridae
Echte Nattern - Colubrinae
Gelbgrüne Zornnatter (*Coluber viridiflavus*)
Schling- oder Glattnatter (*Coronella austriaca*)
Girondische Schlingnatter (*Coronella girondica;* nur Südfrankreich)
Äskulapnatter (*Elaphe longissima*)
Treppennatter (*Elaphe scalaris;* Bereich der Mittelmeerküste und Südfrankreich)
Vipernatter (*Natrix maura;* Süd- und Südwestfrankreich)
Ringelnatter (*Natrix natrix*)

Trugnattern - Boiginae
Europäische Eidechsennatter (*Malpolon monspessulanus;* mittelmeernaher Teil Südfrankreichs)

Vipern - Viperidae
Aspisviper (*Vipera aspis;* Süd- und Mittelfrankreich)
Kreuzotter (*Vipera berus*)
Nordiberische Kreuzotter (*Vipera seoanei;* südwestliches Frankreich)
Wiesenotter (*Vipera ursinii;* inselartiges Vorkommen in Südostfrankreich).

Korsika und Sardinien

Nattern - Colubridae;
Echte Nattern - Colubrinae
Hufeisennatter (*Coluber hippocrepis;* nur Sardinien)
Gelbgrüne Zornnatter (*Coluber viridiflavus*)
Äskulapnatter (*Elaphe longissima;* nur Sardinien)
Ringelnatter (*Natrix natrix*)
Vipernatter (*Natrix maura;* nur Sardinien)

Beneluxländer (Niederlande, Belgien, Luxemburg)

Nattern - Colubridae;
Echte Nattern - Colubrinae
Schling- oder Glattnatter (*Coronella austriaca*)
Ringelnatter (*Natrix natrix*)

Vipern - Viperidae
Kreuzotter (*Vipera berus*)

Bundesrepublik Deutschland und Deutsche Demokratische Republik

Nattern - Colubridae;
Echte Nattern - Colubrinae
Schling- oder Glattnatter (*Coronella austriaca*)
Äskulapnatter (*Elaphe longissima;* inselartiges Restvorkommen)
Ringelnatter (*Natrix natrix*)
Würfelnatter (*Natrix tessellata;* inselartiges Restvorkommen)

Vipern - Viperidae
Aspisviper (*Vipera aspis;* inselartiges Restvorkommen)
Kreuzotter (*Vipera berus*)

Schweiz

Nattern - Colubridae;
Echte Nattern - Colubrinae
Gelbgrüne Zornnatter (*Coluber viridiflavus*)
Schling- oder Glattnatter (*Coronella austriaca*)
Äskulapnatter (*Elaphe longissima*)
Vipernatter (*Natrix maura;* Südwestschweiz)
Würfelnatter (*Natrix tessellata*)

Vipern - Viperidae
Aspisviper (*Vipera aspis;* West-, Zentral- und Südschweiz)
Kreuzotter (*Vipera berus*)

Österreich

Nattern - Colubridae;
Echte Nattern - Colubrinae
Schling- oder Glattnatter (*Coronella austriaca*)
Äskulapnatter (*Elaphe longissima*)
Ringelnatter (*Natrix natrix*)
Würfelnatter (*Natrix tessellata*)

Vipern - Viperidae
Sandotter (*Vipera ammodytes;* nur Südsteiermark und Kärnten)
Kreuzotter (*Vipera berus*)
Wiesenotter (*Vipera ursinii;* erlöschende Populationen in Oberösterreich)

Italien

Nattern - Colubridae;
Echte Nattern - Colubrinae
Gelbgrüne Zornnatter (*Coluber viridiflavus*)
Schling- oder Glattnatter (*Coronella austriaca*)
Girondische Schlingnatter (*Coronella girondica*)
Äskulapnatter (*Elaphe longissima*)
Vierstreifennatter (*Elaphe quatuorlineata*)
Leopardnatter (*Elaphe situla;* Süditalien und Sizilien)
Vipernatter (*Natrix maura;* nordwestlichstes Italien)
Ringelnatter (*Natrix natrix*)
Würfelnatter (*Natrix tessellata;* nicht äußerster Süden und Sizilien)

Trugnattern - Boiginae
Eidechsennatter (*Malpolon monspessulanus;* isoliertes Vorkommen in Norditalien)

Vipern - Viperidae
Sandotter (*Vipera ammodytes;* inselartiges Vorkommen im italienischen Alpenraum)
Aspisviper (*Vipera aspis*)
Kreuzotter (*Vipera berus;* italienisches Alpengebiet)
Wiesenotter (*Vipera ursinii;* Mittelitalien)

Polen und Tschechoslowakei (CSSR)

Nattern - Colubridae;
Echte Nattern - Colubrinae
Schling- oder Glattnatter (*Coronella austriaca*)
Äskulapnatter (*Elaphe longissima;* nur Südpolen und CSSR)
Ringelnatter (*Natrix natrix*)
Würfelnatter (*Natrix tessellata;* Südpolen und CSSR)

Vipern - Viperidae
Kreuzotter (*Vipera berus*)

Ungarn und Rumänien

Riesenschlangen - Boidae;
Sandboas - Erycinae
Westliche Sandboa (*Eryx jaculus;* in Rumänien Dobrudscha)

Nattern - Colubridae;
Echte Nattern - Colubrinae
Kaspische Pfeilnatter (*Coluber caspius;* in Ungarn isoliertes Vorkommen)
Schling- oder Glattnatter (*Coronella austriaca*)
Äskulapnatter (*Elaphe longissima*)
Vierstreifennatter (*Elaphe quatuorlineata;* in Rumänien Dobrudscha)
Ringelnatter (*Natrix natrix*)
Würfelnatter (*Natrix tessellata*)

Vipern - Viperidae
Sandotter (*Vipera ammodytes;* Rumänien)
Kreuzotter (*Vipera berus*)
Wiesenotter (*Vipera ursinii*)

Bulgarien

Blindschlangen - Typhlopidae
Wurmschlange (*Typhlops vermicularis*)

Riesenschlangen - Boidae;
Sandboas - Erycinae
Westliche Sandboa (*Eryx jaculus*)

Nattern - Colubridae;
Echte Nattern - Colubrinae
Kaspische Pfeilnatter (*Coluber caspius*)
Schlanknatter (*Coluber najadum*)
Rötliche Zornnatter (*Coluber rubriceps;* bulgarische Schwarzmeerküste)
Schling- oder Glattnatter (*Coronella austriaca*)
Äskulapnatter (*Elaphe longissima*)
Vierstreifennatter (*Elaphe quatuorlineata;* Südbulgarien)
Ringelnatter (*Natrix natrix*)
Würfelnatter (*Natrix tessellata*)

Vipern - Viperidae
Sandotter (*Vipera ammodytes*)
Kreuzotter (*Vipera berus*)
Wiesenotter (*Vipera ursinii*)

Jugoslawien und Albanien

Blindschlangen - Typhlopidae
Wurmschlange (*Typhlops vermicularis*)

Riesenschlangen - Boidae;
Sandboas - Erycinae
Westliche Sandboa (*Eryx jaculus*)

Nattern - Colubridae;
Echte Nattern - Colubrinae
Kaspische Pfeilnatter (*Coluber caspius;* nicht in Westjugoslawien)
Balkan-Zornnatter (*Coluber laurenti*)
Schlanknatter (*Coluber najadum*)
Gelbgrüne Zornnatter (*Coluber viridiflavus;* nur Istrien und nordwestliches Küstengebiet)
Schling- oder Glattnatter (*Coronella austriaca*)
Äskulapnatter (*Elaphe longissima*)
Vierstreifennatter (*Elaphe quatuorlineata;* West- bis Südjugoslawien und Albanien)
Leopardnatter (*Elaphe situla;* Westjugoslawien und Albanien)
Ringelnatter (*Natrix natrix*)
Würfelnatter (*Natrix tessellata*)

Trugnattern - Boiginae
Europäische Eidechsennatter (*Malopolon monspessulanus;* Adriaküste)
Europäische Katzennatter (*Telescopus fallax;* Westjugoslawien und Albanien)

Vipern - Viperidae
Sandotter (*Vipera ammodytes*)
Kreuzotter (*Vipera berus*)

Wiesenotter (*Vipera ursinii;* inselartige Vorkommen in Westjugoslawien und Albanien)

Griechenland
(mit Ägäisinseln und Kreta)

Blindschlangen - Typhlopidae
Wurmschlange (*Typhlops vermicularis*)

Riesenschlangen - Boidae;
Sandboas - Erycinae
Westliche Sandboa (*Eryx jaculus*)

Nattern - Colubridae;
Echte Nattern - Colubrinae
Kaspische Pfeilnatter (*Coluber caspius*)
Balkan-Zornnatter (*Coluber laurenti*)
Schlanknatter (*Coluber najadum*)
Münzennatter (*Coluber nummifer;* nur griechische Dodekanesinseln)
Schling- oder Glattnatter (*Coronella austriaca*)
Äskulapnatter (*Elaphe longissima;* nicht auf Kreta)
Vierstreifennatter (*Elaphe quatuorlineata*)
Leopardnatter (*Elaphe situla*)
Ringelnatter (*Natrix natrix*)
Würfelnatter (*Natrix tessellata*)

Trugnattern - Boiginae
Europäische Eidechsennatter (*Malpolon monspessulanus;* nicht auf Kreta)
Europäische Katzennatter (*Telescopus fallax*)

Vipern - Viperidae
Sandotter (*Vipera ammodytes*)
Levanteotter (*Vipera lebetina;* nur Milos-Archipel und wenige Inseln der West-Kykladen)
Wiesenotter (*Vipera ursinii;* inselartiges Vorkommen in Nordgriechenland)
Kleinasiatische Bergotter (*Vipera xanthina;* ostgriechische Mittelmeerinseln)

Europäische UdSSR
(nach Süden bis zur nordwestiranischen Grenze)

Blindschlangen - Typhlopidae
Wurmschlange (*Typhlops vermicularis*)

Riesenschlangen - Boidae;
Sandboas - Erycinae
Westliche Sandboa (*Eryx jaculus;* Südwestrußland)
Wüsten-Sandboa (*Eryx miliaris;* südwestliche UdSSR)

Nattern - Colubridae;
Echte Nattern - Colubrinae
Kaspische Pfeilnatter (*Coluber caspius*)
Spring- oder Pfeilnatter (*Coluber jugularis;* südwestliche UdSSR)
Schlanknatter (*Coluber najadum*)
Ravergiers Zornnatter (*Coluber ravergieri*)
Schmidts Pfeilnatter (*Coluber schmidti;* südlich des Kaukasus)
Schling- oder Glattnatter (*Coronella austriaca*)
Halsband-Zwergnatter (*Eirenis collaris;* südwestliche UdSSR)
Kopfbinden-Zwergnatter (*Eirenis modestus;* südwestliche UdSSR)
Armenische Zwergnatter (*Eirenis punctatolineatus;* südwestlichste UdSSR)
Steppennatter (*Elaphe dione;* südliche UdSSR)
Transkaukasische Kletternatter (*Elaphe hohenackeri*)
Äskulapnatter (*Elaphe longissima;* Südwestrußland)
Vierstreifennatter (*Elaphe quatuorlineata;* Südwestrußland)

Leopardnatter (*Elaphe situla;* Krim und südwestliche UdSSR)
Großkopf-Ringelnatter (*Natrix megalocephala;* südwestlichste UdSSR vom Schwarzen Meer zum Kaukasus)
Ringelnatter (*Natrix natrix*)
Würfelnatter (*Natrix tessellata;* Südrußland)
Schwarzkopf-Zwergnatter (*Rhynchocalamus melanocephalus;* äußerster Südwesten Rußlands)

Trugnattern - Boiginae
Europäische Eidechsennatter (*Malpolon monspessulanus;* südwestlichste UdSSR)
Europäische Katzennatter (*Telescopus fallax;* Südrußland)

Vipern - Viperidae;
Echte Vipern - Viperinae
Sandotter (*Vipera ammodytes;* südwestlichste UdSSR östlich des Schwarzen Meeres)
Kreuzotter (*Vipera berus;* nicht in Südrußland)
Darevskis Kreuzotter (*Vipera darevskii;* armenisches Grenzgebiet)
Westkaukasische Kreuzotter (*Vipera dinniki;* Kaukasusgebiet)
Kaukasus-Otter (*Vipera kaznakovi;* zwischen Schwarzem Meer und Kaukasus)
Levanteotter (*Vipera lebetina;* südwestliche UdSSR vom Kaukasusgebiet nach Süden)
Armenische Bergotter (*Vipera raddei;* Armenien, Aserbeidschan)
Wiesenotter (*Vipera ursinii;* Südrußland)

Grubenottern - Crotalinae
Halys-Grubenotter (*Agkistrodon halys;* im europäischen Rußland nur am Nordwestrand des Kaspisees und im südlichen transkaukasischen Raum)

Türkei (mit türkischen Mittelmeerinseln)

Blindschlangen - Typhlopidae
Wurmschlange (*Typhlops vermicularis*)

Schlankblindschlangen - Leptotyphlopidae
Hakenschnabel-Schlankblindschlange (*Leptotyphlops macrorhynchus*)

Riesenschlangen - Boidae;
Sandboas - Erycinae
Westliche Sandboa (*Eryx jaculus*)

Nattern - Colubridae;
Echte Nattern - Colubrinae
Kaspische Pfeilnatter (*Coluber caspius*)
Spring- oder Pfeilnatter (*Coluber jugularis*)
Schlanknatter (*Coluber najadum*)
Münzennatter (*Coluber nummifer*)
Ravergiers Zornnatter (*Coluber ravergieri*)
Rötliche Zornnatter (*Coluber rubriceps*)
Schmidts Pfeilnatter (*Coluber schmidti)*
Schling- oder Glattnatter (*Coronella austriaca;* Nordtürkei)
Barans Zwergnatter (*Eirenis barani;* Südtürkei, Provinz Adana)
Halsband-Zwergnatter (*Eirenis colaris;* Osttürkei)
Krönchen-Zwergnatter (*Eirenis coronella;* Südosttürkei)
Zehnstreifen-Zwergnatter (*Eirenis decemlineatus*; Südtürkei)
Eiselts Zwergnatter (*Eirenis eiselti;* Südosttürkei)
Längsgestreifte Zwergnatter (*Eirenis lineomaculatus;* Südosttürkei)
Kopfbinden-Zwergnatter (*Eirenis modestus*)
Persische Zwergnatter (*Eirenis persicus;* Südosttürkei)

Armenische Zwergnatter (*Eirenis punctatolineatus;* Osttürkei)
Roths Zwergnatter (*Eirenis rothi;* Südtürkei)
Steppennatter (*Elaphe dione*)
Transkaukasische Kletternatter (*Elaphe hohenackeri*)
Äskulapnatter (*Elaphe longissima*)
Vierstreifennatter (*Elaphe quatuorlineata;* Westtürkei)
Leopardnatter (*Elaphe situla;* West- und Nordtürkei)
Ringelnatter (*Natrix natrix*)
Würfelnatter (*Natrix tessellata*)
Schwarzkopf-Zwergnatter (*Rhynchocalamus melanocephalus;* Osttürkei)

Trugnattern - Boiginae
Europäische Eidechsennatter (*Malpolon monspessulanus*)
Europäische Katzennatter (*Telescopus fallax*)

Vipern - Viperidae
Sandotter (*Vipera ammodytes*; West- und Nordosttürkei)
Barans Otter (*Vipera barani*; Nähe der türkischen Schwarzmeerküste)
Taurische Bergotter (*Vipera bulgardaghica*; Kilikischer Taurus)
Kaukasus-Otter (*Vipera kaznakovi;* nordöstlichste Türkei)
Levanteotter (*Vipera lebetina*; Südost- und Osttürkei)
Armenische Bergotter (*Vipera raddei*; türkisch-iranisches Grenzgebiet)
Wiesenotter (*Vipera ursinii*; Süd- und Osttürkei)
Wagners Bergotter (*Vipera wagneri*; Osttürkei nördlich des Vansees)
Bergotter (*Vipera xanthina;* West-und Zentraltürkei, türkische Mittelmeerinseln)

Zypern

Blindschlangen - Typhlopidae
Wurmschlange (*Typhlops vermicularis*)

Nattern - Colubridae;
Echte Nattern - Colubrinae
Zypern-Schlanknatter (*Coluber cypriensis*)
Spring- oder Pfeilnatter (*Coluber jugularis*)
Schlanknatter (*Coluber najadum*)
Ravergiers Zornnatter (*Coluber ravergieri*)
Kopfbinden-Zwergnatter (*Eirenis modestus*)
Ringelnatter (*Natrix natrix*)
Würfelnatter (*Natrix tessellata*)

Trugnattern - Boiginae
Europäische Eidechsennatter (*Malpolon monspessulanus*)
Katzennatter (*Telescopus fallax*)

Vipern - Viperidae
Levanteotter (*Vipera lebetina*)

Östliche Angrenzerstaaten des Mittelmeeres
(Syrien, Libanon, Israel)

Blindschlangen - Typhlopidae
Israelische Wurmschlange (*Typhlops simoni*)
Wurmschlange (*Typhlops vermicularis*)

Schlankblindschlangen - Leptotyphlopidae
Hakenschnabel-Schlankblindschlange (*Leptotyphlops macrorhynchus*)
Israelische Schlankblindschlange (*Leptotyphlops phillipsi*)

Riesenschlangen - Boidae;
Sandboas - Erycinae
Westliche Sandboa (*Eryx jaculus*)

Nattern – Colubridae;
Echte Nattern – Colubrinae
Pracht-Zornnatter (*Coluber elegantissimus*; nur Wadi 'Arava)
Spring- oder Pfeilnatter (*Coluber jugularis*)
Schlanknatter (*Coluber najadum*)
Münzennatter (*Coluber nummifer*)
Jans Pfeilnatter (*Coluber rhodorachis*)
Andersons Pfeilnatter (*Coluber rogersi*)
Rötliche Zornnatter (*Coluber rubriceps*)
Schmidts Pfeilnatter (*Coluber schmidti*; nur nördliches Syrien)
Gefleckte Zornnatter (*Coluber ventromaculatus*)
Krönchen-Zwergnatter (*Eirenis coronella*)
Zehnstreifen-Zwergnatter (*Eirenis decemlineatus*)
Längsgestreifte Zwergnatter (*Eirenis lineomaculatus*)
Roths Zwergnatter (*Eirenis rothi*; Küstenregion)
Gekrönte Schnauzennatter (*Lytorhynchus diadema*)
Würfelnatter (*Natrix tessellata*, nur nordwestlichstes Syrien)
Schwarzkopf-Zwergnatter (*Rhynchocalamus melanocephalus*)
Diademnatter (*Spalerosophis diadema*)

Trugnattern – Boiginae
Kapuzennatter (*Macroprotodon cucullatus*)
Moilanatter (*Malpolon moilensis*)
Europäische Eidechsennatter (*Malpolon monspessulanus*)
Forskals Sandrennatter (*Psammophis schokari*)
Israelische Katzennatter (*Telescopus dhara*)
Europäische Katzennatter (*Telescopus fallax*)

Erdvipern – Aparallactinae
Muellers Erdviper (*Micrelaps muelleri*)

Giftnattern – Elapidae
Uräusschlange (*Naja haje*; selten, im südlichen und südwestlichen Teil Israels)
Schwarze Wüstenkobra (*Walterinnesia aegyptia*)

Vipern – Viperidae
Hornviper (*Cerastes cerastes*)
Avicennaviper (*Cerastes vipera*)
Arabische Sandrasselotter (*Echis coloratus*; nur Israel)
Persische Trughornviper (*Pseudocerastes persicus*)
Libanesische Bergotter (*Vipera bornmuelleri*; nur Libanon und Grenzgebiet zwischen Libanon und Syrien)
Levanteotter (*Vipera lebetina*)
Palästinaviper (*Vipera palaestinae*)

Östliches Nordafrika
(Libyen, Ägypten)

Schlankblindschlangen – Leptotyphlopidae)
Ägyptische Schlankblindschlange (*Leptotyphlops cairi*)
Hakenschnabel-Schlankblindschlange (*Leptotyphlops macrorhynchus*)

Riesenschlangen – Boidae;
Sandboas – Erycinae
Westliche Sandboa (*Eryx jaculus*)
Ägyptische Sandboa (*Eryx colubrinus*)

Nattern – Colubridae
Echte Nattern – Colubrinae
Ägyptische Zornnatter (*Coluber florulentus*)
Münzennatter (*Coluber nummifer*)
Jans Pfeilnatter (*Coluber rhodorachis*)
Andersons Pfeilnatter (*Coluber rogersi*)

Sinai-Zornnatter (*Coluber sinai*; Sinai-Halbinsel)
Krönchen-Zwergnatter (*Eirenis coronella;* Ost-Ägypten)
Gekrönte Schnauzennatter (*Lytorhynchus diadema*)
Diademnatter (*Spalerosophis diadema*)

Trugnattern - Boiginae
Kapuzennatter (*Macroprotodon cucullatus*)
Moilanatter (*Malpolon moilensis*)
Europäische Eidechsennatter (*Malpolon monspessulanus*)
Forskals Sandrennatter (*Psammophis schokari*)
Gestreifte Sandrennatter (*Psammophis sibilans*)
Israelische Katzennatter (*Telescopus dhara*, eventuell *T. tripolitanus* als Unterart in Libyen)
Europäische Katzennatter (*Telescopus fallax*; Ost-Ägypten)

Giftnattern - Elapidae
Uräusschlange (*Naja haje*)
Schwarze Wüstenkobra (*Walterinnesia aegyptia;* nur Ost-Ägypten)

Vipern - Viperidae
Hornviper (*Cerastes cerastes*)
Avicennaviper (*Cerastes vipera*)
Sandrasselotter (*Echis carinatus*)
Arabische Sandrasselotter (*Echis coloratus;* nur Ägypten östlich des Nils)
Atlasotter (*Vipera mauritanica*; nur West-Libyen)

Westliches Nordafrika
(Tunesien, Algerien, Marokko)

Schlankblindschlangen - Leptotyphlopidae
Hakenschnabel-Schlankblindschlange (*Leptotyphlops macrorhynchus*)

Riesenschlangen - Boidae;
Sandboas - Erycinae
Westliche Sandboa (*Eryx jaculus*)

Nattern - Colubridae;
Echte Nattern - Colubrinae
Algerische Zornnatter (*Coluber algirus*)
Hufeisennatter (*Coluber hippocrepis*)
Girondische Schlingnatter (*Coronella girondica*)
Gekrönte Schnauzennatter (*Lytorhynchus diadema;* Tunesien, Algerien)
Vipernatter (*Natrix maura*)
Ringelnatter (*Natrix natrix*)
Diademnatter (*Spalerosophis diadema*)

Trugnattern - Boiginae
Kapuzennatter (*Macroprotodon cucullatus*)
Moilanatter (*Malpolon moilensis*)
Europäische Eidechsennatter (*Malpolon monspessulanus*)
Forskals Sandrennatter (*Psammophis schokari*)
Gestreifte Sandrennatter (*Psammophis sibilans*)
Gabés-Trugnatter (*Pseudotarbophis gabesiensis = Telescopus dhara gabesiensis* oder *Telescopus tripolitanus gabesiensis;* nur in Süd-Tunesien)

Giftnattern - Elapidae
Uräusschlange (*Naja haje*)

Vipern - Viperidae
Hornviper (*Cerastes cerastes*)
Avicennaviper (*Cerastes vipera*)
Sandrasselotter (*Echis carinatus*)
Stülpnasenotter (*Vipera latasti*)
Levanteotter (*Vipera lebetina;* als Unterart *transmediterranea* nur sehr lokal in Algerien und Tunesien)
Atlasotter (*Vipera mauritanica*)
Atlas-Zwergotter (*Vipera monticola*; nur Hoher Atlas in Marokko)

Weiterführende Literatur

Bücher und Broschüren

ANGEL, F.: Faune de France, Reptiles et Amphibiens; – Lechevalier, Paris 1946.

ARNOLD, E. N. & J. A. BURTON: Pareys Reptilien- und Amphibienführer Europas; – Verlag Paul Parey, Hamburg-Berlin 1978.

BANNIKOV, A. G.; I. S. DAREVSKIJ & A. K. RUSTAMOV: Amphibien und Reptilien der UdSSR; – Verlag Mysl, Moskau 1971 (in Russisch).

BARASH, A. & J. H. HOOFIEN: Reptiles of Israel (a guide and key); – Hakibutz Hameuchad Publishing House, Tel Aviv 1956 und 1961 (in Hebräisch).

BASOGLU, M. & I. BARAN: The Reptiles of Turkey, Part II. The Snakes (Taxonomy, Distribution and Key for Identification); – Bornova-Izmir Ege Universitesi Matbaasi 1980 (Türkisch mit englischer Zusammenfassung).

BIELLA, H. J.: Die Sandotter, Vipera ammodytes; – Die Neue Brehm-Bücherei, A. Ziemsen Verlag, Wittenberg Lutherstadt 1983.

BONS, J. & B. GIROT: Clé illustrée des Reptiles du Maroc; – Travaux de l'Institut Scientific Chérifien, Série Zoologie No. 26. Rabat 1962.

BOULENGER, G. A.: Catalogue of the snakes in the British Museum (Nat. Hist.); – The Trustees of the British Museum (Nat. Hist.), London 1893 (Volume 1), 1894 (Volume 2), 1896 (Volume 3).

BRODMANN, P.: Die Giftschlangen Europas und die Gattung Vipera in Afrika und Asien; – Kümmerly & Frey, Bern 1987.

BRUNO, S. & S. MAUGERI: Rettili d'Italia; – I Miracoli dell Natura, Giunti Martello, Firenze 1977.

BRUNO, S.: Le Vipere d'Italia e d'Europa; – Edagricole, Bologna 1985.

CABELA, A. & F. TIEDEMANN: Atlas der Amphibien und Reptilien Österreichs; – Neue Denkschriften des Naturhistorischen Museums Wien, Verlag Ferdinand Berger & Söhne, Wien-Horn 1985.

DIESENER, G. & J. REICHHOLF: Lurche und Kriechtiere; – Steinbachs Naturführer, Mosaik Verlag, München 1986.

ENGELMANN, W. E. & F. J. OBST: Mit gespaltener Zunge, aus der Biologie und Kulturgeschichte der Schlangen; – Verlag Herder, Freiburg – Basel – Wien 1981.

ENGELMANN, W. E.; J. FRITZSCHE; R. GÜNTHER & F. J. OBST: Lurche und Kriechtiere Europas; – Ferdinand Enke Verlag, Stuttgart 1986.

ESCRIVA, L. J. B.: La Guia de Incafo de los Anfibios y Reptiles de la Peninsula Iberica, Islas Baleares y Canarias; – Incafo, Madrid 1987.

FROMMHOLD, E.: Die Kreuzotter; – Die Neue Brehm-Bücherei, A. Ziemsen Verlag, Wittenberg Lutherstadt 1964.

FUHN, I. E. & S. VANCEA: Fauna Republicii Populare Romine; Vol. 14, Fasc. 2, Reptilia (Testoase, Sopirle, Serpi); – Academiei Republicii Populare Romine 1961 (in Rumänisch).

GRILLITSCH, B. & H.; M. HÄUPL & F. TIEDEMANN: Lurche und Kriechtiere Niederösterreichs; – Facultas Verlag, Wien 1983.

GRUBER, U. & H. PACE: Lebende Schlangen (Riesenschlangen, Nat-

tern, Vipern aus fünf Erdteilen); – Freunde der Zoologischen Staatssammlung München e.V. (Herausgeber und Verleger) 1978.
GRZIMEK, B. (Herausgeber): Grzimeks Tierleben, Band 6 Kriechtiere; – Kindler Verlag, Zürich 1971.
HABERMEHL, G. G.: Gift-Tiere und ihre Waffen; – 4. Auflage, Springer-Verlag, Berlin – New York – London – Paris – Tokyo 1987.
HARDING, K. A. & K. R. G. WELCH: Venomous Snakes of the World, a checklist; – Pergamon Press, Oxford – New York – Paris – Frankfurt 1980.
JOGER, U.: The Venomous Snakes of the Near and Middle East (Karte und Beiheft); – Dr. Ludwig Reichert Verlag, Wiesbaden 1984.
KABISCH, K.: Die Ringelnatter, Natrix natrix (L.); – Die Neue Brehm-Bücherei, A. Ziemsen Verlag, Wittenberg Lutherstadt 1974.
LUTTENBERGER, F.: Die Schlangen Österreichs; – Facultas-Verlag, Wien 1978.
MARX, H.: Checklist of the Reptiles and Amphibians of Egypt; – Special Publications, US Naval Medical Research Unit No. 3, Cairo 1968.
MATZ, G. & D. WEBER: Amphibien und Reptilien. Die 169 Arten Europas farbig abgebildet; – BLV Bestimmungsbuch, BLV Verlagsgesellschaft München – Wien – Zürich 1983.
MEIER, M. & R. SCHNIEPER: Amphibien und Reptilien der Schweiz; – Mondo-Verlag, Lausanne 1986.
MERTENS, R.: Welches Tier ist das? Kriechtiere und Lurche; Kosmos-Verlag, Franckh'sche Verlagshandlung Stuttgart 1952.
MERTENS, R.: Die Amphibien und Reptilien Europas, 3. Liste nach dem Stand vom 1. 1. 1960; – Verlag Waldemar Kramer, Frankfurt 1960.
MINTON, S. A.: A contribution to the Herpetology of West-Pakistan; – Bulletin of the American Museum of Natural History, Volume 134, Article 2, New York 1966.
NIKOLS'KII, A. M.: Fauna of Russia and adjacent countries, Reptiles, Volume II Ophidia; – Israel Program for Scientific Translations, Jerusalem 1964 (übersetzt aus dem Russischen).
NILSON, G. & C. ANDRÉN: The mountain vipers of the Middle East, the Vipera xanthina complex (Reptilia, Viperidae); – Bonner Zoologische Monographien Nr. 20, 1986.
OBST, F. J.; K. RICHTER & U. JACOB: Lexikon der Terraristik und Herpetologie; – Landbuch-Verlag, Hannover 1984.
PASTEUR, G. & J. BONS: Catalogue des reptiles actuels du Maroc; – Travaux de l'institut scientifique chérifien, série zoologie No. 21, Rabat 1960.
PHELPS, T.: Poisonous Snakes; – Blanford Press, Dorset 1981.
SALVADOR, A.: Guida de los anfibios y reptiles Espanoles; – Instituto Nacional para la Conservacion de la Naturaleza, Madrid 1974.
SCHLEICH, H. H.: Studies on the Herpetology of Kouf National Park and adjacent areas of Cyrenaika, with a checklist of the Amphibians and Reptiles of Libya; – IUCN Report, 1984.
SCHMIDT, K. P. & R. F. INGER: Knaurs Tierreich in Farben, Reptilien; – Droemersche Verlagsanstalt Th. Knaur, München-Zürich 1957.
SCORTECCI, G.: Gli Ofidi Velenosi dell'Africa Italiana; – Istituto Sieroterapico Milanese, Milano 1939.
SMITH, M. A.: The Fauna of British India, Ceylon and Burma, Reptilia and Amphibia, Volume III, Serpentes; – Taylor and Francis, London 1943.
STEWARD, J. W.: The Snakes of Europe; – David & Charles Publishers, Newton Abbot 1971.

TERENT'EV, P. V. & S. A. CHERNOV: Key to the Amphibians and Reptiles of Russia; – Ministry of Higher Education of the UdSSR, Israel Program for Scientific Translations, Jerusalem 1965 (übersetzt aus dem Russischen).
TRUTNAU, L.: Schlangen im Terrarium, Band 1 ungiftige Schlangen, Band 2 Giftschlangen; – Verlag Eugen Ulmer, Stuttgart 1979 und 1981.
URDAPILLETA, C. E. & R. J. BUTTICAZ: Fauna de Navarra, Anfibios y Reptiles; – Coeccion Diario de Navarra, Pamplona 1982.
VOGEL, Z.: Riesenschlangen aus aller Welt; – Die Neue Brehm-Bücherei, A. Ziemsen Verlag, Wittenberg Lutherstadt 1968.
WELCH, K. R. G.: Herpetology of Africa: a checklist and bibliography of the orders Amphisbaenia, Sauria and Serpentes; – Robert E. Krieger Publishing Company, Malabar Florida 1982.
WELCH, K. R. G.: Herpetology of Europe and Southwest Asia: a checklist and bibliography of the orders Amphisbaenia, Sauria and Serpentes; – Robert E. Krieger Publishing Company, Malabar Florida 1983.
WERNER, F.: Die Amphibien und Reptilien Griechenlands; – Zoologica 94, Stuttgart 1938.
WETTSTEIN, O.: Herpetologia aegea; – Sitzungsberichte der Österreichischen Akademie der Wissenschaften, mathematisch-naturwissenschaftliche Klasse, Wien 1953.

Wichtige Aufsätze in wissenschaftlichen Zeitschriften

BÖHME, W. & U. JOGER: Eine neue Art des Vipera berus-Komplexes aus der Türkei; – Amphibia-Reptilia Volume 4, 1983: 265–271.
DOMERGUE, C. A.: Note sur un serpent nouveau: Pseudotarbophis gabesi n. sp.; – Bulletin de la Société des Sciences Naturelles de Tunisie, Tome 8, 1954–55: 119–123.
DOMERGUE, C. A.: Liste des Ophidiens de Tunisie, de l'Algérie et du Maroc; – Extrait des Archives de l'institut Pasteur de Tunis, Tome 36, 1959: 157–161.
EISELT, J.: Klasse Reptilia im Catalogus Faunae Austriae; – Österreichische Akademie der Wissenschaften, Springer Verlag Wien 1961: 5–21.
FLOWER, S. S.: Notes on the recent Reptiles and Amphibians of Egypt; – Proceedings of the Zoological Society of London 1933 (II): 735–851.
GLOYD, H. K. & R. CONANT: The classification of the Agkistrodon halys complex; – Japanese Journal of Herpetology 9 (3), 1982: 75–78.
GRUBER, U.: Patterns of relationship and ecology of Aegean snakes; – Biologia Gallo-Hellenica, Volume 8, Athens 1979: 345–348.
HOOFIEN, J. H.: A taxonomic list of the Reptiles of Israel; – Department of Zoology, Tel Aviv University 1972.
JOGER, U.; A. TEYNIÉ & D. FUCHS: Morphological characterization of Vipera wagneri Nilson & Andrén, 1984 (Reptilia: Viperidae), with first description of the males; – Bonner zoologische Beiträge, Band 39, Heft 2/3, 1988: 221–228.
KRAMER, E. & H. SCHNURRENBERGER: Systematik, Verbreitung und Ökologie der Libyschen Schlangen; – Revue Suisse de Zoologie, Band 70, Genève 1963: 453–568.
MENDELSSOHN, H.: On the biology of the venomous snakes of Israel; – Israel Journal of Zoology 12, 1963: 143–170 und 14, 1965: 185–212.
NILSON, G. & C. ANDRÉN: Systematics of the Vipera xanthina complex; II. an overlooked viper within the xanthina species-group in Iran; – Bonner zoologische Beiträge, Jahr-

gang 35, Heft 1–3: 175–184.
NILSON, G. & C. ANDRÉN: Vipera lebetina transmediterranea, a new subspecies of viper from North Africa, with remarks on the taxonomy of Vipera lebetina and Vipera mauritanica (Reptilia: Viperidae); – Bonner zoologische Beiträge 39, Heft 4, 1988: 371–379.
NILSON, G.; C. ANDRÉN & B. FLÄRDH: Die Vipern der Türkei; – Salamandra 24, Heft 4: 215–247.
ORLOV, N. L. & B. S. TUNIYEV: The recent areas, their possible genesis and the phylogeny of three viper species of Eurosiberian group of the Vipera kaznakovi complex in the Caucasus; – Proceedings of the Zoological Institute Leningrad, Volume 157, 1986: 107–135 (in Russisch, englische Zusammenfassung).
ORLOV, N. L. & B. S. TUNIYEV: A new species of the grass snake from the Caucasus, Natrix megalocephalus sp. nov.; – Proceedings of the Zoological Institute Leningrad, Volume 158, 1987: 116–130 (in Russisch, englische Zusammenfassung).
SCHÄTTI, B. & A. AGASIAN: Ein neues Konzept für den Coluber ravergieri-C. nummifer-Komplex; – Zoologische Abhandlungen des Staatlichen Museums für Tierkunde Dresden, Band 40, Nr. 9, 1985: 109–123.
SCHÄTTI, B.: Eine neue Zornnatter aus Zypern, Coluber cypriensis n. sp.; – Revue Suisse de Zoologie, Tome 92, Genève 1985: 471–477.
SCHÄTTI, B.: Coluber Linnaeus, Holarctic Racers (Reptilia: Squamata: Serpentes: Colubridae); – Catalogue of American Amphibians and Reptiles 1986: 399.1–399.4.
SCHÄTTI, B. & B. LANZA: The scientific name of the balkan whip snake; – Amphibia-Reptilia, Volume 9, Number 2, 1988: 199–200.
SCHÄTTI, B.: Systematik und Evolution der Schlangengattung Hierophis Fitzinger, 1843 (Reptilia, Serpentes); – Inaugural-Dissertation, Zürich 1988.
SCHMIDTLER, J. F.: Eirenis barani n. sp. aus dem mediterranen Süden der Türkei (Serpentes: Colubridae); – Salamandra 24, Heft 4, 1988: 203–214.
SCHMIDTLER, J. J. & J. F.: Eine neue Zwergnatter aus der Türkei, mit einer Übersicht über die Gattung Eirenis (Colubridae, Reptilia); – Annalen des Naturhistorischen Museums Wien, Band 81, 1978: 383–400.
SOCHUREK, E.: Einiges über die Schlangenfauna West-Algeriens; – Aquarien und Terrarien, Jahrgang 3, Heft 3, 1956: 85–89.
VEDMEDERJA, V. J.; N. L. ORLOV & B. S. TUNIYEV: On the taxonomy of three viper species of the Vipera kaznakovi complex; – Proceedings of the Zoological Institute Leningrad, Volume 157, 1986: 55–61 (in Russisch, englische Zusammenfassung).
WERNER, F.: Reptilien, Batrachier und Fische von Tripolis und Barka; – Zoologische Jahrbücher, Abt. Systematik, Geographie und Biologie der Tiere, Band 27, Jena 1909: 595–646.
WERNER, Y. L.: Herpetofaunal Survey of the Sinai Peninsula (1967–77), with emphasis on the Saharan sand community; – Herpetological Communities, a symposium, US Department of the Interior, Fish and Wildlife Service, Wildlife Research Report 13, Washington 1982: 153–161.
WERNER, Y. L.: Herpetofaunal survey of Israel (1950–85), with comments on Sinai and Jordan and on zoogeographical heterogeneity; – in: The Zoogeography of Israel, Dr. W. Junk Publishers, Dordrecht 1988: 355–388.

Register

A

B

C

D

L

M

N

O

P

R

S

T

U

V

W

X

Z

Bildnachweis

Baumgart (26 o, 26 u, 27 o, 27 u, 127 o), **Blauscheck** (133 u), **Cramm** (15, 21 o, 24 u, 75, 103, 177 u), **Diesener** (204 u), **Fuchs** (17 u, 20 u, 25 o, 26 M, 54, 56, 62, 69, 83 u, 86, 89 o, 95 o, 96, 100 o, 106, 115, 124 o, 130, 142 o, 148 o, 150, 153, 174 ur, 178 l, 181 l, 191 o, 191 u, 195 o, 195 u, 206 o, 208 o, 208 u, 213, 224, 225 o, 225 u, 226), **Gruber,** H. J. (147, 148 u, 174 ul, 181 ru), **Gruber,** U. 11 o, 11 u, 25 u, 124 u, 125 o, 143 or, 167, 174 or, 177 o, 177 M, 204 o), **Heckes** (85, 157 u, 164, 169 o, 182, 186 ol, 186 u, 187 u, 188 o, 188 u, 198, 203 r, 211, 212, 217, 219 o), **Hoegmoed** (159), **Jacobi** (121), **Joger** (60, 66, 87, 152 o, 152 u, 156, 157 o), **Kahl** (1, 51), **König** (17 o, 20 o, 31, 80, 128, 139 u, 173, 178 r, 187 o, 221), **Krimmer** (210 l, 210 r), **Layer** (68, 194 o), **Limbrunner** (22, 24, 64, 93), **Mägdefrau** (13, 28 o, 28 u, 29, 78, 98, 100 u, 136, 144, 196 o, 196 u), **Popp** (219 u), **Reinhard** (2/3, 5, 97, 101, 112, 133 o, 139 o, 163 o, 163 u, 184 o, 190 u, 222), **Reptilienzoo Regensburg** (76), **Rohdich** (19 o, 19 u, 21 u, 140 o), **Sauer** (57, 107, 109, 174 ol, 184 u), **Schleich** (95 u), **Schmidtler** (91 u, 104, 110, 111, 112, 113, 117), **Schrempp** (16, 140 u, 194 u), **Synatzschke** (36, 134, 154), **Trutnau** (83 o, 91 o, 118, 119, 125 u, 127 u, 132, 143 o, 143 u, 155, 169 u, 176 o, 176 u, 179, 181 ro, 185 o, 185 M, 185 u, 186 or, 192 o, 192 u, 203 l, 206 ul, 206 ur, 214, 215, 220 o, 220 ul, 220 ur, 228), **Werner** (72 o, 72 u, 89 u, 160, 165), **Zeininger** (78 o, 81, 138, 142 u, 145, 190 o)

Zeichnungen: **Heckes** (8, 10, 13, 14, 18, 23, 32 o, 46, 59, 65, 166, 171, 172), **Kühbandner** (Vorsätze), **Mägdefrau** (32 u, 53, 63, 70, 74, 108, 114, 136, 199, 200, 201)

Einige charakteristische Kopfansichten

Ungiftige oder schwach giftige Schlangen

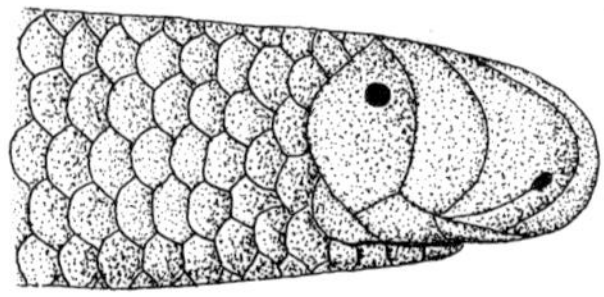

Wurmschlange
(Typhlops vermicularis)

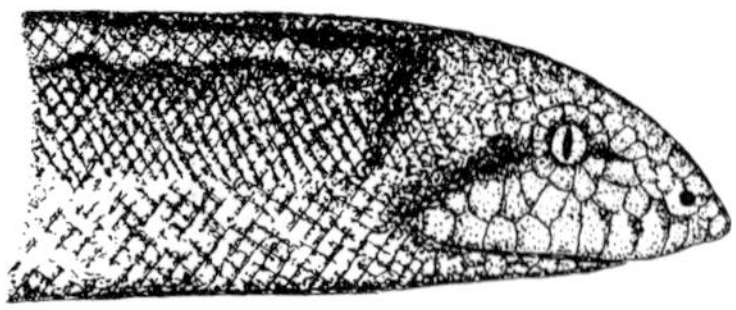

Sandboa
(Eryx jaculus)

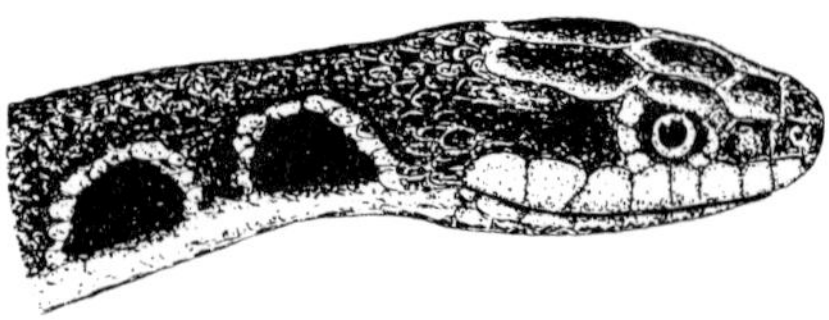

Schlanknatter
(Coluber najadum)

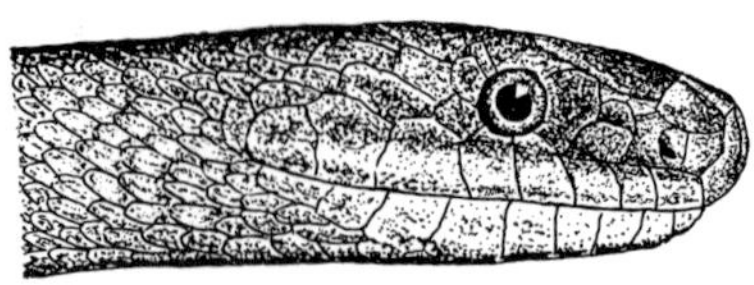

Äskulapnatter
(Elaphe longissima)

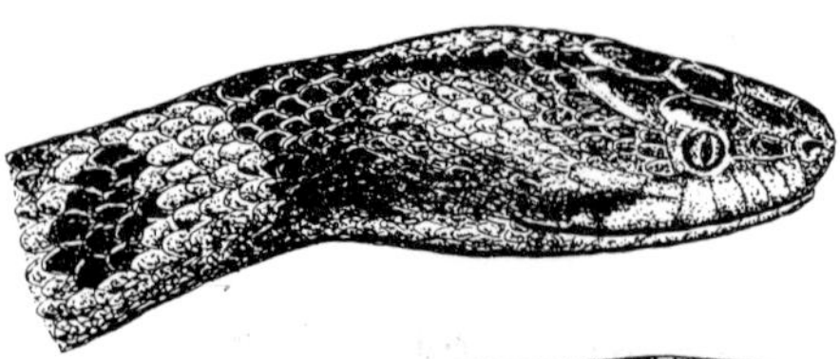

Europäische Katzennatter
(Telescopus fallax)

Europäische Eidechsennatter
(Malpolon monspessulanus)